教育部人文社会科学研究青年基金项目"民国时期乡村基础教育政策审思与当代关照研究"（项目编号：17YJC880013）成果

民国乡村基础教育政策
审思与当代关照

慈玲玲◎著

Reflections on Rural Basic Education Policy
in the Republic of China
and Contemporary Care

中国社会科学出版社

图书在版编目（CIP）数据

民国乡村基础教育政策审思与当代关照／慈玲玲著 . —北京：中国社会科学出版社，
2023.7

ISBN 978 – 7 – 5227 – 2047 – 0

Ⅰ.①民… Ⅱ.①慈… Ⅲ.①乡村教育—基础教育—教育政策—研究—中国—
民国 Ⅳ.①G725

中国国家版本馆 CIP 数据核字（2023）第 102694 号

出 版 人	赵剑英
责任编辑	张　林
特约编辑	肖春华
责任校对	赵雪姣
责任印制	戴　宽

出　　版	中国社会科学出版社
社　　址	北京鼓楼西大街甲 158 号
邮　　编	100720
网　　址	http://www.csspw.cn
发 行 部	010 – 84083685
门 市 部	010 – 84029450
经　　销	新华书店及其他书店

印刷装订	三河市华骏印务包装有限公司
版　　次	2023 年 7 月第 1 版
印　　次	2023 年 7 月第 1 次印刷

开　　本	710 × 1000　1/16
印　　张	18.5
字　　数	306 千字
定　　价	99.00 元

目　　录

第 一 章

引 论

一 研究缘起

近年来，乡村教育研究越来越被众多的学者和专家关注和认同，乡村教育领域已然成为当前教育研究领域内的核心热点课题之一。随着教育作为国家综合实力发展、强大的中坚性关键因素成为共识，教育事业及其作用逐渐得到前所未有的重视，关注和推动教育发展也已成为我国当前政策制定、国家发展的先行考虑因素。我国作为一个以农业、农村、农民为社会关注焦点之一的发展中国家，当前农村人口仍具有较大基数，并占我国人口总数的较大比例，可见要做好我国的教育工作就必须做好农（乡）村教育工作。农（乡）村教育特别是农（乡）村基础教育发展，已经成为我国教育发展的最基本和最重要组成部分之一。关注乡村基础教育发展，已经成为并将继续成为我国教育界和学术界研究和探索的重要课题，关注乡村基础教育发展历史，也已成为其中重要的研究领域之一。其中，关于乡村基础教育政策的历史研究，则更是乡村基础教育发展历史、乡村基础教育研究、乡村教育研究中不可或缺的重要组成部分之一。

民国时期乡村基础教育政策研究是上承清朝末期乡村基础教育政策研究和下启新中国时期乡村基础教育政策研究的关键性研究内容。教育史研究的顺序性和完整性，要求我们不能回避民国时期乡村基础教育政策的研究；又因为包括乡村基础教育发展在内的民国时期教育发展，是中国教育现代化开始并继续的开端，民国时期乡村基础教育政策研究的重要性尤为凸显，其甚至可以说是中国近代教育现代化历程中，规律分析和经验总结的根基性研究，意义十分重大。

但是，当前我国教育史学界对于民国时期乡村基础教育政策的研究成果，还相对不多，直接性、专门性、针对性的相关民国时期乡村基础教育政策的研究，更是民国时期乡村基础教育、民国时期教育，直至中国教育史研究的一个亟须进行的研究领域之一。对民国时期乡村基础教育政策进行深度的、整体的系统研究，全面考察民国时期乡村基础教育政策的历史进程，对民国时期乡村基础教育政策构成进行深入分析与探讨，同时分析民国时期乡村基础教育发展过程中的影响因素，并总结民国时期乡村基础教育政策革新与应对的经验、教训与现实启示，不仅可以使我们更加科学、具体和深入地了解民国时期乡村基础教育政策研究的整体、系统内容，而且也是对民国时期乡村基础教育政策这个研究领域成果的充实，将会是对教育史学科体系尤其是民国时期教育研究体系的完美构建，也会对推动我们当前基础教育、乡村基础教育、乡村基础教育政策的科学发展，表现出极高的学术研究价值。

"历史学者最有能力做的是，使人们建立起与过去的各种联系，借此而解析现在的疑难，启发未来的潜能"，① 即"教育史研究的根本目的也不是单纯地发掘史料，而是要与现实相联系，通过对历史事件和历史人物的梳理，总结出对当今有意义的启发"②。进行民国时期乡村基础教育政策研究，揭示教育发展规律，总结政策发展的路径与逻辑，寻求其与我国当前乡村基础教育尤其是乡村教育政策领域的渊源性密切联系，以史鉴今，将会对我国当前教育发展，尤其是乡村基础教育发展之教育政策方面的完善与超越储存智慧、启迪思绪，具有十分深远的借鉴性和引导性的影响意义。

二 相关概念界定

关于民国时期（1912 年 1 月—1949 年 9 月）乡村基础教育政策的相

---

① ［美］乔伊斯·阿普尔比、林恩·亨特、玛格丽特·雅各布：《历史的真相》，刘北成、薛绚译，中央编译出版社 1998 年版，绪论第 9—10 页。
② 李娟、刘立德：《对教育史学科发展几个问题的探析》，《河北师范大学学报》（教育科学版）2009 年第 3 期。

关研究，是一个历史研究空间范围内比较"具体"又"模糊"的时空范围，其中涉及的乡村教育、基础教育、教育政策等相关概念界定的重要性尤为凸显，这是因为核心概念界定的准确性，将直接决定整体研究的严密性。

（一）乡村教育

乡村是一个地域性概念，是指"主要从事农业、人口分布较城镇分散的地方"［《现代汉语词典（第6版）》]，即以第一产业农业为主要经济形态的地域范围。罗德菲尔德（Richard D. Rodefield）认为："乡村是人口稀少、比较隔绝、以农业生产为主要经济基础、人们生活基本相似，而与社会其他部分，特别是城市有所不同的地方。"[①] 与城市相比，乡村一般具有这样几个特点：第一，自然生态方面，农村地域广袤，居民的生产和生活对自然生态环境依存性强；第二，人文生态方面，人口密度相对较小，人力资源素质偏低，但在相对的生存与发展空间中是熟人社会，人际关系比较和谐；第三，谋生职业方面，以广义的农业为基本职业；第四，动态方面，其经济、政治、文化和社会结构长期变迁缓慢，但随着工业化、城镇化进程的加速而加速。[②] 乡村是社会生产力发展到一定阶段，即由采集生产方式进入农耕生产方式，人类需要定居生活之后产生的以农业生产活动为基础、以农业为主要职业的居民聚居地。[③] 在我国，行政区划是国家为便于行政管理而分级划分的区域，可以分为省级行政单位、地级行政单位、县级行政单位，以及县级以下基层行政单位等不同的行政级别。一般来说，县级行政单位及县级以下基层行政单位（包括乡、镇、区、村等）可以被看作为城市范围以外的乡村地域，即在行政区划意义上的县、乡（镇）、区和村均属于乡村的地域范围。

民国学者顾复指出："农村者，人口稀少，其住民之大部分，以农为

---

① 黄坤明：《城乡一体化路径演进研究：民本自发与政府自觉》，科学出版社2009年版，第18页。

② 刘豪兴、徐柯、刘长喜：《农村社会学（第二版）》，中国人民大学出版社2008年版，第72页。

③ 刘豪兴、徐柯、刘长喜：《农村社会学（第二版）》，中国人民大学出版社2008年版，第72页。

职业之乡村也"①，而"农村教育有广狭二义，广义谓居住农村之各种阶级，不论男，女，老，幼，悉教育之，企图发展农村全体之行为；狭义以农村之小学校为中心，视能力所及，推广于该村之人民而已"②。余家菊进一步说明："乡村既为人烟稀少，主业在农之小聚落，则所谓乡村教育者，即施行于此项人烟稀少，主业在农之小聚落内之一切教育"③，"乡村教育，既系指教育之举办于一种地域者，则除与都市教育为对待的以外，至于其他分类法中之一切教育，则并不互相排拒，而可以各含一部于其内"④。刘豪兴等在乡村定义的基础上将乡村教育定义为："在农业文明向工业文明过渡和城乡二元结构背景下农村地区举办的、以农村人口为对象的、为农村经济社会发展服务的，旨在最终消除二元结构的各级各类教育形式的总称。"⑤

乡村教育是当前教育研究领域内的热点议题。一般来说，乡村教育是指行政区划意义上县级行政单位及县级以下基层行政单位地域范围内的教育，或者为农民、农业、农村发展服务的教育类型。由于后者概念定义过于宽泛，不好把握，基于民国时期乡村基础教育政策研究视域的需要，乡村教育可以定义为在行政区划意义上的县、乡（镇）、区和村等地域范围实施的教育。

（二）基础教育

基础教育是教育理论与实践研究中一个重要的概念。关于基础教育，从广义上讲，基础教育是使国民掌握基本的普通文化知识，培养国民基本素质，为个人的继续升学、职业培训，乃至终身学习奠定基础的教育，同时也是"向每个人提供的并为一切人所共有的最低限度的知识、观点、社会准则和经验。它的目的是使每个人能够发挥自己的潜力、创造性和批判精神，以实现自己的抱负和幸福，并成为一个有益的公民和生产者，

---

① 顾复：《农村教育》，商务印书馆 1923 年版，第 12 页。
② 顾复：《农村教育》，商务印书馆 1923 年版，第 21 页。
③ 余家菊：《乡村教育通论》，中华书局 1934 年版，第 18 页。
④ 余家菊：《乡村教育通论》，中华书局 1934 年版，第 19 页。
⑤ 刘豪兴、徐柯、刘长喜：《农村社会学（第二版）》，中国人民大学出版社 2008 年版，第 195 页。

对所属的社会发展贡献力量"①。从狭义上讲，"基础教育，亦称'国民基础教育'，是对国民实施基本的普通文化知识的教育，是培养公民基本素质的教育，也是为继续升学或就业培训打好基础的教育。一般指小学教育，有的也包括初中教育。学业年限为5年、6年至9年，它经常同普及义务教育相联系"②。由此可见，基础教育虽因时因地制宜在教育范围和学业年限上有所不同，但其基本内涵之普通文化知识的教育、公民基本的素质教育是确定的。一般来说，关于基础教育的研究多涵盖幼儿教育、初等教育和中等教育三个方面，在层级上包括学前教育、小学教育、初中教育、普通高中教育甚至是中等职业教育；在种类上包括普通教育、职业教育、特殊教育、成人教育、家庭教育和社会教育等。基于民国时期乡村基础教育政策研究视域的需要，在翻阅众多文献资料的前提下，基础教育的内涵可以限定在学前教育和小学教育（包括初级小学校和高级小学校教育）的范围内，且在种类上仅包括普通学校教育，以及逐步进行改良的私塾教育，不包含职业教育、特殊教育、成人教育、家庭教育、社会教育等。因此，乡村基础教育则主要是指在县、乡（镇）、区和村这些地域范围实施的私塾教育、学前教育和小学教育。

（三）教育政策

一般来说，"教育政策是一个有目的、有组织的动态发展过程，是政党、政府等政治实体在一定历史时期，为了实现一定的教育目标和任务而平衡各方的教育利益、协调教育的内外关系所规定的行动依据和准则"③，即"政府或政党制定的有关教育的方针、政策，主要是某一历史时期国家或政党的总任务、总方针、总政策在教育领域内的具体表现"④，"概括地讲，教育政策就是指由执政党和政府制定与颁布的用以指导、规范教育事业发展的一切价值准则与行为规范的总称。广义上教育政策不

---

① ［瑞士］查尔斯·赫梅尔：《今日的教育为了明日的世界》，王静等译，中国对外翻译出版公司1983年版，第130页。

② 顾明远：《教育大辞典（增订合编本）》（上、下），上海教育出版社1998年版，第627页。

③ 孙绵涛：《教育政策学》，中国人民大学出版社2009年版，第22页。

④ 叶澜：《教育概论》，人民教育出版社1991年版，第148页。

仅包括教育行政法规、教育行政规章，而且还包括了教育法律"①，其实质"是公共政策的一部分，它是由政府及其机构和官员制定的、调整教育领域社会问题和社会关系的公共政策"②。

基于民国时期乡村基础教育政策研究视域的需要，我国中央政府与地方政府颁布的与乡村基础教育相关联的各项法律、法规、条例、方法、计划、纲要等教育政策文本，都是民国时期乡村基础教育政策研究的重要文本载体，同时由于宏观整体全面的研究构建系统考虑，直接侧重于以中央政府为主、个别重要省级、市级行政管理单位为辅颁布的乡村基础教育政策层面文本载体的分析与研究。因此，乡村基础教育政策的定义，可以被理解为由中央政府直接颁布的、个别重要省级和市级行政管理单位为辅助参照的，有关乡村基础教育［县、乡（镇）、区和村这些地域范围实施的私塾教育、学前教育和小学教育］的目标和任务，在各项法律、法规、条例、方法、计划、纲要等教育行动依据和准则的具体体现。

（四）基础教育、义务教育与初等教育

根据《教育大辞典》，基础教育"亦称'国民基础教育'，是对国民实施基本的普通文化知识的教育，是培养公民基本素质的教育，也是为继续升学或就业培训打好基础的教育。一般指小学教育，有的也包括初中教育。学业年限为 5 年、6 年至 9 年，它经常同普及义务教育相联系"③。义务教育亦称"普及义务教育""强迫教育"，根据国家法律规定对适龄儿童实施一定年限的普及的、强迫的、免费的学校教育，这种教育要求社会、学校和家庭予以保证，对儿童既是应享受的权利，又是应尽的义务。各国实施义务教育的年限，基本上由各国的经济发展水平和文化教育程度所决定。中国资产阶级维新派较早主张仿照欧美、日本实施义务教育，清光绪二十九年十一月（1904 年 1 月）颁布的《奏定学堂

---

① 褚宏启：《教育政策学》，北京师范大学出版社 2011 年版，第 4 页。
② 刘复兴：《教育政策的价值分析》，教育科学出版社 2003 年版，第 30 页。
③ 顾明远：《教育大辞典（增订合编本）》（上、下），上海教育出版社 1998 年版，第 627页。

章程》，规定该义务教育年限为 5 年；1912—1913 年公布的"壬子癸丑学制"规定初等小学 4 年为义务教育，但未真正实行。① 初等教育，即教育系统中最基础的部分，联合国教科文组织称它为第一级教育，是学校教育的最初始阶段，具有最大的普及型、广泛性，一般属义务教育阶段。我国自西周起，历代的官学、私学所设立的小学、书馆、蒙馆等，都是儿童受初等教育的学校。我国近代初等教育体制，始于清光绪二十九年（1903）的《奏定学堂章程》，即"癸卯学制"。②

由此可见，基础教育一般指对国民实施的最基本的教育，小学教育是基础教育的最重要构成，有的也包括初中教育；初等教育是学校系统中的基础，通常即为小学教育阶段，一般属于基础教育，即初等教育属于基础教育范围内，基础教育主要包括初等教育，有的也包括初等教育以上的教育阶段；义务教育是对适龄儿童实行的强迫的、免费的教育，其年限及水平常由国家综合实力和文化教育程度所决定。基础教育是对国民实施的基本的普通文化知识的教育。一般基础教育应规划在义务教育阶段内，但也会因主权国家政治、经济、文化等因素的影响促使义务教育年限多于或少于基础教育阶段年限，即基础教育的部分或全部阶段一定属于义务教育的范围内。但义务教育的实施范围，可能小于亦可能大于基础教育的推广范围。

（五）教育政策与教育制度

教育政策是指由执政党和政府为了实现一定的教育目标和任务，而平衡各方的教育利益、协调教育的内外关系，所制定与颁布的用以指导、规范教育事业发展的一切价值准则与行为规范的总称，不仅包括教育行政法规、教育行政规章，而且还包括教育法规，并具体体现为相关法律、法规、条例、方法、计划、纲要等。一般来说，"教育政策制定依据：（1）社会发展总目标；（2）国家政治方针和政策；（3）国家其他部门政

---

① 顾明远：《教育大辞典（增订合编本）》（上、下），上海教育出版社 1998 年版，第 1896 页。

② 顾明远：《教育大辞典（增订合编本）》（上、下），上海教育出版社 1998 年版，第 185 页。

策（如经济、文化、人口等）；（4）教育本身的目标"①。"教育制度（educational system）指一个国家中各种教育机构的体系，包括学校制度（即学制）和管理学校的教育行政机构体系。是一定社会历史阶段的产物，受一定社会的政治、经济、文化影响和学生身心发展的特点制约。在有的国家，被视为按国家性质确立的教育目的、方针和设施的总称。"②教育制度是极重要的教育资源，对现实教育制度加以关注，是我们摆脱教育中的计划体制的关键。教育制度具有内生性，产生于个人基于自身利益的理性计算，而不是取决于不以个人意志为转移的某种客观的社会力量。教育制度有三种基本形态：自在性教育制度、强制性教育制度和自主性教育制度。现代教育制度处于由强制性教育制度，向自主性教育制度变革的过程中，导致这种制度变革的不是道德理想，也不是精英理性，而是一种基于个人教育利益的多元主义的制度博弈。③

根据新制度经济学观点，制度通过提供一系列规则界定人们的选择空间，约束人们之间的相互关系，从而减少环境中的不确定性，减少交易费用，保护产权，促进生产性活动。概括地讲，制度可以划分为正式制度（硬制度）和非正式制度（软制度）。正式制度主要包括政治制度、经济制度、文化制度、教育制度等。各种制度之间相互联系、相互影响。正式制度是人们有意识建立起来的并以正式方式加以确定的各种制度安排，包括政治规则、经济规则和契约，以及由这一系列规则构成的一种等级结构，从宪法到成文法和不成文法，再到特殊的细则，最后到个别契约等，它们共同约束着人们的行为；非正式制度主要包括社会习俗、习惯行为、道德规范、思想信仰和意识形态等，是对人的行为产生非正式约束的规则，是对人的行为不成文的限制，是与法律等正式制度相对的概念。④ 政策主要是指国家机关、政党组织或其他政治集团为了实现所

---

① 顾明远：《教育大辞典（增订合编本）》（上、下），上海教育出版社 1998 年版，第 795 页。

② 顾明远：《教育大辞典（增订合编本）》（上、下），上海教育出版社 1998 年版，第 798 页。

③ 康永久：《教育制度的生成与变革——新教育制度学论纲》，教育科学出版社 2003 年版，第 II—III 页。

④ 卢现祥：《新制度经济学》，武汉大学出版社 2011 年版，第 149—159 页。

代表阶级、基层的利益和意志，以权威形式标准化地规定的在一定时期内所应遵循和达到的原则、目标、任务、一般步骤和具体措施。

由此可见，政策是正式制度的重要内容，教育政策亦可说成是正式教育制度的主体内容之一，即教育政策是教育制度的重要构成，教育政策一定是教育制度，但并不是所有的教育制度都可以称为教育政策。

三 相关文献综述

（一）关于民国时期（乡村）基础教育的分期研究

一方面，申晓云[1]从教育发展的整体精神、教育所具的基本性质和教育演进的阶段特征出发，将民国时期的教育按北京政府和南京国民政府统治时期，划分为前、后两个时期，并具体表现为辛亥革命时期的教育、北京政府时期的教育、南京国民政府成立初十年的教育、抗战时期的教育、战后至1949年国民政府教育的失败，共五个具体阶段。熊贤君[2]在考察、审视中国近代义务教育发生发展与变革整个历程的基础上，辨析其演变的规律，将中国近代义务教育分为酝酿发轫期（1904—1911）、徘徊停滞期（1912—1917）、民间醒悟期（1918—1927）和厉行推展期（1927—1949）共四个时期。这四个时期既有继承与传延，也有新质因子的增长与嬗变，进而形成清末民初中国近代义务教育繁复、多彩、变幻的基本特点。

另一方面，熊明安[3]按照中华民国从成立、发展到灭亡的过程，遵循马克思主义实事求是的原则，历史地、客观地研究中华民国政府在各个阶段的教育方针、教育政策、教育制度、教育管理措施及各级各类教育发展变化的状况，明确将民国教育分为南京临时政府时期、北京民国政府时期（即北洋军阀政府时期）和国民党政府时期，并进一步将国民党政府时期具体分为国民党政府建立初期、抗日战争时期和从抗战胜利至

---

① 申晓云：《动荡转型中的民国教育》，河南人民出版社1994年版。
② 熊贤君：《千秋基业——中国近代义务教育研究》，华中师范大学出版社1998年版。
③ 熊明安：《中华民国教育史》，重庆出版社1997年版。

国民党政府败亡三个阶段。冯开文①依据当时政治经济变动，将民国教育史分为六个时期，即近代教育即资产阶级教育的实施时期（1912—1919）、现代教育的发端时期（1919—1921）、第一次国共合作时期的教育（1922—1927）、现代教育的分化时期（1927—1937）、抗日战争中的教育（1937—1945）和现代教育的转化时期（1945—1949）。民国时期的教育头绪繁多，变化复杂，阶段性与对峙性特征明显，由初具形态的资产阶级近代教育演变为杂然纷呈的社会化的现代教育。

李华兴②以民国教育的自身演变为根据，参酌政权更迭的实际影响，把握中国教育从传统化转向现代化、从封闭走向开放的基本趋势，将教育功能置于社会转型的大系统中进行考察，以期准确地揭示民国教育发展的阶段特征、内在联系和历史定位。基于此，他将民国教育史大体分为由传统教育向近代教育转化（1862—1912）、民国教育的创始（1912—1915）、新文化运动与教育改革（1915—1927）、民国教育的发展与定型（1927—1937）和民国教育的演进与衰落（1937—1949）五个时期。中国台湾学者司琦③认为，从民前五十年同文馆成立至民国七十年共计 120 年，这漫长岁月中的国民教育，可酌分为萌芽期、建立期、成长期、革新期、改进期、抗战期、复员期、非常期和延长期九个时期。其中，民国时期由自民国成立起的成长期（1912—1921）、自颁布新学制改革令起的革新期（1922—1926）、自国民政府奠都南京起的改进期（1927—1936）、自卢沟桥战事爆发起的抗战期（1937—1944）和自抗战胜利起的复员期（1945—1949）五个时期构成。

（二）关于民国时期（乡村）基础教育的整体研究

整体研究是陈述性与描述性兼备的系统化历史研究。基于民国时期乡村基础教育政策的整体研究，其以提纲挈领为纵、以宏观方向为横，建构着当前民国乡村基础教育政策研究的基本内容。

---

① 冯开文：《中国民国教育史》，人民出版社 1994 年版。
② 李华兴：《民国教育史》，上海教育出版社 1997 年版。
③ 司琦：《中国国民教育发展史》，三民书局 1981 年版。

　　首先，熊明安①、冯开文②、申晓云③、李华兴④、司琦⑤等主要试图从教育学、历史学的角度出发，对民国时期不同历史阶段内的相关政府，在初等教育、中等教育、高等教育、职业教育、师范教育、社会教育、女子教育、留学教育等办学内容，所进行的关于宗旨、行政、实施、教职员、学生、课程、教材、教法、训育、设备、实验研究等方面的政策、手段与措施，其中相关初等教育等方面的详尽叙述，更是成为民国时期乡村基础教育政策研究成果中重要的组成部分。民国时期各派政治力量纷纷登上历史舞台，各样思潮之间进行着激烈的交锋，这一时期的政治、经济、军事和文化都对教育的变革和发展有着深刻的影响。

　　李桂林⑥、郑登云⑦、陈景磐⑧、周予同⑨等均以中国近现代教育史为研究范围，全面阐述了鸦片战争到太平天国运动时期的教育、近代资产阶级教育的发轫、洋务运动时期的教育、维新运动时期的教育、辛亥革命时期的教育、五四运动和第一次国内革命战争时期的教育、第二次国内革命战争时期的教育、抗日战争和解放战争时期的教育，主要涵盖了教育宗旨、教育行政、学校系统、初等教育、中等教育、高等教育、师范教育、实业教育、教育思想等内容。民国时期乡村基础教育作为中国近现代教育史的重要组成部分，或多或少地蕴含其中，对深入研究民国时期乡村基础政策具有提纲挈领的启发意义。

　　中国台湾学者黄中⑩则认为我国的新教育，一般以同治元年（1862）为始，这时虽未普遍设立新式学校，且正式的"学堂章程"直到光绪二十九年（1903）始行定制，但设立同文馆，学习外国语文，接受西洋学

---

① 熊明安：《中华民国教育史》，重庆出版社1997年版。

② 冯开文：《中国民国教育史》，人民出版社1994年版。

③ 申晓云：《动荡转型中的民国教育》，河南人民出版社1994年版。

④ 李华兴：《民国教育史》，上海教育出版社1997年版。

⑤ 司琦：《中国国民教育发展史》，三民书局1981年版。

⑥ 李桂林：《中国现代教育史》，吉林教育出版社1991年版。

⑦ 郑登云：《中国近代教育史》，华东师范大学出版社1994年版。

⑧ 陈景磐：《中国近代教育史（第三版）》，吕达、刘立德修订，人民教育出版社2004年版。

⑨ 周予同：《中国现代教育史》，福建教育出版社2007年版。

⑩ 黄中：《我国近代教育的发展》，台湾商务印书馆1980年版。

术思想，这却是我国教育史上的新纪元，为此，其以百年前我国同世界的教育、清末民初的新教育（新教育的萌芽、新学制的订立、民初学制的改定与教育部的设立）和三民主义教育的建立与发展（三民主义教育的建立、抗日时期的教育建设和政府迁台教育革新）三编为论述范围，系统论述了以民国时期为核心内容的我国近现代教育的发展。

其次，苗春德①主要从中国近代乡村教育思潮和运动产生的社会历史背景（政治背景、经济原因、思想根源、外部原因）、中国近代乡村教育思潮和运动的嬗变历程（发轫期、发展和试验期、转轨期）、中国近代乡村教育思潮和运动的主要代表人物（王拱璧、黄炎培、陶行知、晏阳初、梁漱溟、雷沛鸿、俞庆棠）、中国近代乡村教育思潮和运动的理论分析（基本特点、经验及教训、历史地位及影响）和中国近代乡村教育思潮和运动与当前我国的乡村教育改革五方面入手，详尽描述了中国近代乡村教育发展的历史全貌；李水山、黄长春②则详尽分析了新中国成立前的农民教育，从清朝末期的农民教育（清朝末期农业发展和农民教育的背景、农民教育的主要措施与内容、农民教育的成绩与不足）和民国时期的农民教育（乡村教育的发展过程与主要代表、农民教育的主要内容、农民教育的成绩与影响）两方面系统阐述了清末民初农民教育的发展，总结了农民教育的经验与教训。

胡奇光③、吴洪成④等主要从先秦时期、秦汉魏晋南北朝时期、隋唐时期、宋辽金元时期、明清时期（鸦片战争以前）、鸦片战争到洋务运动时期、维新运动时期、清末"新政"时期、民国时期等不同历史时期小学教育形成、演变和发展的过程，试图揭示小学教育历史嬗变的阶段特点及发展规律，阐述教育家或思想家关于小学教育的真知灼见。尤其是吴洪成对民国初年小学教育的改造、复古时期小学教育的衰退、"五四"新文化时期小学教育改革与实验的高潮、国统区的小学教育、小学教育思想等方面，对民国时期小学教育的全面论述，已然构成了民国时期包

---

① 苗春德：《中国近代乡村教育史》，人民教育出版社 2004 年版。
② 李水山、黄长春：《当代中国农民教育史》，中国农业科学技术出版社 2010 年版。
③ 胡奇光：《中国小学史》，上海人民出版社 2005 年版。
④ 吴洪成：《中国小学教育史》，山西教育出版社 2006 年版。

括乡村小学教育（基础教育）研究在内的优秀成果之一。

再次，田正平、陈胜[①]指出：20 世纪初，由于诸多原因中国乡村教育陷入了危机之中，为了化解这种危机，乡村新旧教育同时进行了调适，但由于在调适目标、调适方式和调适内容等方面的巨大差异，新旧教育的调适呈现出不同的特色且均发生很大变化，它使新式教育成为一种带有乡土气息、有"中国乡土特色"的新教育，而旧式私塾则成为含有种种"新"因子的"学校化的私塾"，中国乡村早期教育现代化也在这种调适、完善中逐步得到发展。

朱敏[②]指出：民国时期乡村教育取得了较大发展，在战乱不断的情况下，陶行知、晏阳初等教育家仍积极投身乡村教育的实验中，并提出发展乡村教育、建设乡村方案，推动乡村教育发展走向高潮。在国家疲敝的状态下，乡村教育的发展给乡村带来了深刻影响，对乡村青年起到了很好的启蒙作用。民国时期的乡村教育促使现代国家民族观念在乡村扎根，推动了科技知识在乡村的普及和运用，推动了民主观念在乡村的传播，为公民意识在乡村的觉醒做了准备，也为我们今后的乡村教育发展提供了科学的借鉴。田庆锋[③]指出：中国乡村教育史的研究是教育研究中的一个薄弱环节，其从"古代农村教育""近代农村教育""私塾、私学与农村教育"等专题进行述评，最终分析得出问题和建议，即乡村教育文献整理、挖掘工作比较欠缺且未引起学术界足够重视，乡村教育史研究不均衡，研究方法单一、研究深度有限，我国学术界对国外学者的有关研究成果翻译和介绍得不够，应加快翻译和介绍速度以尽可能地借鉴外国学者的研究成果。

最后，郭弘[④]指出：民国时期甘肃藏区初等教育从无到有、从小到大，取得了一定的成就，对甘肃社会、政治、经济、文化等各方面产生了深刻的影响，留下了宝贵的历史经验，虽然这与汉族地区相比较，仍然显得落后，但也培养了大量的人才，推动了汉、藏经济文化的交流，

---

① 田正平、陈胜：《清末及民国时期乡村教育的困境及其调适》，《华中师范大学学报》（人文社会科学版）2008 年第 5 期。

② 朱敏：《民国时期乡村教育的启蒙作用》，《湖北广播电视大学学报》2013 年第 2 期。

③ 田庆锋：《1987 年以来中国农村教育史研究述评》，《广西社会科学》2007 年第 9 期。

④ 郭弘：《民国时期甘肃藏区初等教育述评》，《甘肃社会科学》1997 年第 6 期。

促进了民族地区的开发。这是甘肃近代教育的起航，为解放后甘肃民族地区教育的发展与腾飞作了历史的准备，为古老而沉寂的藏区迎来了近代文明的曙光。

申国昌[1]指出：民国时期山西初等教育以实施最早、规划完善、措施得力、效果显著而闻名于全国教育界，其实施效果主要表现为国民学校数逐年增多、国民学校学生数独占鳌头、接受初等教育的儿童数占学龄儿童总数的百分比高居全国榜首，这引起了国内新闻界和教育界的关注、催促了全国初等教育规程的出台、带动了全国各地初等教育的发展。教育部以山西厉行初等教育程序为蓝本制订了全国实施计划，以山西省施行初等教育程序为样板，全国其他各省积极开展普及初等教育运动，而且大都在入学率方面取得了较大进步，从这种意义上说，山西初等教育的影响是广泛而深远的。

杨晓军[2]在梳理学术界关于近代东北乡村教育问题研究脉络的基础上，得出当前国内外关于东北乡村兴学的研究主要有三个视角，即本体论的视角（运用阶级分析理论归纳东北兴学的历史规律以图实现阶级分析与东北兴学自身规律的统一）、现代化的视角（将东北乡村兴学作为东北现代化进程中的一个阶段用以探讨东北乡村兴学与东北地区现代化的关系）和区域史的视角（运用社会学的理论和方法从国家与地方互动的角度出发探讨乡村兴学与东北乡村区域变迁之间的互动关系）。近代东北乡村教育是一个动态的复杂系统，对于东北乡村教育的研究，不仅要成立一些专门从事东北乡村教育研究工作的组织和机构，注重对国内外相关研究理论和方法的借鉴、萃取和创新，以及对"新、旧"资料的解读与运用，还应积极探索新的研究视角，只有形成这种具有一定层次化、系统化的研究，才能更好地促进近代东北乡村教育工作的进步。

郝乐娜[3]以北平郊区乡村中小学学生人数和学校教育经费数量为出发点，通过对陈达、万树庸、蒋旨昂、李景汉等人在 20 世纪二三十年代在

---

① 申国昌：《民国时期山西省初等教育实施效果与对外影响》，《教育理论与实践》2008 年第 12 期。

② 杨晓军：《近代东北乡村教育的研究及展望》，《东北史地》2009 年第 3 期。

③ 郝乐娜：《民国时期北平郊区农村教育情况探析》，《河北旅游职业学院学报》2009 年第 1 期。

北平郊区的调查情况进行分析，进而得到结论：民国时期北平郊区学龄儿童的入学率占总人数的一半左右，并且大部分是男生，女生的入学率很低，有的村为零；而关于学校的经费问题，政府投入很少，大部分经费是通过慈善机构、青苗会、乡村自治组织、学生交学费等方式筹措的。赵婧雯①认为辛亥革命后，宝安县从清末脱胎而出的旧教育弊端百出，为了推进国民政府实施的义务教育，宝安县在发展公立初等教育，实施宽松的文化教育方针政策，吸引华侨和传教士办学的同时，根据国家教育法令对旧学校传统私塾进行了艰难的改造，使之能够与公立初等小学一道携手完成普及教育大业，既为宝安县教育的转型作出了重要贡献，又为新中国宝安县基础教育发展夯实了基础。

由此可见，尽管近年来如朱汉国②、曲铁华③、熊贤君④等在进行民国时期乡村教育研究中必然会有若干章节涉及重要组成之一的乡村基础教育，但这也仅是作为部分内容为乡村教育的整体研究服务，总体来说，现有的成果也是较为分散和零乱的，其中直接相关民国时期乡村基础教育的分析与论述还是相对欠缺整体和系统研究的深度和力度的，且或是一笔带过的涉及，或是其他领域内容的重叠，或是为后续研究提供线索。

（三）关于民国时期乡村基础教育政策的构成要素研究

构成要素研究是细致性与具体性同具的深入化历史研究。基于教育行政、教育评估与督导、义务教育、教育财政经费、教师与学生、课程与教科书、私塾改良等构成要素层面的翔实研究，其层面涉及较为广泛，但直接以乡村为视角的成果却并不尽如人意，其具体内容通常包含在民国时期基础教育政策研究的大范围内，从而成为当前民国时期乡村基础教育政策研究的主体内容。

1. 教育行政层面

清末民初的教育行政制度是中国近代教育行政制度的开端，民国时

---

① 赵婧雯：《民国时期宝安初等教育论略》，《深圳职业技术学院学报》2010 年第 4 期。
② 朱汉国：《转型中的困境：民国时期的乡村教育》，北京师范大学出版社 2016 年版。
③ 曲铁华：《民国乡村教育研究》，湖南教育出版社 2018 年版。
④ 熊贤君：《民国义务教育研究》，湖南教育出版社 2018 年版。

期的基础教育行政制度更具有其独特历史背景下的创新性与进步性。

一方面，中国台湾学者雷国鼎以清末教育行政制度为中国近代教育行政制度的开端，分别详述民国初期、民国政府奠都南京时期、抗战时期和迁台时期的中央教育行政制度、省教育行政制度和县教育行政制度体系，尤其是对县教育行政制度的清晰厘定，其明确说明："民国改元之初，各省地方教育行政，至极紊乱。当时各县有设学务委员会，有仍用劝学所名称者，有裁劝学所而并入县公署者，有专设县视学者，有裁劝学所而另设教育公所者，有裁劝学所而设县教育款产经理处者，有裁劝学所而依旧学区先设学务委员受县知事之监督者，更有劝学所已撤而县行政公署之专管教育机构又未成立者。教育部有鉴于兹，乃于民国二年七月通咨各省，凡地方自治未成立之处，暂留劝学员。民国三年六月教育部复通咨各省，设道县视学。民国四年十二月，教育部公布'劝学所规程'，以县设劝学所司全县教育事宜。民国十六年大学院成立后，各地方教育行政在'行政学术化'之浪潮中，渐有改进迹象；经费逐次增加，任务亦由'等因奉此'之传达，而变为从事研究工作。以江苏省为例，规定县教育局长直隶于国立中央大学行政院，商承县长，主管全县教育行政事宜。其他非试行大学区制之各省，皆沿用教育局之组织，惟变革极微。嗣因大学区制废，省教育厅恢复，县教育局之组织遂还其原来面目。民国十九年七月，公布'修正县组织法'，规定县政府设教育、公安、财政、建设四局，各局有缩小范围之必要时，得改局为科。二十六年六月行政院颁裁局设科暂行办法。二十八年九月国民政府公布'县各级组织纲要'，规定县政府设民政、财政、教育、建设、军事、地政、社会各科，县教育局因而裁撤。三十八年政府播迁来台，台湾省除台北市设局外，其余各县市均设教育科。"[1] 雷国鼎及其所著的《中国近代教育行政制度史》，体系清晰，内容翔实，是研究民国时期乡村基础教育政策之教育行政制度方面的重要成果之一。

熊贤君[2]指出：中国是世界上唯一保留了完整的教育行政系统制度的

---

[1] 雷国鼎：《中国近代教育行政制度史》，（台北）教育文物出版社有限公司1983年版，第4—5页。

[2] 熊贤君：《中国教育行政史》，华中理工大学出版社1996年版。

国家。其按教育行政发生发展的萌生、过渡、专门化的三大节律，对各时期中央及地方教育行政职官及机构的设置、人员编制、官员素质、职责权限、任命方式、在职考核、待遇与奖励、晋级与调动，以及教育行政首脑在任内政绩、改革思路与影响和政治家教育家教育行政思想等方面，进行了深入的思索与分析、评价，尤其从同治元年到宣统三年的教育行政、"南临"和北京政府的教育行政、南京政府的教育行政三方面，对中国教育行政的专门化（1862—1949）进行了全面、深入的系统论述，其中民国时期的县级教育行政主要由县劝学所和学务委员会（包括劝学所的延续设置、县学务委员会的设置、县教育局的创置和县视学制度的完善），以及县教育行政机构（包括大学院制下的县教育局、设县教育经费经理处、县督学的继续设置、学区学务委员会与县教育委员会、县市长办理教育行政和裁局改科与教育局复归）共同构成，在一定意义上厘清了民国时期县级教育行政的发展脉络，学术价值及影响巨大。

另一方面，孙占萍[①]认为，对民国教育体制研究，不仅具有弄清一个时期教育体制的意义，而且关系对整个中国教育体制变迁考察和认识的问题。其从民初中央、省、县三级教育行政制度的演变出发进行探讨，指出：中央教育行政当局对全国各地教育设施的兴革以大力延揽人才、保障教育经费和推展社会教育成效显著，省教育行政制度还不完善，特别受时局影响，各省无暇对教育予以太多关注因而造成省教育的普遍不发达，县教育行政制度如同省教育行政制度一样，发展很不平衡，甚至相当紊乱，进而总结得出民初中央、省、县三级教育行政制度的演变特点，即从中央到地方各级教育机关，均设有社会教育主管部门，表明当时教育当局对社会教育的普遍重视；教育行政组织过于强调执行部门的权责，而忽视审议咨询等部门的作用，过于偏重日常行政事务的处理，而对专门学术及教育发展计划重视不够；由于政局动荡不定，地方教育行政制度长期处于紊乱状态，教育经费匮乏，严重影响了各地区教育事业的发展。

---

① 孙占萍：《民国初年的教育行政制度探究》，《科教文汇》2007 年第 5 期。

田正平、刘崇民①认为，县教育局长（晚清称总董、劝学员长，民国称劝学所长、教育局长、教育科长）作为民国时期最基层的教育行政长官，承担着改革传统、把现代教育由城市推向乡村的最直接的责任。他们通过对民国时期（1912—1937）县教育局长群体构成分析，总结得出教育局长的选任、籍贯、资格、待遇等都体现了鲜明的时代特征：任命方式主要有选举、推荐、直接任命、考试四种；局长由本县籍担任者占大多数；局长职位主要由师范学校毕业生担任，难以吸引高素质人才；局长的薪酬相对较低并且差异很大；局长的任期很短，不足一年者占大多数，且有超过76%的人没有达到法定的任期，短暂的任期使其难有作为。对教育局长群体进行全面考察，了解传统教育向现代教育转型过程中这一群体的真实状况，可以使我们目光下移，更为深入和全面地理解中国教育现代化过程。

2. 教育评估与督导层面

民国时期教育评估与督导的逐步形成，其实质是借鉴国外与承袭本土双重博弈过程。近代意义上的教育评估与督导政策是民国时期教育政策发展的科学体现，涵括于其中的乡村基础教育评估与督导政策更是在这种进步中向前不断发展着。

一方面，孙崇文、伍伟民、赵慧②指出：教育评估是建立在教育测量基础上的一门以量化为主要特点的现代的教育学科，他们分别从中国古代教育评估的萌芽与发展、中国近代教育评估的实践与探索和中国当前教育评估的复苏与创新三个专题出发，详尽阐述了中国教育评估的发展历程。其中，中国近代教育评估主要包括在华基督教学校及其教育评估实践、近代学制建设与教育评估的制度化演进（近代视学和教育督导制度的确立、统一教育公共考试制度的确立）、教育测量实验运动的兴起和教育评估理论的探究。近代中国教育评估的发展，就其起源而言有别于传统教育评估的本土化发展，即带上了外来的"洋味"，基督教学校在带来近代新型学校制度的同时，也把教育评估技术带来了中国，而随着中

---

① 田正平、刘崇民：《民国时期（1912—1937）县教育局长群体构成分析》，《浙江大学学报》（人文社会科学版）2006 年第 5 期。

② 孙崇文、伍伟民、赵慧：《中国教育评估史稿》，高等教育出版社 2010 年版。

国近代新学制的建立，教育评估制度在中国也渐趋成型与严密。20 世纪20 年代更是迎来了"教育测量运动"的高涨，其成就不输其西方的同行，而陶行知等人更是力图在改革中国教育的进程中，创造中国特色的教育评估理论，其勇气更值嘉许，并应成为今日中国教育评估理论研究与实践的方向。

另一方面，江铭[1]全面、系统地总结了由中学学校制度史概述、中国古代帝王视学制度、中国古代地方官学的视学制度、清末的视学制度、民国前期的视学制度和民国后期的视学制度构成的中国教育督导史，同时又详细整理了中共近代教育督导大事记和中国近代督导史资料（规制、计划和报告）。其中，清末借鉴日本的视学制度并开始建立视学制度，民国时期则在此基础上发展［主要包括部、省、县视学网的建立，对视学过程中诸问题的规定（视学人员的教育和管理问题、视学人员间的合作与联系问题、视学的标准问题），视学和民初的教育改革，部、地方视学制度的发展，视学理论的介绍和研究（教育视导和教育行政的关系问题、视察与指导的关系问题、教育视导的专门化问题、教育视导的科学化问题、教育视导的民主化问题）］，逐步形成了近代意义上的督学制度。

刘崇民[2]指出：民国教育督导实行分级制，从中央到地方建立起三个等级的视导机构，由部督学、省督学、县督学组成三级视导网络，广大县乡基层的教育督导工作，主要由省、县两级督学承担，尤其是县督学，担负起了基层教育督导的绝大部分工作，乡村基层教育督导工作在推进新式教育、改变乡村落后的教育面貌上起着十分重要的作用，被誉为教育机关的耳目和喉舌，对教育的兴废改革起着较大的影响。但民国时期乡村基层教育督导工作，也面临着地方不靖、经费不足、交通食宿不便、名额不足、职责范围太广等诸多实际困难，最终使得基层教育督导难以取得预期效果，我国基层教育近代化行进步履维艰。

聂宏凯、贾小壮[3]进一步强调民国教育在晚清"官督"视导制度的基

---

① 江铭：《中国教育督导史（第二版）》，人民教育出版社 2003 年版。

② 刘崇民：《民国时期乡村基层教育督导实际困难考察》，《江南大学学报》（人文社会科学版）2007 年第 6 期。

③ 聂宏凯、贾小壮：《民国时期中国教育督导制度探析》，《长白学刊》2019 年第 2 期。

础上，经过借鉴、吸收与改进，逐步形成了"官督"与"自查"相结合的二元并行制度，这也标志着近代中国视导制度的成熟。

3. 义务教育层面

义务教育在实然与应然上已是基础教育构成的要素之一，进行民国时期乡村义务教育及其相关政策的发展与推行研究，是对民国时期乡村基础教育政策研究的具体探讨之一。

在义务教育研究层面，熊贤君[①]从义务教育概念的诠释、近代义务教育的酿成、义务教育分期与特点、义务教育的学制体系、义务教育的师资培训、义务教育的行政督导、千秋基业与义教经费、义务教育实施的评价等方面，详尽论述了中国近代义务教育的艰难发展。中华民族的命运与前提全系于每一个成员的素质，而使中华民族整体素质的提高又全系于义务教育，义务教育的重点和难点是乡村义务教育的发展，民国时期义务教育的发展更是中国近代义务教育事业的根基。通过对义务教育的历史研究，进而得出必须提高人民的参与程度、加大义务教育的弹性和变通性、切实提高教师的地位与待遇和增加义务教育投入的发展性结论。

吴丽君[②]指出：中国近代的义务教育发轫于1904年，在旧中国推行了大约40年，作为普及国民教育的重要制度和措施，义务教育对近代中国社会产生了重要影响。其对民国初年至1939年四川省义务教育作初步探讨，通过叙述近代四川义务教育的政策演进过程，从义务教育的推行、义务教育的经费和义务教育的师资三方面论述近代四川义务教育发展概况，进而分析并发现近代四川实施义务教育主要有义务教育法令未能很好贯彻施行、义务教育经费缺乏、师资问题难以解决等难题；基于四川义务教育发展（1912—1939）的论述，进一步研讨义务教育对近代四川产生的影响。王献玲[③]指出：中国近代义务教育自晚清政府始兴义务教育、北洋政府对义务教育的督办和国民政府对义务教育的推动，时经40

---

① 熊贤君：《千秋基业——中国近代义务教育研究》，华中师范大学出版社1998年版。

② 吴丽君：《关于四川推进义务教育发展（1912—1939）论述》，《四川大学学报》（哲学社会科学版）2004年增刊。

③ 王献玲：《中国近代义务教育的艰难进程及历史启示》，《天津师范大学学报》（基础教育版）2008年第3期。

余年，适值中国多事之秋，义务教育受师资匮乏、经费短缺的羁绊，进展艰难。中国义务教育没有得到真正意义上的发展，最直接原因就是师资极度匮乏，最根本原因则是国家不能满足教育投入，致使师资培养、教师待遇、学校建设无法保障。这一历史现象说明加大义务教育投入，提高教师地位与物质待遇，建立一支数量充足的、稳定的师资队伍，是发展义务教育的关键所在。

张燕[①]结合教育学原理、法制现代化理论、制度变迁理论，从教育学、历史学、法学、经济学等多学科的角度，对百年来中国乡村义务教育法制的发展线索进行细致梳理，展示出中国义务教育法制变迁丰富的历史图景，努力追寻农村义务教育法制发展的历史轨迹，特别是通过对百年农村义务教育法制的孕育和探索，全方位揭示了民国时期农村义务教育法制的起承转合过程，进而挖掘其变迁动因所在，把握其渐进演变的内在逻辑机理，厘清乡村义务教育法制和乡村义务教育发展的关系，解释百年来乡村义务教育法制发展的内在规律性和特征，总结其经验与教训，以期有助于我们准确感知和把握未来乡村义务教育发展的方向和趋势，为当今正处于探索阶段的乡村义务教育问题的解决，提供历史借鉴和智慧启迪，从而促进乡村教育的健康稳定持续发展。

4. 教育财政经费层面

教育财政经费是教育事业改革与发展所赖以生存的物质条件，教育财政经费问题一直是制约民国时期乡村基础教育政策实施的重要条件之一。

首先，商丽浩[②]认为，晚清学堂由公费津贴制向收费制的变迁，始因学堂内部管理模式变化而启动，继因教育内涵更新和教育规模扩大、西方榜样示范和民间传统、国家财政窘境等因素自上而下所促成的。晚清学堂不再如隋唐官学将束脩视为尊师重道的象征，而被官方视为兼具管理性质的筹资手段。收费制度作为一项官方制度，它为近现代学堂开掘了新的筹资渠道，学堂中公费津贴制的残留使之带有旧式学堂资金配置特点，而免费学堂的设置又为之添上近代西方发达国家所具有的色彩。

---

① 张燕：《百年中国农村义务教育法制研究》，博士学位论文，东北师范大学，2012 年。
② 商丽浩：《近代学堂收费制度的形成》，《教育与经济》1997 年第 2 期。

官立初等免费小学堂是晚清众多学堂的一种示范，是乡间贫民在干旱中能遥遥相望的云霓。

随后，商丽浩[1]又从清代传统教育财政体制、近代中央教育财政能力的削减、近代省级教育财政能力的增强、近代县乡地方教育财政的扩展与矛盾、近代收费制度的发展等五方面，考察近代中国教育财政制度的变迁，特别是详尽分析了分级分区筹款办学制度在近代的兴起与发展，以士绅为主体的地方教育财务行政组织向官方化的教育财政组织的变迁过程，县乡公共教育经费的拓殖及县乡在筹措教育经费中的问题与矛盾，从整体上总结了中国近代教育财政发展的特点，以及影响中国近代教育财政发展等因素，梳理近代教育财政发展的进程，以把握中国教育财政近代化的走向。

贾祥瑞[2]则综合运用历史研究法、文献研究法和比较研究法，从民国初期义务教育、北洋政府时期义务教育、国民政府时期义务教育三个阶段入手，全面总结民国时期义务教育的发展概况。同时，又从各级财政投入和义务教育经费面临困境两方面，展示民国时期义务教育经费概观，最终通过对史实的分析阐述民国时期义务教育经费筹措原则及其特征，从教育经费专门化、教育经费法制化和教育经费投资主体多元化三方面，总结民国时期义务教育经费筹措经验，进而揭示其对当今义务教育经费筹措及义务教育开展和改进的现实意义。

其次，张元隆[3]指出：教育经费是教育事业赖以生存和发展的基本物质条件，无论是数额确定、筹措清理，或是管理使用、监督体制，都在很大程度上制约着教育的建设规模和发展走向。其从中央教育经费制度演变和地方教育经费的筹措与整理考察，纵览民国教育经费制度的演进，南京临时政府曾为筹措教育经费作出极大努力，但随着孙中山的让位，许多积极的举措未及实施便中途夭折，在军阀割据混乱时期，教育经费被大量挪作军费，以致教育界人士发出"教育经费独立"的强烈呼声。南京国民政府成立后，教育经费一度比较稳定，管理也比较规范，但在

---

①　商丽浩：《政府与社会：近代公共教育经费配置研究》，河北教育出版社 2001 年版。

②　贾祥瑞：《民国时期义务教育经费筹措研究》，硕士学位论文，东北师范大学，2008 年。

③　张元隆：《民国教育经费制度述论》，《安徽史学》1996 年第 4 期。

国家预算中所占比例最高的年份也只有 4.8%。抗日战争爆发后，在非常时期不得不以缩减教育经费为代价而共赴国难，但官场腐败之风使学界心寒，战后国民政府虽以法律形式规定了教育经费的较高比例，但蒋介石政权发动反共内战，使教育经费的法律保障徒具虚名。总之，民国时期尤其是抗战中后期和反共内战时期，教育经费的困窘，在很大程度上阻滞了教育的发展和振兴，而这种状况的持续发生又与当时的经济落后、政治腐败、社会动荡有着深刻的内在联系。

商丽浩、田正平[①]认为，教育财政能力的概念框架由两方面构成：一是从中央政府、省政府、地方政府等教育投资主体入手，建立分析近代教育财政能力的框架；二是教育财政能力由教育财政汲取能力、教育财政合法化能力、教育财政调控能力构成。中国近代教育财政汲取能力逐渐增强，近代公共教育经费主要源于地方教育经费，在财政中所占比例较低，教育财政规模小；中国近代教育财政合法化能力逐渐发展，但在税务管理、预算管理等方面存在缺陷；中国近代教育财政调控能力加大，但由于教育财政投资逆向发展，使乡村教育和普及教育处于不利状态。厚重的历史责成我们去做冷峻的思考和深刻的反思，中国教育财政近代化的进程说明教育财政有困难不仅仅是教育财政的问题，国家通过财政制度激发和保护人们对于教育的需求和渴望，是推动教育发展的重要因素。

王成[②]剖析了民国时期乡村教育发展情况及其经费来源，并结合时人对于教育问题的调查与探讨，对乡村教育危机、乡村学校师资设备以及乡村教育落后的影响等问题进行论证，其分析认为民国时期的教育危机，很大程度上是因为乡村教育经费匮乏，教育经费不足显然与外来侵略、政局不稳、军阀林立、乡绅盘剥和乡村赤贫化以及自然灾害频仍等因素密切相关，乡村教育落后、教育经费短缺以及师资力量薄弱源于近代中国的落后，乡村教育事业的落后又进一步阻碍了中国社会现代化进程。

---

① 商丽浩、田正平：《中国教育财政近代化研究》，《教育研究》2003 年第 10 期。

② 王成：《民国时期农村教育及其经费问题》，《长安大学学报》（社会科学版）2013 年第 1 期。

最后，郭仕[1]以民国时期浙江省县级教育经费为研究对象，运用历史学、教育学、教育经济学等多学科理论，采取整体与个案、定性和定量相结合的分析方法，就民国时期浙江省县级教育经费的制度设计、教育经费的来源、教育经费的分配与使用等方面进行论述，民国时期的浙江县教育经费主要来自乡村社会，县级教育经费来源主要包括捐税、行政拨补费、学杂费和捐资兴学等。受到乡村日益贫困的环境影响，教育经费难以获得根本性的改观，兴办新式教育所需要的现代教育财政制度很难建立起来。

张静[2]指出：南京国民政府时期的江西义教事业，可以说既是在国家重视并有计划推动义教的背景下发生的，也是江西省为改变省内落后的教育发展状况的内在要求。其通过对民国南京国民政府时期义务教育发展概况、经费概况（行政管理概况与经费来源概况）、南京国民政府时期江西义教经费的困境（投入不足、挪作军费和教师工资积欠）与成效（义务教育经费专门化、法制化、投资主体多元化），以及南京国民政府时期江西义教经费筹措的原则（筹集义教经费要有法可依、数量可观、有永久固定的性质）及特征（各级政府执行保证、多源筹措增高教育经费）的分别叙述，最终得到结论——江西作为中部以农业立省的省份，省内财政收入并不十分充裕，但却积极响应中央办义教的政策，积极筹措增高义教经费，从管理、稽核等机构从上至下的体系建设，相关政策、法令的制定，再至教育经费的多途径筹措等，使江西省内的义教事业较北京国民政府时期有了长足的发展与进步，为江西省近代教育事业的发展，起到了十分重要的作用，其经验与启示对当前江西义教事业的发展，也颇有借鉴意义。

5. 课程、教科书层面

课程是教育改革与发展的重要体现，教科书是课程实施的基本载体。课程、教科书研究是深入研究民国时期乡村基础教育政策不可或缺的构

---

① 郭仕：《民国时期浙江省县级教育经费研究（1912—1936）》，硕士学位论文，浙江师范大学，2010年。

② 张静：《南京国民政府时期江西义教（国教）经费问题研究》，硕士学位论文，江西师范大学，2010年。

成要素之一。

在课程研究层面，陈侠[①]通过对我国近代小学课程历史演变的全面分析，填补了课程论基础科学研究领域的空白，其从课程的意义及地位、课程演变的动力与分期出发，分层从教育宗旨及目标、课程演变及特色、实施及成效等方面，详尽阐述了草创时期、因袭时期、改进时期、革新时期以及现行的小学课程，并进一步对现行小学课程的背景、目标、内容、形式、变更要点及其特色，作出充分的检讨与评论。陈侠及其《近代中小学课程演变史》的主要贡献，在于对我国近代小学课程发展进行了明确的分期研究；系统总结了我国近代小学课程发展的经验与教训；从当时历史实际出发，根据当时的历史条件和教育实践效果，实事求是地评估课程变革的实施；揭示了课程发展的基本规律。

熊明安[②]则指出：民国时期的小学课程改革是在极其艰难、复杂的环境下进行的，其以民国初年的课程改革（1912—1922）、新学制实施期间的课程改革（1923—1926）、国民政府初建时期的课程改革（1927—1936）、抗战及战后时期的课程改革（1937—1949）为研究线索，民国时期政府共发布了 10 次关于小学课程变革的法令、法规，这些变革措施推动了民国小学课程走出传统，适应现代，建立现代课程体系，并在课程改革上走出了一条由抄袭到模仿到自我改造的道路，为小学教育的发展作出了较大贡献，具有十分重要的启发意义和参考价值。

在教科书研究层面，田正平、王建军[③]认为，教科书近代化意指教科书为适应近代新式教育的发展而产生的变革，它打破了两千多年来封建传统教材的格局，将资本主义发展所需要的教学内容引进教科书，并结合新学制而力图切合儿童的心理特点，使之朝着科学化和大众化的方向发展。为此，在充分研究和借鉴已有研究成果的基础上，其刻意从宏观角度来把握近代教科书的发展脉络，并着重从清末西方教科书的传入、清末的自编教科书和民国初期的自编教科书三部分为研究载体，详细考察近代教科书演变的状况，并具体从民初教科书发展的新动力、辛亥革

---

① 陈侠：《近代中国小学课程演变史》，福建教育出版社 2007 年版。

② 熊明安：《中国近现代教学改革史》，重庆出版社 1999 年版。

③ 田正平、王建军：《中国近代教科书发展研究》，广东教育出版社 1996 年版。

命后自编教科书、新文化运动对教科书的促进、民初的教科书审定制度以及民国初期教科书发展的意义五方面，努力解释近代教科书演变的社会背景和文化意义，力图展示教科书近代化的内在动因。

李文慧[①]认为，民国时期是中国教育近代化的转型时期，中小学教科书的近代化是民国教育近代化乃至中国教育近代化的重要组成部分，其以1927年南京国民政府的成立为标志，将民国时期分为民国早期（1912—1927）和南京国民政府时期（1927—1949）前后两个阶段，旨在通过对这两个阶段中小学教科书的发展概况、教科书编辑的特点、编审制对教科书的贡献等方面的梳理与探讨，总结民国时期中小学教科书发展的基本线索、历史经验、成就与不足，并在遵循"古为今用"的原则下，阐释民国时期中小学教科书编辑对现代课程改革与教材建设的启示。

石鸥、吴小鸥[②]首先从西方教科书的引进时期、民间自编教科书的兴起与现代教科书的成型时期、教科书的审定与制度化时期、多种教科书体系并存时期，概述了清末民国时期教科书的发展。清末民国时期教科书的发展轨迹，是中国社会的变迁和教育改革的发展路径，也是中国知识精英对大众进行启蒙总动员思路引领下的艰难历程。在大量教科书实物照片的基础上，以时间为纵向线索，横向上考虑教科书出版机构，分别以自编新式教科书的开端、现代教科书的成型、官编教科书的强化、蓬勃发展的教科书时期、教科书迅速变化和规模化共同演进的时期、伪满洲国和伪蒙古国教科书、边区教科书的发展为研究议题，力求全面、具体地图说百年中国教科书的发展。石鸥[③]更是以教科书的萌芽、发展、新格局、模式化、国定制、特色等为切入点，详尽展现了民国时期中小学教科书的发展脉络与逻辑特点。

吴小鸥[④]在占有大量资料的基础上，分析中国自鸦片战争以后全社会寄希望于教育，教育寄希望于全新教科书的发展过程，通过揭示教育变革因素、编纂者因素、语言环境因素的影响，阐述了近代知识群体编纂

---

① 李文慧：《民国时期中小学教科书发展研究》，硕士学位论文，河北大学，2008年。
② 石鸥、吴小鸥：《百年中国教科书图说（1897—1949）》，湖南教育出版社2009年版。
③ 石鸥：《民国中小学教科书研究》，湖南教育出版社2018年版。
④ 吴小鸥：《中国近代教科书的启蒙价值》，福建教育出版社2011年版。

出版的中小学教科书，主要体现在科学理性、民主政治、现代伦理精神、现代商品经济、现代文明生活方式等方面开启了少儿智识，并以其巨大的社会辐射力，塑造着国民新的世界观与价值取向。同时，从微观的角度，凸显了教科书作为新式学堂教学内容的重要组成部分、现代课程实施的载体、拥有全国最大受众市场的读本，通过启蒙人的现代性，在社会进程中发挥着巨大基础作用。

班红娟[1]指出：乡村教育运动是产生于 20 世纪 20 年代的一场社会改良运动。乡村教育立足于乡村生活，以改良乡村现状、解决乡村实际问题为目的。乡村教育的内容多与乡土紧密结合，所使用的教材多为乡土教材。近代河南乡村教育运动主要有王拱璧的新村教育，其教育内容体现为新村自治与农事农俗；省立民众师范院的教育多以民生教育为主；百泉乡村师范学院的教学多以乡土活动为主；省立教育实验区的乡土教材多以乡土调查和民众读物为主。

6. 教师（教职员）与学生层面

教师（教职员）与学生是教育活动的主体，其中师资力量一直是教育发展尤其是乡村基础教育发展的必备保障，促进学生发展更是教育政策革新与发展的最高目的，关于教师（教职员）与学生的研究必然是民国时期乡村基础教育政策研究的重中之重。

在教师（教职员）研究层面，一方面，郝锦花、田正平[2]力图在前人研究成果的基础上，对民国时期乡村小学教员的待遇问题作客观考察。民国时期乡村小学教员的收入是极其薄弱的，与城市教员相比有较大悬殊，甚至不及城市工人之平均工资和乡村私塾先生的实际收入，且全国各地教员工资从总体上倾向于"城高乡低"这一基本原则，同时清末民初乡村小学教员待遇之菲薄，乡村小学师资力量薄弱和由此造成的教学水平低下不可避免，乡村新式教育事业之举步维艰，是历届政府普遍模式下乡村教育的必然结果。以史为鉴，我国必

---

[1] 班红娟：《民国河南乡村教育运动中的乡土教材研究》，《湖南师范大学教育科学学报》2012 年第 1 期。

[2] 郝锦花、田正平：《民国时期乡村小学教员收入状况考察》，《教育与经济》2007 年第 2 期。

须高度关注教育发展中的乡村教育问题，以期为我国当前社会主义现代化建设提供借鉴。

蒋纯焦[1]认为，塾师是传统社会中基础教育的组织者，是一个紧紧依附于民间社会的职业阶层，在传承社会文明、普及基础知识和维系传统价值观念等方面，塾师阶层都扮演着相当重要的角色。其以关照晚清以降塾师的变迁为视角，将这个阶层随中国社会发生转型而经历的历史过程区分如下，即前近代社会的塾师（"清闲客"与"自在囚"）、19世纪下半叶的塾师（因袭与变更）、清末新政至辛亥革命的塾师（教育转型与角色转换）、中华民国时期的塾师（从主流到边缘的转化）以及新中国成立后的塾师（终结于新型社会）。其中，民国时期新式学校的建立和普及，极大地压缩了塾师阶层的职业队伍，改变了其职业行为，切断了塾师们的仕进之路，降低了其职业吸引力。塾师这一社会阶层是以私塾的存在为前提，塾师的消亡自然就以私塾的消亡为前提，而私塾的消亡又与中国传统教育体系的解体和新式学校制度的建立、教育的逐步普及相始终。

另一方面，张明武[2]在详细分析民国时期教师薪俸制度的初创、成型、调整和频变的形成与演变过程的基础上，解构和剖析民国时期武汉教师薪俸及其生活状况的基本框架主要由两方面构成：一是从民国时期武汉地区教师薪俸制度流变入手，解剖民国时期武汉教师薪俸及其生活状况特征的框架；二是通过教师薪俸及其生活状况的演变，考察影响薪俸的内部效应与外部环境关系的框架。这两个基础框架作为递进关系，是形成民国时期武汉教师薪俸及生活状况研究的重要因素，民国时期武汉教师薪俸制度及其生活状况是民国时期武汉教育近代化的一个具体体现和组成部分。徐继存、高盼望[3]从乡村教师的来源与待遇考察出发，期望对民国乡村教师生活状态、社会形象及其精神进化的研究能够为当代

①　蒋纯焦：《一个阶层的消失：晚清以降塾师研究》，上海书店出版社2007年版。

②　张明武：《经济独立与生活变迁——民国时期武汉教师薪俸及生活状况研究》，华中科技大学出版社2012年版。

③　徐继存、高盼望：《民国乡村教师的社会形象及其时代特征》，《教师教育研究》2015年第4期。

教师发展提供历史镜鉴。姜朝晖、朱汉国[1]则从乡村教师的生存状况出发进而探讨其在乡村教育中的主体价值、主体意识和社会作用等。

王彦[2]指出：清政府下令废除科举制度后，乡村中原有的知识阶层开始分化，只有少数的底层知识分子仍然留在乡村以私塾教育为生。民国政府成立后大力兴办新式教育，培训师资深入乡村，到抗战前夕，由于政治局势动荡，地方政府腐败克扣教育经费，天灾不断，乡村中原有的私塾教师和公立小学教师，面临巨大的生存危机，私塾教师在政府的压力下，生源越来越少，面临着失业危机，但是他们在乡村的社会公共事务中，仍承担着一定的职务，在乡村处于有权威而无权力境地；公立小学教师由于社会的动荡和政府的腐败，收入很低，生活无保障，经常面临失业的危机，自身也难以融入乡村社会，很少承担乡村的公共职能，在乡村地位很低。穷则思变，在民族危机日益加重的时刻，中国共产党适时深入学校和乡村宣传党的思想，许多乡村小学教师接受了共产党的领导，积极融入根据地建设当中，为自身的发展和根据地的建设都打下了基础，实现了自身在乡村的角色转化。

在学生研究层面，黄祐[3]通过对民国时期乡村建设实验区的学龄儿童教育研究表明：建设乡村小学（新建乡村小学和整顿原有小学）是各实验区普及乡村学龄儿童教育的重要途径，各实验区为了促进乡村学龄儿童教育发展基本都强制实施义务教育，实行学龄儿童就近入学制度。为了使更多的乡村学龄儿童在现有学校和师资条件下，得到受教育机会，各实验区都积极进行教育教学实验，改革学制、教材和教学方法。从办学主体来看，各实验区已经形成以公立小学为主体、私立小学为补充来发展乡村学龄儿童教育的办学格局，进而得到发展乡村义务教育必须政府主导、各方参与，从实际出发、因地制宜，健全制度、加强管理等多方面现实启示。

而凌兴珍[4]则指出：民国时期的学生免费公费制是在民国教育收费日

---

①　姜朝晖、朱汉国：《民国时期乡村教师的生存状况》，《史学月刊》2015年第4期。

②　王彦：《抗战前山东乡村小学教师的生存状况研究》，《吕梁学院学报》2013年第1期。

③　黄祐：《民国时期乡村建设实验区的学龄儿童教育》，《教育评论》2009年第2期。

④　凌兴珍：《民国时期的学生免费公费制》，《四川师范大学学报》（社会科学版）2004年第6期。

趋高昂、社会政治经济日趋恶化、教育平等思想日渐普及以及战争等特殊社会政治经济文化背景下，逐步形成发展起来的，事实上优秀贫寒学生的公费、免费资助存在于各级各类教育机构中。但就政策与实践层面来看，中高等教育偏重于奖助，基础教育偏重于公费免费并向义务教育发展，这对矫正民国教育贵族化倾向，实现教育平民化、平等化、义务化目标，培植抗战建国人才，发挥了重要而积极的作用。同时，亦存在局限与弊病，我国基础教育因经费缺乏，失学儿童达到50%以上，而国家对基础教育补助较少，却费大量金钱维持中等以上学校公费，似亦于情理不合。

7. 私塾改良层面

私塾是旧时由民间个体设立的教学组织机关，其遍及全国，根基牢固，囿于落后性与合理性兼具，在新式学校推广的过程中干预、改造直至取消私塾是民国时期乡村基础教育政策改革与发展的总方向。

首先，柳琴、左松涛①指出：晚清政府、北洋政府以及国民政府在推广新式学校的同时都对私塾教育进行了干预、改造，其终极目的是取消被视为落后的私塾教育方式。私塾改良措施主要是对塾师进行资格认定并要求进行一定的培训、对私塾课程和课本要求使用部定规范、对私塾的招生进行以不影响学校发展为旨的限制、对私塾设立专门机构管理约束与惩罚。私塾改良的要求是从中国人意识到建立新式学校教育的重要，而又囿于新式学校不可能在中国遍设开始的，同时从私塾办学的实际来看，私塾改良的效果也大打折扣。这是因为近代中国客观存在的"两个世界"甚或"多个世界"，使得私塾有一定的存在空间；传统文化的韧性给私塾的存在提供了必要的文化土壤；政府力量渗透不足以及学校发展不顺利无法代替私塾等多种原因造成的。

唐秀平②指出：在传统教育中占据一席之地的私塾，在新学兴起后遇到了挑战。其通过对民国时期江苏私塾状况的剖析，探索私塾尚能存在的缘由，即在初等教育远未能普及的情况下，私塾教育能起到拾遗补阙的作用。民国时期旧式私塾获得不断改良，成为与新式小学性质相近的

① 柳琴、左松涛：《略论20世纪上半叶中国的私塾改良》，《历史档案》2002年第2期。
② 唐秀平：《论民国时期江苏私塾教育》，《南京社会科学》2000年第10期。

蒙学机构，塾师在文盲普遍的乡村受到尊重，私塾在民间有着牢固根基，其传统位置在新式小学创办初期是无法取代的。但是民国时期由于缺乏稳定的社会政治环境；缺乏一个长期稳定的政府以高瞻远瞩的眼光，和对国家民族未来负责任的精神，来筹谋教育事业的发展；缺乏大量的人力、物力和财力的投入；缺乏一大批忠诚于教育事业的人士的艰苦创业；缺乏有广大富庶民众的支撑；以至于初等教育发展举步维艰。由此，为生计所迫的私人创设，所需资金较少，设备简陋，规模狭小，且努力适应社会需求的私塾，也就有了存在的现实土壤，并且在初等教育的发展中起到重要作用。

其次，熊贤君①指出：私塾是指旧时由民间个体设立的教学组织机关。从春秋战国私学诞生到中华民国，私塾主要以自设馆、公延馆和专聘馆3种类型一直存在，它以其塾多势众，遍及全国，对民国时期学术文化传承和教育普及，产生的影响是非常巨大而深远的，但因私塾携带着与生俱来的痼疾，也阻滞着现代文化教育的发展。因而私塾的现代化改造问题，主要包括私塾塾舍与组织形式的现代化改造、私塾教学内容的革新改造、私塾教学方法的改弦易辙、私塾接受现代化改造的强制措施（成立私塾管理委员会专事私塾管理、进行塾师检定、设塾必须履行备案手续、不合格的私塾可随时取缔）等，在民国引起了教育界的广泛关注。同时，民国时期的私塾改造运动，对于我们加强各地与日俱增的民办学校的引导与管理，使之为"科教兴国"和推行九年制义务教育服务，是具有现代价值和实际作用的。

田正平、杨云兰②指出：私塾改良是中国教育近代化发展的重要构成，其过程反映了中国教育近代化的一些基本规律和特点。近代私塾的改良主要从管理体制、课程、教学内容、塾师、教学方法等方面展开，体现出传统私塾与近代小学并存及两者间既互相排斥又互相融合的特点。这种改良先是自下而上进行，但最终还是通过自上而下实现的，真正使

---

① 熊贤君：《中华民国时期私塾的现代化改造》，《华东师范大学学报》（教育科学版）1998 年第 3 期。

② 田正平、杨云兰：《中国近代的私塾改良》，《浙江大学学报》（人文社会科学版）2005 年第 1 期。

私塾发生制度性变革的是晚清以来不同时期中央政府和地方政府的大力倡导，近代教育教学观念的变革，是促进私塾教育近代化的重要动因。总之，私塾改良的本质，实际上就是初等教育的近代化，同时也是中国社会变革的重要组成部分，没有私塾改良的不断深入，中国初等教育近代化的历程就不可能完成。同时，私塾改良过程中的各种经验教训，更能集中反映中国初等教育近代化的一些本质规律，对当今我国的教育改革有着重要的借鉴作用。

再次，左松涛①在晚清民国私塾与塾师的"权势"问题研究中指出：清末及民国时期，乡村基础教育的"权势"主要由塾师掌握，"新教育"新式学校以及相关教职员，并未得到乡村民众的支持与信服，塾师并没有成为乡村社会的失语者或弱势群体。为了再认识清季以来所谓私塾问题，厘清新词与故物，左松涛②进一步指出：私塾一词是出于称谓排除在西式新学堂系统之外本土学塾的需要，新知识精英才普遍使用这一新词，在私塾用语背后蕴含着近代中西学战之后所形成的知识权力关系，其常带贬义，暗指教学内容和教学形式的守旧落伍，并以此提示学者应对可能会产生知识陷阱的近代新词予以特别警惕。

冷长燕、王伦信③认为，私塾作为一种传统教育机构在"壬寅学制"公布以后便遭到新式学校的冲击，但它与中国近代国情融合，在普及义务教育的过程中，显示着顽强的生命力并发挥着巨大的历史作用。自新式学堂出现以后，关于私塾是存亡还是改良及改良到何种程度，有过众多讨论并也出台了一系列政策，但就在这种存亡不定的历程中，更显示了私塾的时代价值，凸显了其顽强的生命力。从不同时期对私塾的不同态度，可以看出，私塾改良进程始终与普及教育的重视程度联系在一起，私塾因近代普及教育的需要而存活下来，同时又因其自身优势得以在教育普及与发展中发挥重要作用，其规模小、办学灵活、费用低廉等特点，

---

① 左松涛：《晚清民国私塾与塾师的"权势"问题研究》，《中山大学学报》（社会科学版）2006 年第 2 期。

② 左松涛：《新词与故物：清季以来所谓"私塾"问题的再认识》，《中山大学学报》（社会科学版）2008 年第 3 期。

③ 冷长燕、王伦信：《论私塾在中国近代社会的命运》，《沈阳师范大学学报》（社会科学版）2007 年第 6 期。

对启蒙教育的进行有着重要的借鉴意义。

最后，罗玉明、汤水清①通过阐述 20 世纪 30 年代私塾存在的基本概况，分析私塾存在的原因及弊端，叙述南京政府对私塾改造的基本措施。私塾在教育不发达的民国时代，其发挥的不可替代的作用和存在的弊端，使得民国政府一方面要继续利用其发展教育的积极方面，推动普通初级教育的发展；另一方面又必须对其存在的弊端进行改造，以适应传统教育向现代教育转化的需要。采取积极措施，督促各省市政府加强对私塾进行改造，不仅意味着这一传统教育形式向现代教育的转化，而且对推动我国教育事业的发展，起了一定的积极作用。

郝锦花、王先明②指出：清末学制改革后，乡村社会形成了别具特色、新旧并存的二元教育模式。在这种新旧对峙二元教育结构中，乡村私塾以其特有的灵活性和乡土适应性，位居乡间文化的霸主地位，乡间私塾不仅在数量上超过了乡村学校，而且在社会功能上仍然是社区的文化活动中心并更显突出，这说明乡村旧式私塾以其极强的乡土适应性，仍然具有旺盛的生命力。教育现代化并不单纯是一个新式学校取代旧式私塾，科学知识征服八股科举的过程，现代化不能用新式学校的数字、教育法令以及引进西式学制和西式课程来表示。现代化应该是一个传统与现代互动的过程，一个妥协与创造并存的过程，尽管在新旧教育之争中，乡间学校始终没能战胜强大的私塾组织，但是，传统私塾在新学教育制度的冲击与熏陶下，已渐渐流露出趋新的气象，私塾无论如何都不可能按以前的面貌按部就班地工作了。

刘白杨③着眼于清末民国时期义务教育的发展，强调近代教育呈现出新旧并存的二元格局，义务教育体制未能在"癸卯学制"公布后短期内形成，传统私塾教育形式也未即刻退出历史舞台，私塾对义务教育发展产生着辅助补充与阻碍的双重作用。一则在新式小学堂没有得到普及时，

---

① 罗玉明、汤水清：《三十年代南京政府对私塾的改造述论》，《江西社会科学》2003 年第 3 期。

② 郝锦花、王先明：《论 20 世纪初叶中国乡间私塾的文化地位》，《浙江大学学报》（人文社会科学版）2005 年第 1 期。

③ 刘白杨：《清末民国时期私塾对义务教育的作用分析》，《江西师范大学学报》（哲学社会科学版）2008 年第 5 期。

私塾继续扮演了它普及蒙学的重要角色，在新式小学堂无法满足基础教育需求时，经过改良的私塾对义务教育形成有益补充；二则私塾的大量存在阻碍了义务教育在乡村的普及，私塾改良往往流于口号且无益于义务教育的全面落实。探讨私塾教育对于新兴的义务教育体系发展的影响，旨在有助于对中国教育现代化的历史过程回顾和总结，私塾和学堂并存互动的历史，有助于反思和推进当前的基础教育改革。

除此之外，赵全军①以清末民国为时间背景，以供给责任机制为切入视角，突出强调义务教育治理过程中的供给问题。清末民国时期，受特定环境制度约束，中国乡村义务教育的供给，呈现责任主体基层化、组织体系科层化、资源流动等级化的特点。由于这样的供给责任制度，不能有效地解决义务教育的推行成本问题，乡村的学龄儿童家庭必须分担过高的义务教育成本；进而指出中国近代义务教育发轫发展缺失民众支持的原因，且经由清末衰微的国家力量与官绅督办责任体制形成，以及民国基层化的责任体制与义务教育补助制度的艰难生成两个时期，仍不能得到真正普及的结论。在规范与经验的层面上，对清末民国时乡村义务教育供给责任机制的变迁过程、运作机理及其制度后果，进行考察与分析，以期能为深度理解和分析中国乡村义务教育的治理结构提供一个新的视角。

李红梅、肖如平②指出：20 世纪 30 年代初南京国民政府为巩固基层统治、发展乡村教育在江西推行保学。其以推行最早的省份江西为对象，对保学的起因、推行的概况，及其对江西乡村教育近代化所产生的影响作以研讨，以期对保学能有一个较为全面的认识。保学经历了初创时期、民国教育前期和复员"戡乱"时期，并由粗浅、简单发展到具有一定程度的制度化、规范化的教育形式。保学的现代办学形式、教学方式和管理模式，为江西乡村基础教育由传统走向现代奠定了基础，最终对江西乡村基础教育的近代化，产生了一定影响。

---

① 赵全军：《清末民国时期中国农村义务教育供给责任机制研究》，《云南社会科学》2007年第 3 期。

② 李红梅、肖如平：《民国保学与江西乡村教育的近代化》，《江西教育学院学报》（社会科学版）2011 年第 5 期。

（四）关于民国时期（乡村）基础教育的近现代化研究

一方面，何晓夏、史静寰①从近代中国的开关与早期教会学校的出现、中国社会的变迁与教会学校的发展、教会学校与中国近代初等教育、教会大学与中国近代中等教育、教会学校与中国近代高等教育、教会学校与中国近代女子教育、教会学校与近代中国的师资培养和教会学校的教学方法和校园文化等八个角度入手，特别是对教会学前教育活动与中国近代学前教育（中国古代学前教育的基本形式与特点，教会与小孩察物学堂、育婴堂，传教士与西方幼儿教育思想的输入、教会幼稚园与清末蒙养院、中国化幼稚教育的探索与对教会幼稚教育的排拒与吸收）和教会学校与中国近代的小学教育（学塾——中国古代小学教育的主要形式，从"寒素不能读书者"开始——教会小学的奠基，讲西学、用新法——教会小学的新貌，从传统学塾到近代小学堂）两方面的具体论述，全面揭示包括初等教育在内的中国教育近代化过程与教会学校的密切关系。虽然教会学校的"殖民"本质特性，决定了它们把宗教灌输作为首要的指导方针，通过宗教课程的设置和各种宗教仪式，熏染宗教气氛，培养宗教信徒，但教会学校的办学宗旨并不仅仅如此，传教士们并不反对在学校传播知识和技能，这在一定程度上也间接成为了中国近代化建设的手段。

杜成宪、丁钢②指出：自"癸卯学制"颁布以后，现代意义的学校制度在我国已确立百年有余，从为了儿童即中国主体性幼儿课程理论的形成、民国时期中学毕业会考的兴废及历史回声、当代中国高等教育及其区域差异的形成、中国语文教育从文言到白话的现代变迁、科学教育半个世纪的潮起潮落、职业与社会变革即近现代中国职业教育发展的三个阶段、上海女子教育的现代化演进、改革农村教育即 20 世纪中国农村教育的主旋律共计 8 个议题出发，全面反思了包括民国时期乡村基础教育发展在内的中国教育现代化之路，力求为未来中国的教育改革提供路标性的指引。

---

① 何晓夏、史静寰：《教会学校与中国教育近代化》，广东教育出版社 1996 年版。
② 杜成宪、丁钢：《20 世纪中国教育的现代化研究》，上海教育出版社 2004 年版。

田正平、陈胜①在对清末民初乡村教育早期现代化进程进行考察的基础上，一则从乡村民众对新式教育的消极抵制活动、乡村教育诉讼、乡村毁学风潮等乡村教育冲突入手，对乡村教育冲突的数量、地域及实践分布、内容、主体进行分析，勾勒出清末民初乡村教育冲突的一般图景；二则从新旧教育的矛盾、乡村经济的变动、乡村社会结构的变迁、乡村文化生活的阻断等入手，对清末民初乡村教育冲突进行归因；三则主要考察清末民初乡村教育的影响及其解决情况；四则对中国教育现代化发展道路问题进行再思考和再评价，并试图对中国乡村教育早期现代化过程中出现的问题，作出一些尝试性回答。

另一方面，张彬②以近代浙江兴学的基础、近代浙江兴学的发动、浙江教育近代化的起步、浙江教育近代化的推进和浙江近代教育体系的形成逻辑主线，全面叙述了浙江教育近代化的影响因素及历程。浙江教育的近代化，自19世纪末20世纪初开始起步，经过辛亥革命到五四时期的社会变革和思想荡涤，近30年实践的探索、改革和发展，逐步形成了从近代教育管理制度的建立、高等教育的加强、中等教育的发展、初等教育的改善（新式小学初成规制和旧式私塾不断改良）、社会教育的兴办共五方面发展体系，且初具规模。浙江教育近代化的起步，主要凭借地方绅商的势力，从辛亥革命后到五四时期浙江教育近代化的深入推进过程中，则主要依靠知识界、教育界自身的力量，其中，归国留学生和青年学生发挥了特别重要的作用。

董宝良、熊贤君③指出：近代灾难深重的湖北人民，为了"求富""图强"，别无选择地走上了通过湖北教育近代化促进湖北社会近代化的道路，变科举、改书院、兴学堂、派游学，建立新学制，对湖北教育进行了一系列兴革，特别从完善学校系统、培训师资、普及教育和社会教化等方面拓展与深化，从派遣游学、创学务处、创建图书馆、筹措教育经费等方面图新，使湖北传统教育开始迈向近代化。湖北近代教育的这

---

① 田正平、陈胜：《中国教育早期现代化问题研究——以清末民初乡村教育冲突为考察中心》，浙江教育出版社2009年版。

② 张彬：《从浙江看中国教育近代化》，广东教育出版社1996年版。

③ 董宝良、熊贤君：《从湖北看中国教育近代化》，广东教育出版社1996年版。

种改革与引进西方教育的"激素",使近代湖北教育一跃走到全国的前列,成为全国"教育示范省",成为中国地方教育近代化马首是瞻的地区。刘正伟[①]认为,从传统教育的衰败,到教育近代化的起步、开展、推进,江苏教育近代化是中国教育近代化的缩影。江苏教育在从传统走向现代的转型过程中,保持着较为清晰的走向。从辛亥革命到南京国民政府建立,这一时期江苏省政治上始终控制在直系军阀势力范围之内,政治相对稳定,为江苏教育近代化客观上创造了有利的条件。从教育行政制度的创立、教育经费体系的制定到社会教育与职业教育的发动,从近代教育科学理论的传播、教育实验活动的开展到中等教育形成"与实业相联络,与社会相沟通"的特点,以及高等教育的异军突进,江苏教育近代化逐渐形成了较为独特的发展模式。

(五) 关于民国时期乡村基础教育的社会文化影响研究

民国时期乡村基础教育是根植于其乡村社会固有文化结构下的深刻变革,乡村学校教育逐步改变着以科举为目的的教育文化导向,乡村自治与建设运动更使得不同于以往乡绅特权的政治文化输入乡村,传统与现代之间的矛盾冲突与价值融合并行,民国乡村经历着前所未有的改变。厘清民国时期乡村基础教育与社会、文化的影响关系,是进行民国时期乡村基础教育及其政策研究的前提。

首先,张鸣[②]认为,清末新政、北洋政权、国民党政府和后来的中共政权之间,有着意识形态的强烈对比,但是,在现代化这个线索上,它们却存在一条共同的脉络,这就是对乡村的整合和改造,其通过回顾1903—1953 年的乡村社会历史,试图彻底厘清我国乡村基层政权和文化结构变迁的内在线索和发展方向。现代化无疑是隐含在乡村权力和文化变迁背后的一条主线,现代化所构成的拉动,根本性地改变了乡村的文化与政治地位,并使其法定地处于经济上附庸和被牺牲的境地。厘清这个脉络,对认识百年中国,尤其是大规模推进现代化的近代中国,具有非常重要的意义。

---

① 刘正伟:《督抚与士绅:江苏教育近代化研究》,河北教育出版社 2001 年版。
② 张鸣:《乡村社会权力和文化结构的变迁 (1903—1953)》,陕西人民出版社 2008 年版。

李庆珍①认为，中国乡村的发展历史表明，由于中国的乡村有其特有的文化传统、社会结构和社会特质，乡村的发展需要有相对独立的自主性空间。这种相对独立的自主性空间，在传统乡村社会是以"乡土士绅"和"乡约"的公共行为得以实现的。乡村知识分子以其独特的身份、地位，在传统中国社会中发挥着重要的作用，但社会的变迁，也使得乡村知识群体经历了裂变、衰落和转型等变化。以变迁中的村庄为个案，以知识群体的群体特征和公共行为为主线，深入地描述、分析和探讨乡村知识群体与乡村社会的关系，这对于继续研究和加深思考乡村建设与发展等问题提供了可参考的选择方向。

张济洲②选择华北平原一个典型的县，作为考察乡村教育历史演变的切入点，从社会生态、区域文化、人口流动与教育变迁的双向互动入手，通过民间文献资料的收集和口述史、人种志等多种研究方法的运用，呈现了 20 世纪以来伴随民族国家的兴起，国家政权逐步介入乡村社会，国家教育体系建构与村落文化、地方性知识冲突的生动场面，揭示了乡村教育的复杂性，并对城乡教育差异作了深入的思考。清末民初是我国由传统国家向民族国家过渡时期，现代学校制度作为国家建设的重要组成部分，逐步向乡村延伸，国家与地方社会的冲突，地方性对现代性的反抗，充分反映了乡村社会固有的文化结构，正经历着前所未有的冲击。国家权力介入乡村社会，是理解 20 世纪乡村教育变迁的重要参照系。

其次，渠桂萍、王先明③认为，清末民初新式学校教育在国家发展需要的前提下，在教育近现代化的发展中走进乡村，但却受到乡民回避、抵制与抗拒，而私塾在草根社会则以其极强的适应性与灵活性，受到乡民的青睐，这主要是因为与新式学堂相比，私塾收费低廉，收取方式与讲授时间，都与农耕社会相适应，而新式学堂与城镇正规化、制度化的办学模式同步，与乡土社会颇不协调；与新式学堂相比，乡民认为私塾

---

① 李庆珍：《变迁中的乡村知识群体与乡村社会》，光明日报出版社 2010 年版。

② 张济洲：《文化视野下的村落、学校与国家：一个地方社区基础教育变迁的历史人类学考察》，教育科学出版社 2011 年版。

③ 渠桂萍、王先明：《乡村民众视野中的私塾与学堂——20 世纪前期乡村教育现代化的历史阙失》，《华中师范大学学报》（人文社会科学版）2008 年第 3 期。

所教内容、培养出的学生更符合他们的实际需要，而新式学堂所授内容、毕业学生与乡民有着很大隔阂；同时在乡民的视界中，塾师是他们社会支持网络的一部分，他们是同一秩序的共生物，他们之间保持着天然的亲近感，而学堂教师则是外来世界的成员，与他们总是格格不入。总之，乡民在新式教育与私塾教育两者之间截然不同的态度选择，既是乡民对教育近现代化过程的回应，也是乡民受教育权利遭受剥离时的"理性"抗争。

王先明①认为，20 世纪以来，中国社会结构与社会分层的二元特征与趋势，更为深刻地诠释着近代城乡分离的基本格局和社会冲突的时代特征，持续不绝的乡村社会矛盾和冲突，并不是一个孤立的现象，它表征着社会生活失序问题的普遍性和严重性，既是 20 世纪二三十年代中国乡村危机到来的前兆，也是乡村危机爆发的历史推助力。20 世纪以来的乡村危机的生成原因，已超越了传统时代"因土壤集中而两极分化、因政治贪腐而民怨四起"的循环规则，形成了生存危机与发展危机的双重特征，对此，各政治集团和社会力量的对策，多着力于解一时之困，而未能谋根本之图，历史固然不可重演，但它所凝结的历史经验和教训却可昭示未来。

再次，王先明、李丽峰②指出：20 世纪初，科举制度的废除与新式学校的确立，对乡村社会各阶级、阶层的重组，与社会流动产生了重大影响，使乡村社会流动由封闭型向开放型转变、由自由性向结构性转变，从制度和文化层面上，揭开了乡村社会走向近代化的历史序幕。近代新学教育制度的确立，成为影响近代中国乡村社会流动和社会变迁的重要因素之一，绅士阶层在结构性社会流动中，其多向度的社会流动，直接与其所受教育密切相关，而农民阶层的多元的社会流动，则被动地缘于天灾、人祸、经济等诸种因素共同作用的压力，在这沉重的压力背后又不乏教育的苍白与缺失，且由于新式教育与近代社会实际相脱节，导致

———————

① 王先明：《20 世纪前期乡村社会冲突的演变及其对策》，《华中师范大学学报》（人文社会科学版）2012 年第 4 期。

② 王先明、李丽峰：《近代新学教育与乡村社会流动》，《福建论坛》（人文社会科学版）2005 年第 8 期。

人才"失业",影响了社会流动的效率。

郝锦花①从文化竞争的角度,考察和分析了学制改革以来,乡村社会新旧并存的二元教育格局形成的背景、特点、成因,以及新学制对于乡间私塾的现代化改造,进而从教育经费、师资力量、社会支持力量三方面,对新式学校势弱的原因进行分析,以现代化的角度,着重讨论了新学教育对于乡村社会的各种正面影响(现代学制在乡村社会的确立、社会流动的加速和社会动员的增强、社会心理和社会行为的新变动)和负面影响(乡村精英的离乡、乡村文化的衰落、乡绅统治的变形、乡村危机的爆发),并运用新旧学对比、城乡对比等方法,成功分析了兴学以来乡村精英离乡的新学教育原因,最终分析得出清末民初乡村教育特点和乡村现代化道路特点。总之,中国乡村的现代化由新学教育而启动,又因其而受挫,这种双面效应无论是晚清政府,还是历届国民政府都未能有效克服,乡村社会成为革命的温床。

最后,郝锦花、王先明②认为,中国传统社会文化城乡一体,其在典型意义上的乡土性、城乡一体性与教育机构的城乡分布,有着直接的关系。近代兴学以来,新式教育机构密集于城市社区,其中,初等学校在城乡间的布局,也是极不平衡的。其主要集中在城市社区,乡村社会则只是零星点缀而已,近代新学教育兴起以来,城乡间的文化差距逐渐拉大,是一个非常明显的现象。排挤乡村,乡村精英源源不断地脱离乡村向城市集中,乡村整体上的文化水平陡然下降,城乡一体的传统文化模式开始出现裂痕,久已存在的城乡差距进一步拉大,乡村社会出现了全面危机,而且在事实上将乡村社会推向了日益崩溃的深渊。

霍娟娟③指出:20世纪初期的中国乡村,正经历着中国历史上最复杂、最深刻的变化,民国全国性政权的建立,使其有能力在乡村建立完整的区、乡政权。乡村原来的文化权威阶层,适应新政权的需求,开始进一步离乡或是官僚化,与建立新的国家政权相适应。民国政府通过乡

---

① 郝锦花:《新旧学制更易与乡村社会变迁》,人民出版社2009年版。

② 郝锦花、王先明:《从新学教育看近代乡村文化的衰落》,《社会科学战线》2006年第2期。

③ 霍娟娟:《论民国基层政权建设对乡村文化的冲击——以苏南地区为例》,《现代交际》2011年第7期。

村教育体系和乡村建设运动，推行与乡村原来不同的文化。乡村学校教育的开展，改变了以科举为目的的乡村教育和文化导向，乡村自治、乡村建设运动使一种与传统不同的政治文化输入乡村，多种文化在乡村发展，而实际结果是加剧了乡村文化的衰败，乡村基层政权在这一过程中扮演了重要角色。

朱汉国、姜朝晖①认为，民国乡村教育的困境，与近代社会转型所带来的新旧观念与文化的冲突密切相关，而这种文化冲突在乡村的外在表现，就是新式学校与旧式私塾的长期对立，由学校和私塾所代表的新旧文化冲突是多层次的，它不仅体现了中西文化的冲突，也体现了现代文化与传统文化、都市文化与乡村文化的冲突。民国乡村教育面临近代社会转型所带来的多重观念与文化的冲突，具体包括中西文化之间、国家意志与草根社会的教育目标之间、城市文化与乡土社会之间、近代文化与农民观念之间的冲突。文化冲突是制约民国乡村教育发展的因素之一。

姚荣②在国家与社会视角下根据乡村教育与乡土社会的关系，将乡村教育"嵌入"分为清末民初前的"内生型嵌入"与清末民初至 20 世纪 90 年代的"行政型嵌入"两种类型，强调现代学校制度的移植对乡土社会造成了复杂而多样的影响，极大地促进了社会转型与变迁。

由此，重视民国时期乡村基础教育发展过程中新旧文化冲突下新式学校教育与传统私塾教育的博弈，强调乡绅社会转型过程中给乡村基础教育所带来的双面效应，已经成为当前社会学和教育学研究的重心。继续充实和透彻完善社会与文化影响研究，将是科学、系统进行民国时期乡村基础教育及其政策研究的理论基石。

（六）对上述综述的评论

首先，关于民国时期乡村基础教育政策研究的图书编著类文献资料的内容并不是很多，无论是教育史研究通史方面、教育史研究相关专著

---

① 朱汉国、姜朝晖：《略论民国时期乡村教育中的文化冲突》，《历史教学问题》2012 年第 2 期。

② 姚荣：《从"嵌入"到"悬浮"：国家与社会视角下我国乡村教育变迁研究》，《清华大学教育研究》2014 年第 4 期。

方面，还是教育史研究资料汇编方面的图书编著类文献资料，其中包含的民国时期乡村基础教育政策研究方向和领域的研究成果，都是非常分散和零乱的，都没有整体性、系统性和深入性的分析和论述，往往也只是一笔带过的"有所涉及"，或者是其他研究方向和领域内容的重叠部分，其只是给我们提供了一些民国时期乡村基础教育政策研究方面的线索和出发点，却缺乏整体和系统研究的深度和力度。但需要指出的是，相对于民国时期乡村基础教育政策研究的图书编著类文献资料成果，颇少且有其研究现状的局限性，民国时期乡村基础教育政策研究之教育史研究资料汇编方面的图书编著类文献资料，虽也缺乏整体性和具体性，但因此类文献资料在数量上和质量上的相对具体和完善，其必然成为我们当前和未来进行民国时期乡村基础教育政策研究最有价值的图书编著类文献资料。

其次，相对于民国时期乡村基础教育政策研究图书编著类文献资料，现有成果"不尽如人意"。民国时期乡村基础教育政策研究的论文类文献资料，现有直接研究成果也是相对不多的，包括期刊论文类和硕博论文类文献资料在内。但值得一提的是，民国时期教育研究特别是乡村基础教育研究，已经得到了越来越多学者的关注和认同，较大数量的民国时期乡村基础教育的相关研究成果已然出现。特别是近年来，民国时期乡村基础教育研究的视角逐渐开阔，越来越多的研究方向和研究领域被挖掘出来分析和研究，尤其是硕博论文类文献资料成果，已经得到更多学者的重视。新的研究视域、新的研究方法和新的研究手段出现，民国时期乡村基础教育研究，正在成为教育史学界研究的一个重要方向之一。民国时期乡村基础教育研究的深入、全面开展，也必然推动着民国时期乡村基础教育政策研究这个相关领域研究的深入。进行民国时期乡村基础教育政策的整体性和系统性研究，已经成为一个无法回避且值得关注的研究领域之一。

最后，民国时期乡村基础教育政策研究，是民国时期乡村教育研究、民国时期教育研究中一个不可或缺的重要研究视角和领域。重视民国时期乡村基础教育政策的整体性和系统性研究，同时也是民国时期乡村教育研究、民国时期教育研究完整性、全面性和具体性研究的有力支撑。民国时期乡村基础教育政策研究，是上承清朝末期乡村基础教育政策研究和下启新中国乡村基础教育政策研究的关键性研究内容。教育史研究的顺序性和完整性，要求我们不能回避民国时期乡村基础教育政策的研究。同时，包括乡村基础教育发展在内的民国时期教育发展，是中国教育现代化开始并继续的开端，民国时期乡村基础教育政策研究的重要性尤为凸显，其甚至可以说是中国近代教育现代化历程中规律分析和经验总结的根基性研究，意义十分重大。

除此之外，乡村教育研究已然成为当前教育研究领域内的热点课题，乡村教育的发展，关系着我国当前教育总体质量的提高。进行民国时期乡村基础教育政策研究，总结教育历史经验与教训，以史鉴今，对我国当前教育发展，尤其是乡村基础教育发展之教育政策方面的完善与超越，储存智慧、启迪思绪，以期解析现在面临的问题，具有十分深远的影响意义。

综上所述，关于民国时期乡村基础教育政策研究的直接内容，并不是很多，相关的研究成果（图书编著类、论文类文献资料），也不是十分丰富的，但民国时期乡村基础教育政策研究，已然是民国时期教育研究、中国近代教育发展研究，直至中国教育史研究中不可缺少的重要组成部分，其成果直接关系到教育史研究的整体化、系统化和具体化。民国时期乡村基础教育政策研究，可谓是民国教育史研究中十分重要却又研究相对较少且亟须研究的重要领域之一。虽然当前关于民国时期乡村基础教育政策研究的成果仍有较大的拓展空间，但现有研究的文献资料，尤其是民国时期教育史资料汇编类文献资料，必然将为众多学者即将进行的深入性、开拓性研究打下良好的基础，并提供直接或间接的线索支持和帮助。

四　研究价值

（一）理论价值

民国时期乡村基础教育政策研究，是民国时期乡村教育研究、民国时期教育研究中一个不可或缺的重要研究视角和领域。重视民国时期乡村基础教育政策的整体性和系统性研究，同时也是民国时期乡村教育研究、民国时期教育研究完整性、全面性和具体性研究的有力支撑。民国时期乡村基础教育政策研究，是上承清朝末期乡村基础教育政策研究，和下启新中国乡村基础教育政策研究的关键性研究内容，教育史研究的顺序性和完整性，要求我们不能回避民国时期乡村基础教育政策的研究。同时，包括乡村基础教育发展在内的民国时期教育发展，是中国教育现代化开始并继续的开端，民国时期乡村基础教育政策研究的重要性尤为凸显，其甚至可以说是中国近代教育现代化历程中，规律分析和经验总结的根基性研究，意义十分重大。

当前我国教育史学界，对于民国时期乡村基础教育政策的研究还很少，对其进行深度的、整体的系统研究，全面考察民国时期乡村基础教育政策的发展历史，进行民国时期乡村基础教育政策的深入分析与探讨，同时，总结民国时期乡村基础教育政策的相关经验与教训，不仅可以使我们更加科学、具体和深入地了解民国时期乡村基础教育政策研究的整体、系统内容，而且也是对民国时期乡村基础教育政策这个研究领域成果的充实，将会对教育史学科体系，尤其是民国时期教育研究体系的完美构建，也会对推动我们当前基础教育、乡村基础教育、乡村基础教育政策的科学发展，表现出极高的学术研究价值。

（二）应用价值

近年来，民国研究和教育政策研究已然成为热点领域。乡村教育的发展，关系着我国当前教育总体质量的提高，乡村教育政策的科学性和完善性，将会是推动乡村教育发展的关键性、根本性因素之一。正如习近平总书记在致第二十二届国际历史科学大会的贺信所言："重视历史、研究历史、借鉴历史，可以给人类带来很多了解昨天、把握今天、开创明天的智慧"，"中国人民正在为实现中华民族伟大复兴的中国梦而奋斗，需要从历史中汲取智慧"。向后看，是为了更好地向前走，进行民国时期乡村基础教育政策研究，揭示规律，总结经验与教训，寻求其与新时代乡村教育政策改革发展的渊源性密切联系，致知力行，继往开来，将会为我国当前教育改革与发展，尤其是乡村基础教育政策的完善与超越，储存智慧、启迪思绪，具有十分深远的"借鉴性"和"引导性"的实际应用价值。

五　研究方法

（一）文献研究法

关于民国时期乡村基础教育政策的研究，是需要大量历史文献资料为载体的，这就需要通过广泛查阅、分析和整理相关书籍、期刊和网络信息的基础上，搜集此领域内现有的研究成果、研究动态、发展历史和现状等方面信息，以最大地占有文献资料为基础，对所要研究方向的文献作详尽、充分、系统地了解和分析，开拓研究视野，为研究与写作的完成提供科学的论证依据和研究基础。

（二）历史研究法

通过相关文献资料的搜集与整理，以直接或间接相关于民国时期乡村基础教育政策的根本史实为研究基础，对其进行深入、客观的思考、分析与研究，理论与具体历史相结合，在全面总结民国时期乡村基础教育政策的内容构成、社会制约性、基本路径以及内在逻辑等方面，提出对当前我国乡村基础教育政策完善与超越的借鉴性建议。

（三）个案研究法

从 1912 年 1 月至 1949 年 9 月的这 38 年间，民国政府在不同的阶段、不同的时期对于乡村基础教育的基本政策是有所不同的，有计划地选取不同时期具有真实性和代表性的有关乡村基础教育政策的文献资料，进行深入、系统、详尽的个案（或称案例）分析，将会对民国时期乡村基础教育政策研究的整体成果，起到事半功倍的研究效果。

（四）比较研究法

比较研究法是教育学研究中广泛应用的重要方法之一，其依据一定的标准，对相同时期或阶段内不同国家或地区、相同国家或地区内不同时期或阶段的教育理论与实践进行比较研究，以找寻出教育发展的普遍规律与特殊归路的方法。进行民国时期民国政府与同时期域外乡村基础教育较为发达的其他国家，在发展与推行乡村基础教育政策方面的对比研究，进行民国政府在不同时期内所颁发的相关于乡村基础教育政策，在教育行政、教育评估与督导、教育财政经费、教师与学生、课程与教科书等方面的对比研究，对于深入挖掘民国时期乡村基础教育政策研究的本质与内涵，将具有十分重要的工具价值。

六 研究重点与难点

近年来，乡村基础教育研究越来越成为教育学术研究的焦点之一，民国时期乡村基础教育研究也慢慢走进研究者的视野，得到关注和认同，且逐渐成为一个重要的研究视域并成为不可或缺的重要组成部分。研究民国时期乡村基础教育政策，全面呈现民国时期基础教育政策的革新与应对进程，进行民国时期乡村基础教育政策的深入分析与探讨，同时详尽总结民国时期乡村基础教育政策制定、执行的经验与教训，将不仅对教育史学科体系的完美构建，也会对推动我国当前乡村基础教育政策的科学制定与执行，体现出极高的学术研究价值。

本研究的重点在于，通过对第一手基本文献资料的整理与分析，对民国时期乡村基础教育政策进行科学、合理、有效的分析处理，并在整体、深入、系统的研究方向指引下，整体构架民国时期乡村基础教育政策革新与应对的具体构成、社会制约性、基本路径与内在逻辑等重要篇章，进而期待以更加宏观、开拓的视野，探索经验与教训，从而为我国当前社会发展，尤其是教育发展给以可供借鉴的现实启示。

本研究的难点在于，当前对于民国时期乡村基础教育政策研究成果是相对较少的，尤其是对于民国时期乡村基础教育政策研究密切相关的第一手文献资料，也大多散存在民国时期教育相关文献资料中，这对于进行民国时期乡村基础教育政策研究增加了一定的难度。民国时期乡村基础教育政策方面相关研究资料的搜集和整理，已经成为影响本研究成败的决定性因素。

七　创新与不足

（一）创新之处

1. 选题视角与研究内容新

在选题与研究内容方面，本研究以民国时期乡村基础教育政策为研究对象，以期从乡村基础教育政策的内容构成、社会制约性、基本路径、内在逻辑和现实启示等方面，对民国时期乡村基础教育政策的全貌进行整体性、系统性与科学性兼具的研究分析，不仅是对当前乡村教育、教育政策等热点议题的共鸣，更是基于民国时期乡村基础教育政策这一研究领域内已有的专门性、系统性研究成果还相对颇少，而试图进一步深度、系统地完善和补充这一在中国教育近现代化进程中，上承清末下启新中国乡村基础教育政策构成中尤为重要的关键内容，积极作以回应，这对于具体学习、科学论述，以及继续研究民国时期的基础教育、乡村基础教育与乡村基础教育政策，极具有"跬步千里"的学术价值。

2. 史料内容较新

在史料搜集与整理方面，关于民国时期乡村基础教育政策的具体内容及其决议与执行过程方面的相关文献资料和研究成果在数量上、质量上，都相对少有，搜集难度较大，从数量众多且竖排繁体的史料中搜集和整理本研究所需的具体史料，也是本研究努力去开拓"新"史料以期达到有理有据"新"论证的研究目的。

（二）不足之处

在努力追求创新的同时，从另一个角度讲，对于相关文献资料与研究成果的占有难度，也同时构成了本研究在深度与广度上容易造成不足的重要制约因素。由于文献搜集难度与个人时间、精力所限，本研究在相关文献资料的搜集、整理与分析上，还存在一定的不足，这将是后续深入进行本研究的"重要空间与方向"。

第 二 章

乡村基础教育政策的环境
审视与积淀归结

"政策环境就是指影响政策产生、存在和发展的一切因素的总和"，"政府想要制定出合理的政策方案，并使它取得预期效果，首要的和根本的一条是从本国或本地的实际情况尤其是社会经济发展的现实出发"①。教育政策的制定与执行，以及其所体现的逻辑规律等，都与其所存在的国内外环境和教育积淀密切相关。民国时期乡村基础教育政策的变革与应对，正是根植于国内外政治、经济环境因素的双重影响下，积极参考和借鉴了日本、美国乡村基础教育发展的经验，并在清末基础教育政策破旧立新的基础上应运形成和发展的。

一　国内外教育环境审视

（一）国内环境

1. 乡村政治、经济失序

民国时期战事不断，政权更迭较为频繁。从辛亥革命爆发推翻清政府统治创建中华民国始，共经由南京临时政府、北洋政府、南京国民政府等主要政权更迭，而直系、奉系、皖系等军阀混战，国共十年内战，抗日战争和解放战争等战事更是贯穿在民国政权更迭相对频繁、风雨动荡的 38 年时间里。战事连年，以军阀混战为例，影响较大的战事主要有

---

① 陈振明：《政策科学：公共政策分析导论（第二版）》，中国人民大学出版社 2004 年版，第 60 页。

直皖战争、直奉战争、北伐战争、蒋桂战争、中原大战等；以国共十年内战为例，两党之间的"围剿"和反"围剿"大规模战争前后共有五次，著名的红军长征便是在反"围剿"中所进行的战略转移；以抗日战争为例，经由艰难的十四年抗战，淞沪会战、徐州会战、太原会战、武汉会战，以及较为著名的平型关战役、台儿庄战役、百团大战等不胜枚举；以解放战争为例，经由防守、相持、反攻三个阶段，辽沈战役、淮海战役、平津战役、渡江战役等大规模的战事摧枯拉朽。

一方面，经由清末两次鸦片战争、中法战争、中日甲午战争、八国联军侵华战争等战事失利及战后系列割地、赔款、打开通商口岸等不平等条约的签订，我国逐渐沦为半殖民地半封建社会，在各主要资本主义国家军事、经济的侵吞掠夺下，内生的封建自然经济渐趋于崩溃和解体边缘，再加之民国时期国内战事长年不断，人民生活苦不堪言，经济恢复与发展的现实土壤几近缺失；另一方面，在世界资本主义经济飞速发展以及各主要资本主义国家综合实力的显著提升的影响与刺激下，在传统与现代的交相作用下，民国时期的经济鲜有发展，民族工商业在各主要资本主义国家忙于"一战"和遭受经济危机与萧条的两个阶段迎来了少有的经济发展"黄金时期"，但在夹缝中赢得生存与发展的民族工商业在外国资本回归掠夺后必然陷入困境。

战事不断，政权更迭，经济渐趋处于崩溃边缘，陷入困境，及至民国后期政府军费开支庞大下不顾社会物资供应量而大量印刷纸币，进而引发了严重的通货膨胀，国民经济遭受到毁灭性破坏。自古就以农立国的民国乡村发展也在内忧外患的国情中趋向衰弱。在政治、军事和经济的大力掠夺下，民国乡村也无可避免地成为各主要资本主义国家经济发展下的牺牲品，而这主要表现为中国乡村逐渐成为各主要资本主义国家的商品贩卖地和原料供给地，内忧外患，盘剥村民。

乡村渐趋衰弱，最直接的体现必然是乡村经济衰弱下农业生产的衰落，这是因为民国乡村仍处于农业经济时代，其经济基础是建立在农业生产之上的，农产品一直都是乡村经济最为主要的内容。据统计民国以茶、丝、小麦、棉与米等农产品的输出占总输出的95%以上。如"据1913年的报告，中国茶的出产占世界第一个位置，当年中国约出茶730000000磅；同年印度、锡兰、日本与爪哇等次要地方出产茶的总额，也不及中国一国之多"。①

但经由内忧外患的政治、经济双重压力，农产品的产出却呈现降落趋势，并具体表现为："茶的出产，在 1914 年尚有 726790490 斤，到 1918 年跌落到只有 132861434 斤了；其输出亦日益低下。棉的出产与输出，亦同样趋于衰落的状况，至于米的出产亦日益减少，致引起粮食的恐慌。据 1914 年的统计，中国约出产米 2133483039 石，到 1918 年只出产 302296986 石了。因为米产额之过分减少，所以粮食恐慌日形严重。据 1930 年浙江调查，该省米田实有 2590 余万亩，只产米 3885 万石；而全省有人口 20633121 人，需米 5185 万石；计算每年约少米 1233 万石。广东外米入口几达 1000 万石。浙江原为产米之区尚且如此，其他贫瘠之省当更不堪言状了，1931 年的中国大水灾，简直有几十万人饿毙在粮食的缺乏中；外国输入的米，诚不知有若千万石！"②

农业生产衰落，农产品和农副产品产量以及输出量骤减是乡村渐趋衰弱、乡村经济崩溃的直观表现；同时，乡村农民购买力下降、生活绝对贫困化苦不堪言，甚至颠沛流离和死亡都常有发生，等等，更是民国时期乡村经济衰弱且秩序趋于崩溃的充分体现。

2. 行政区划演变

清末，尤其是辛亥革命前，全国范围内主要推行省、府、县三级行政区划，同时在省、府两级区划间设道，但道并不具备行政区划的全部要素，仅作为省的派出机构，主要职能为监察府、县官吏且兼具部分行政职能。例如清宣统三年（1911），清政府在全国共设有直隶、奉天、吉林、黑龙江、江苏、安徽、山西、山东、河南、陕西、甘肃、浙江、江西、湖北、湖南、四川、福建、广东、广西、云南、贵州、新疆 22 个省级行政区划，各省共设府、厅、州、县 1700 多个，另有内蒙古、外蒙古、青海、西藏 4 个少数民族区域，以及内蒙古六盟、察哈尔、归化城土默特、套西二旗、乌里雅苏台（辖外蒙古喀尔喀 4 部、科布多参赞大臣辖区、唐努乌梁海地区）、青海、西藏、阿尔泰 8 个地区，相当于省级区

① 刘炳藜：《乡村教育》，中华书局 1935 年版，第 26 页。
② 刘炳藜：《乡村教育》，中华书局 1935 年版，第 27 页。

划，而台湾省于光绪二十一年（1895）被日本侵占。[①]

及至辛亥革命与南京临时政府时期，经由辛亥革命南方光复各省先后亦有按照民主共和理念改革地方官制，各省军政府则作为一省最高军事、行政、财政组织，但各省行政区划在设置上并不统一；而南京临时政府成立后，受国情和时间所限，并没有对地方行政区划进行改革与恢复，仅有若干必要和临时措施规定，各省行政区划仍不统一。但总体而言，辛亥革命及南京临时政府时期，各省行政区划虽受民主共和观念影响，基于国情限制，各省行政区划设置仍是以沿袭清制为基础的，各省行政区划在趋新与变革中并不统一稳定。

时至 1912 年 3 月 10 日，袁世凯在北京就任中华民族临时大总统，开启了北洋政府（亦称北京政府或北洋军阀政府）统治的序幕，几经讨论与反复修订，关于行政区划设置的提案却始终未能在参议院通过。1913 年 1 月 8 日，袁世凯不经参议院通过公布《划一现行各省地方行政官厅组织令》《划一现行各道地方行政官厅组织令》《划一现行各县地方行政官厅组织令》（简称《划一令》）等，通令全国推行省、道、县三级行政区划。此后 1914 年 5 月北洋政府还公布了《省官制》《道官制》《县官制》等，至此北洋政府时期省、道、县三级行政区划框架与内容基本确立，即在清末地方行政区划的基础上，裁府设道，废除清末实无直辖地的府，将道转变为完全的行政区划，成为省、县之间的行政区，同时将有直辖地的府、直隶州、直隶厅和州、厅均改制为县。北洋政府所推行的省、道、县三级行政区划，在具体的实施中，始终是致力于削弱各地军阀的权力等优势与三级行政区划下道数量不多、所辖范围过大、县级官员的积极性不高等劣势并存，并一直在北洋政府时期通令执行着。

直到 1927 年，南京国民政府建立并在形式上完成全国范围内的统一，同时依据孙中山在《建国大纲》提出的"县为自治单位，省立于中央与县之间，以收联络之效"[②]，遂在全国范围内废除"道"这一行政区划设置，推行省、县二级行政区划，同时县级行政区划在发展过程中则主要

---

① 周振鹤、傅林祥、郑宝恒：《中国行政区划通史（中华民国卷）》，复旦大学出版社 2007 年版，第 29 页。

② 孙中山：《孙中山选集》，人民出版社 1956 年版，第 603 页。

有乡、镇、区、村、保等不同称谓的组织形式。[1] 在推行省、县二级行政区划的过程中，城市行政区（即直辖市或隶属于省政府的普通市）、行政督察区（介于省县之间，旨在改革县政、协助"围剿"战争的需要）、设治局（主要设在中西部边远省份）等行政区划内容也有设立、变革和发展。如 1947 年在南京国民政府所公布的全国行政区划中，则明确说明："现全国辖省三十五，院辖市十二，省辖市五十七，行政督察区二百零九，县二千零十六，设治局四十，管理局一，地方一。"[2]

由此可见，民国时期的行政区划设置主要经由省、道、县三级行政体制到省、县二级行政体制的演变。但在行政区划的演变中县级行政区划始终是通行行政划体系内的最基层设置，县级行政区划体系下的乡、镇、区、村、保等不同称谓的组织形式均受县级组织机构直接领导与管辖。这虽有利于县级行政区划与中央、省级行政组织机构的沟通联系以及政策在省、县的推行与实施，但同时也决定了县级行政的直接管辖在乡、镇、区、村、保等广泛区域范围内，而中央、省级区划的管辖大多至县，乡级、村级等行政区划设置上的缺失，必然导致民国乡村基础教育的管辖归于县级行政区划。中央、省的相关政策规定亦大多直接至最基层县级行政区划为止，这对中央、省行政区划在针对乡、镇、区、村、保等全国最广泛区域内基于乡村基础教育的直接政策规定与行政领导管理是极为不利且显而易见的。

（二）国外环境

20 世纪上半叶，是世界政治与经济发展与变动较为迅速的一个重要时期。欧美等资本主义国家经由产业革命、科技革命后经济迅速发展，机器发明、科学技术的应用推动着生产效率提升、社会生产力显著提高。但在 20 世纪 30 年代由严重的金融危机引发各主要国家均陷入了空前崩溃的世界经济危机，国际贸易锐减，工人失业严重，经济遭到巨大破坏甚至急剧退步。英、美、法、德、意、日等资本主义国家，在资本积累与

---

[1] 周振鹤、傅林祥、郑宝恒：《中国行政区划通史（中华民国卷）》，复旦大学出版社 2007 年版，第 63 页。

[2] 内政部方域司：《中华民国行政区域简表（第 11 版）》，商务印书馆 1947 年版，第 4 页。

发展国际合作与竞争中矛盾与冲突不断，战事不断，两次世界大战的剧烈爆发为最为直接的体现。第二次世界大战，是侵略扩张矛盾冲突的重要表现，而经由战后谈判形成短时期内较为稳定的世界政治格局，维护着世界政治、经济恢复和发展的新秩序。除此之外，俄国爆发十月革命，成立了社会主义国家，使社会主义制度从理论成为现实，开辟了人类社会主义发展与探索的新纪元，打破了世界由资本主义统治的霸权，也为亚、非、拉美落后地区与国家摆脱资本主义欺压与掠夺，指明了可供选择的"曙光之路"。

1. 政治格局变动

20 世纪上半叶，是世界资本主义国家迅速崛起的重要时期，也是政治矛盾冲突不断的时代，而战争更是政治斗争的继续。同时，也是资本主义政治经济迅速发展但又不均衡性下，各主要资本主义国家重新进行资本分配瓜分世界、争夺世界霸权的表现。

一方面，20 世纪初期，生产和资本高度集中，资本主义政治经济发展不平衡加剧，后起的以德国为代表的帝国主义国家向以英、法为代表的老牌帝国主义国家提出挑战以重新瓜分世界，矛盾激烈且不断升级为军备竞赛，形成了相互对立的协约国（英、法等）与同盟国（德、奥匈等），并终于 1914 年爆发了第一次世界大战。"一战"历时四年多，直至1918 年结束，共有 30 多个国家参战，战场延及亚、欧、非三大洲，以同盟国的战败结束。一战结束后，各主要帝国主义国家经由 1919 年 1 月至6 月召开的巴黎和会签订《凡尔赛和约》，以及 1921 年至 1922 年召开的华盛顿会议签订《九国公约》《四国公约》等极为苛刻的包含割地、赔款、军备限制等内容的系统条约，最终确立了"凡尔赛—华盛顿体系"这一维持和稳定战后帝国主义在亚、欧、非和远东太平洋地区新秩序的世界政治格局。

另一方面，由于在"凡尔赛—华盛顿体系"下，对战败国的处理过于严苛和不公，而战胜国之间也因利益分赃不均矛盾重重，同时法西斯主义和军国主义也渐趋兴起，再加之 20 世纪 30 年代，各主要资本主义国家爆发了世界范围的经济危机，大大加剧了各国的内部矛盾以及国家之间外部矛盾，在各种矛盾冲突的重压下，爆发了第二次世界大战。第二次世界大战历时六年，从 1939 年至 1945 年前后，共有 50 多个国家参战，以德国、意大利和日本等轴心国法西斯势力为一方，以反法西斯同盟国家为交战另一方，死伤人数 5000 余万，并最后以美国、苏联、中国、英国等反法西斯国家取得胜利为各国人民带来和平告终。"二战"中，苏联、美国、英法以及中国等 26 个国家，于 1942 年 1 月 1 日，在华盛顿签署了《联合国家宣言》，这标志着世界政治格局已经由欧洲转向太平洋地区，国际反法西斯主义联盟的正式形成，同时也是"二战"取得胜利的重要保证之一。但"二战"结束后，美苏同盟并没有继续存在，代表资本主义的美国与代表社会主义的苏联，迅速转入两极对抗的微妙时期，形成了"雅尔塔体系"下美苏争夺全球势力范围的两极争霸的新的世界政治格局。

2. 经济腾飞与危机

19 世纪末 20 世纪初，第二次科技革命兴起，以近代物理、化学理论体系发展为基础，炼钢方法改进、电能运用、石油开采、化工技术开发等革命性技术发明的应用，新机器运用，新工业部门相继建立，工业生产急剧增长。资本主义工业化在第二次科技革命的推动下加速进行着，各主要资本主义国家的工业产值逐渐超过了农业产值，钢铁、化学、石油、电器、机器制造等重工业得到较快发展且逐步成为较为完整的工业体系，并超过轻工业占据主导地位，资本主义经济工业化得以实现。

在第二次科技革命的影响下，先进工业生产技术的广泛应用，在经济迅速发展与腾飞的过程中也促进了生产与资本的集中，垄断组织以各种形式在各主要资本主义国家普遍存在与确立着。如美国托拉斯、德国卡特尔、英国垄断性质的大股东公司等，各主要资本主义国家逐步实现了由自由竞争的资本主义向垄断帝国主义的直接过渡。在追求经济飞速发展的同时，各主要资本主义国家也空前加紧了对外经济扩张，并以资本输出作为帝国主义在其他较为落后的亚、非、拉国家进行经济控制与剥削掠夺的重要手段，霸占原料产地与商品销售市场以获得更多经济收入，形成垄断同盟并分割世界市场，推进着以金融资本推动的具有殖民性和剥削性的资本主义世界经济体系形成。

尤其是第一次世界大战结束以后，在"凡尔赛—华盛顿体系"下世界政治格局相对稳定，为资本主义经济的腾飞提供了必要的环境条件，资本主义进入飞速发展的"黄金十年"。但同时在各主要资本主义国家经济迅速腾飞过程中，贫富差距过大、信贷消费过渡膨胀、市场虚假繁荣等隐含着资本主义社会生产社会化与生产资料私人占有矛盾的问题开始凸显，资本主义经济发展过程中最为持久、深刻、严重的经济危机于1929 年 10 月在美国纽约爆发，其以华尔街证券交易所股市崩溃为爆发标志，而后工业生产大幅下降、企业大批破产、工人大量失业，经济危机逐渐从美国蔓延至全球除苏联以外的其他地方，遍及工、农、商、金融等各行各业，世界市场急剧萎缩，商品滞销，市场问题尖锐，经济损失严重，世界货币秩序遭到严重破坏。在经由各主要资本主义国家尝试采用整顿财政金融、调节工农业生产、实行社会救济等国家干预经济手段后，这次世界性的经济危机历时五年，直到 1933 年才逐渐结束，并在经济危机结束之后，又在各资本主义国家出现了五年左右的经济萧条才逐步恢复发展。经济危机和萧条使得资本主义的基本矛盾更为加剧，为寻求出路，德国、日本、意大利等国家走向了对内加强军事统治、对外大肆侵略扩张的法西斯道路，并最终引发了第二次世界大战，直到"二战"结束后，世界经济才得以走进繁荣发展的正轨。

二 国内外教育积淀归结

（一）基源：清末基础教育政策的肇始

19 世纪末 20 世纪初，清朝在各主要资本主义国家坚船利炮的战争侵吞与经济掠夺下渐趋走向衰落，两次鸦片战争、中法战争、中日甲午战争等战败失利促使中国逐渐沦为半殖民地半封建社会，也深深刺激和影响着封闭自守的中国人民，一批有识之士在"开眼看世界"的同时也在借鉴欧美政治经济制度与保持封建传统文化传统体制的艰难博弈与选择中寻求着救国救民的出路。在清末内忧外患的艰难困境与严峻形势下，时经洋务运动与维新运动在经济、政治和教育领域内的系列改革与创新，以及八国联军入侵北京、《辛丑条约》签订等，基于维护清政府封建统治的需要，1901 年 1 月 29 日，慈禧太后以光绪帝的名义颁布了"预约变法"的上谕，强调"世有万古不变之常经，无一成不变之治法"，指令"军机大臣、大学士、六部九卿、出使各国大臣、各省督抚，各就现在情形参酌中西政要，举凡朝章国故、吏治民生、学校科举、军政财政、当因当革，当省当并，或取诸人，或求诸己，……各举所知，各抒所见，通限两个月内详悉条议以闻"①，清末"新政"的序幕从此开始。

在清末"新政"的积极探索与改革中，在维护封建统治的基本前提下军事、商业、教育、政治和法律等领域均有涉及，从而在一定程度上推动了清末政治机构与军事队伍的近现代化、经济的繁荣发展下资产阶级的崛起；而表现在教育领域的变革，则主要包括废除科举、兴办学堂、改革教育行政和派遣留学等，及至基础教育领域，尤其是直接或间接相关于乡村基础教育领域改革与发展的政策内容，则主要体现在以制定学校系统改革案为重要内容，以及其他在废除科举、设立学部和地方教育行政机构、改良私塾、编订教科书和拟定经费标准等方面的具体规定。

1. 制定学校系统改革方案

1902 年，在管学大臣张百熙的主持下，相继拟定了《京师大学堂章程》《考选入学章程》《高等学堂章程》《中学堂章程》《小学堂章程》《蒙学堂章程》共 6 件，并于同年 8 月 15 日奏请颁布，总称为《钦定学堂章程》，又被称为"壬寅学制"。"壬寅学制"是中国近代第一个以中央政府的名义制定的全国性学制系统，但因故并未实行。

"壬寅学制"公布后，因清政府内部各方意见相左，诸多不足亦被提出，遂未及实行，随之 1903 年 6 月以后，荣庆、张百熙、张之洞共同主持、拟定了包括《初等小学堂章程》《高等小学堂章程》《中学堂章程》《高等学堂章程》《大学堂章程》（包括通儒院章程），以及《蒙养院章程及家庭教育法章程》《初级师范学堂章程》《优级师范学堂章程》《任用教员章程》《译学馆章程》《进士馆章程》《初级农工商实业学堂章程》《实业补习普通学堂章程》《艺徒学堂章程》《中等农工商实业学堂章程》《高等农工商实业学堂章程》《实业教员讲习所章程》《实业学堂章程》《各学堂管理通则》《学务纲要》《各学堂考试章程》《各学堂奖励章程》共 22 件，经过反复修改讨论，于 1914 年 1 月由清政府颁行全国，统称为《奏定学堂章程》，又被称为"癸卯学制"。

"癸卯学制"较"壬寅学制"更为全面系统，是中国近代以中央政府

① 《光绪政要》（卷 26），转引自孙培青、杜成宪《中国教育史（第 3 版）》，华东师范大学出版社 2008 年版，第 345 页。

的名义制定并首次得到施行的全国性学制系统。"癸卯学制"为各地新式学堂的发展提供了必要的政策保障，同时在其全面推行的过程中，根据现实需要，在教育宗旨、毕业奖励、初等教育、中等教育、高等教育、师范教育、补习教育、女子教育等方面均有相应补充与修正。

制定学校系统改革方案，其中《钦定小学堂章程》《钦定蒙学堂章程》《奏定初等小学堂章程》《奏定高等小学堂章程》《奏定蒙养院章程及家庭教育法章程》《奏定任用教员章程》《奏定学务纲要》，以及其后增删修订的《奏陈教育宗旨折》《奏改订两等小学堂课程折》《奏定女学堂章程折》等在立学宗旨、学堂及学级、功课教法、教员与学生，以及学校设施等诸多直接或间接于基础教育的政策内容规定，对于清末包括乡村基础教育在内的全国范围内基础教育的发展都是大有裨益的。

（1）立学宗旨

立学宗旨是各级各类学堂设立与发展的基本方向与核心精神，也是清末基础教育发展的根本指导。

《钦定蒙学堂章程》（1902）指出："蒙学堂之宗旨，在培养儿童使有浅近之知识，并调护其身体。"① 《钦定小学堂章程》（1902）强调："小学堂之宗旨，在授以道德知识及一切有益身体之事。"② 规定立学宗旨，这对于明确蒙学堂和小学堂设立与发展方向，推进新学堂的发展十分重要，虽然《钦定蒙学堂章程》《钦定小学堂》只经颁布未及实施，但其仍为其后相关政策文件在立学宗旨等提供了可以参考的范本。

随后，《奏定初等小学堂章程》（1903）指出："设初等小学堂，令凡国民七岁以上者入焉，以启其人生应有之知识，立其明伦理爱国家之根基，并调护儿童身体，令其发育为宗旨；以识字之民日多为成效。"③《奏定高等小学堂章程》（1903）则进一步强调："设高等小学，令凡已习初等小学毕业者入焉，以培养国民之善性，扩充国民之知识，强壮国民之气体为宗旨；以童年皆知作人之正理，皆有谋生之计虑为成效。"④

---

① 舒新城：《中国近代教育史资料》（中册），人民教育出版社1981年版，第394页。
② 舒新城：《中国近代教育史资料》（中册），人民教育出版社1981年版，第400页。
③ 舒新城：《中国近代教育史资料》（中册），人民教育出版社1981年版，第411页。
④ 舒新城：《中国近代教育史资料》（中册），人民教育出版社1981年版，第427页。

《奏定蒙养院章程及家庭教育法章程》（1904）颁发并具体指出蒙养家教合一宗旨在于以蒙养院辅助家庭教育，其旨在"保育教导儿童，专在发育其身体，渐启其心知，使之远于浇薄之恶风，习于善良之轨范"；"保育教导儿童，当体察幼儿身体气力之所能为，心力知觉之所能及，断不可强授以难记难解之事，或使为疲劳过度之业"；"保育教导儿童，务留意儿童之性情及行止仪容，使趋端正"；"儿童性情极好模仿，务专意示以善良之事物，使则效之，孟母三迁即此意也"。①

此后，《奏定女子小学堂章程》（1907）也积极强调"女子小学堂以养成女子之德操与必须之知识技能，并留意使身体发育为宗旨"②。开篇首论立学宗旨是各类学堂章程制定与实施的关键，也是决定教育性质及其发展方向的重要内容，提出初等小学堂启人生应有知识、立伦理爱国根基、调护儿童身体令其发育的教育宗旨；高等小学堂培养国民善性、扩充国民知识、强壮国民气体的教育宗旨；蒙养院专在儿童身体发育，重在保育教导的教育宗旨；以及女子小学堂注重德操与知识技能并俱，留意身体发育的教育宗旨，都是近代清末学制系统教育改革与发展的重大进步，其对近代蒙养院、初等小学堂、高等小学堂和女子小学堂的设立与发展具有极为重要的指导价值。

同时，1904 年 1 月 13 日，张百熙、荣庆、张之洞在奏请《学堂章程折》中，也明确说明："至于立学宗旨，无论何等学堂，均以忠孝为本，以中国经史之学为基。俾学生心术壹归于纯正，而后以西学瀹其智识，练其艺能，务期他日成材，各适实用，以仰副国家造就通才、慎防流弊之意。"③ 及后《学务纲要》（1904）也进一步明确蒙养院、初等小学堂意在使全国之民，无论贫富贵贱，皆能淑性知礼，化为良善。④ 时至 1906 年，学部基于积极维护清政府统治却民权思想流行现实考量，奏请《宣

---

① 璩鑫圭、唐良炎：《中国近代教育史资料汇编（学制演变）》，上海教育出版社 2007 年版，第 398—401 页。

② 璩鑫圭、唐良炎：《中国近代教育史资料汇编（学制演变）》，上海教育出版社 2007 年版，第 591 页。

③ 朱有瓛主编：《中国近代学制史料（第二辑）（上册）》，华东师范大学出版社 1987 年版，第 78 页。

④ 璩鑫圭、唐良炎：《中国近代教育史资料汇编（学制演变）》，上海教育出版社 2007 年版，第 495 页。

示教育宗旨折》，强调"夫教育之系于国家密且大矣。若欲审度宗旨以定趋向，自必深察国势民风强弱贫富之故，而后能涤除陋习，造就全国之民。窃谓中国政教之所固有，而亟宜发明以距异说者起有二：曰忠君，曰尊孔。中国民质之所最缺，而亟宜箴砭以图振起者有三：曰尚公，曰尚武，曰尚实"①，进而确定并正式宣布了忠君、尊孔、尚公、尚武和尚实五项教育宗旨，这也是我国近现代教育史上第一个正式宣布的教育宗旨，更是指导各级各类学堂立学与发展的重心。

（2）学堂及学级

规范学堂及学级是清末教育近现代化过程中学校系统制定、颁发与改革的重要内容。

《钦定蒙学堂章程》（1902）规定各省府厅州县原有义学且有常年经费应一律按照规程改办为公立蒙学堂，同时凡家塾招集邻近儿童附就课读，及塾师设馆招集幼徒在馆肄业者，均应按照规程核实改办名为自立蒙学堂，且以一乡之内先立蒙学堂一所始，逐渐推广办理至"城内坊厢乡镇村集，均应设立蒙学堂"，蒙学堂卒业以四年为限。②《钦定小学堂章程》（1902）指出："小学堂分为高等、寻常二级，其修业各限三年"，同时"高等小学堂、寻常小学堂得设于一处"，且"儿童自六岁起受蒙学四年，十岁入寻常小学堂修业三年；俟各处学堂一律办齐后，无论何色人等皆应受此七年教育，然后听其任为各项事业"。③

可见，在《钦定蒙学堂章程》《钦定小学堂章程》的规定下，初等教育（基础教育）依次包括蒙学堂 4 年、寻常小学堂 3 年和高等小学堂 3 年，强调城镇坊厢乡镇村集均应设立蒙学堂，以及学龄儿童皆应 6 岁入蒙学堂、10 岁入初等小学堂，从而在政策内容规定奠定了清末新教育普及与发展的理论基础。

《奏定初等小学堂章程》（1903）指出："论教育之正理，自宜每百家以上之村即应设初等小学堂一所，令附近半里以内之儿童附入读书；惟僻乡贫户，儿童数少，不能设一初等小学堂者，地方官当体察情形，

---

① 舒新城：《中国近代教育史资料》（上册），人民教育出版社 1981 年版，第 217 页。
② 舒新城：《中国近代教育史资料》（中册），人民教育出版社 1981 年版，第 394—395 页。
③ 舒新城：《中国近代教育史资料》（中册），人民教育出版社 1981 年版，第 400 页。

设法劝谕，命数乡村联合资力，公设一所，或多级或单级均可"；同时还明确强调儿童 7 岁须入初等小学堂，五年毕业，且"全堂儿童，其功夫深浅同等、教授同班、编为一学级之学堂，名为单级小学堂；其功夫深浅不同等、教授不同班、编为二学级以上之学堂，名为多级小学堂；其功夫深浅虽同等，教授虽可同班，而限于屋舍窄狭，只可将儿童分为二起教授，各占半日，名为半日小学堂"。① 《奏定高等小学堂章程》（1903）规定高等小学堂为初等小学毕业生升入肄业之阶，且高等小学堂与初等小学堂教科置于一所者名为两等小学堂，同时"城镇乡村均可建设高等小学堂，虽僻小州县，至少必应由官设立高等小学堂一所以为模范，名为高等官小学堂"，高等小学堂学级以四年为限。②

《奏定蒙养院章程及家庭教育法章程》（1904）指出：凡各省、府、厅、州、县以及极大市镇，现在均有育婴堂及敬节堂（即恤嫠堂），兹即于育婴、敬节二堂内附设蒙养院，蒙养院专为保育教导 3 岁以上至 7 岁儿童。③ 及后《奏定女子小学堂章程》（1907）也明确强调女子小学堂与男子小学分别设立，不得混合，且分为女子初等小学堂、女子高等小学堂，其修业年限均为四年，且两者并立者名为女子两等小学堂，同时女子 7 岁至 10 岁可入女子初等小学堂，11 岁至 14 岁可入高等小学堂。④

由此可见，在《奏定蒙养院章程及家庭教育法章程》《奏定初等小学堂章程》《奏定高等小学堂章程》的规定下，各学堂在各省、府、厅、州、县等范围内均有设置数量与要求的相关规定，尤其是初等小学堂则可酌情办理单级小学堂、多级小学堂或半日小学堂等多种形式；各学堂学级设置为学龄男子 7 岁入初等小学堂，经五年教育后方可入高等小学堂学习，高等小学堂年限为四年；同时更特别设立强调女子小学堂，虽然女子小学堂与男子小学堂分别设立其封建落后性仍十分明显，但重视女子教育，并以章程形式规定女子 7 岁入女子初等小学堂学习四年后可

---

① 舒新城：《中国近代教育史资料》（中册），人民教育出版社 1981 年版，第 411—427 页。

② 舒新城：《中国近代教育史资料》（中册），人民教育出版社 1981 年版，第 427—428 页。

③ 璩鑫圭、唐良炎：《中国近代教育史资料汇编（学制演变）》，上海教育出版社 2007 年版，第 398 页。

④ 璩鑫圭、唐良炎：《中国近代教育史资料汇编（学制演变）》，上海教育出版社 2007 年版，第 591—592 页。

入女子高等小学堂，修业年限仍为四年；学堂及学级设置较为完善，且具整体性和系统性，更便于各级各类学堂的顺利衔接与具体实施。

但时至 1910 年，学部再次呈请《奏改订两等小学堂课程折》并得以实施，其特别强调"从前奏定小学章程，初等小学五年毕业，上年经臣部酌量变通，于五年完全科外，加设四年毕业及三年毕业之简易科"，但"迩来详加访察，并证以臣部视学官之报告，佥以四年毕业章程最为适宜"，"盖五年完全科既期限过长，贫民或穷于负担；三年简易科又为时过促，学力太觉其参差"，因此，"臣等再三筹划，以为初等小学与其分为三科，易启分歧，不如并为一科，简而易从，拟即折中定制，一律以四年为毕业期限，并删除简易科名目，以符名实"。① 至此，通过教育实践，根据访察与视学报告，初等小学堂修业期限由五年改为四年，学级缩短一年，但更符合基础教育实施与发展的国情，其科学性与合理性显而易见。

（3）功课教法

明确功课教法是实现各级各类学堂设立目的与达到教育目标的有效途径之一，同时也是各学堂章程的重要构成部分之一。

《钦定蒙学堂章程》（1902）规定蒙学堂课程主要包括修身、字课、习字、读经、史学、舆地、算学和体操共 8 个门目，并进一步强调教授儿童须尽其循循善诱之法，不宜操切而害其身体，"凡教授之法，以讲解为最要，诵读次之，至背诵则择紧要处试验。若遍责背诵，必伤脑力，所当切戒"。②《钦定小学堂章程》（1902）则指出寻常小学堂课程主要包括修身、读经、作文、习字、史学、舆地、算学和体操共 8 个门目；高等小学堂课程包括修身、读经、读古文词、作文、习字、算学、本国史学、本国舆地、理科、图画和体操共 11 个门目。③ 明确教学功法，并具体指出蒙学堂、小学堂（初等小学堂和高等小学堂）课程"十二日一周时刻表"，同时规范教学方法等，都是清末新教育在课程实施方面的具体

---

① 璩鑫圭、唐良炎：《中国近代教育史资料汇编（学制演变）》，上海教育出版社 2007 年版，第 559 页。

② 舒新城：《中国近代教育史资料》（中册），人民教育出版社 1981 年版，第 395—397 页。

③ 舒新城：《中国近代教育史资料》（中册），人民教育出版社 1981 年版，第 401—405 页。

体现。

《奏定初等小学堂章程》（1903）强调初等小学堂教授科目包括修身、读经讲经、中国文字、算术、历史、地理、格致和体操共8学科，且视地方情形亦可加图画手工一科或两科，但"乡民贫瘠师儒稀少地方，不得不量从简略以期多设；应另定简易科，其科目凡五：一、修身、读经合为一科（即于读经时带讲修身），二、中国文字科，三、历史、地理、格致合为一科，视其师能讲何门，即专讲此一门，四、算术，五、体操。此名为简易科，专为便于贫家儿童不能谋上等生业者而设，使将来毕业后，或有聪颖有志者，尽可于高等小学内补习所缺，仍可进于高等小学堂"。① 同时，进一步明确每学年各科目教授程度及每星期教授时刻（以各科目每周总和不超过30点钟为限），强调初等小学堂教授儿童须尽其循循善诱之法，不宜操切以伤身体，且以讲解为最要，讲解明则领悟易。

《奏定高等小学堂章程》（1903）规定高等小学堂教授科目包括修身、读经讲经、中国文学、算术、中国历史、地理、格致、图画和体操共计9科，并具体指出各科目教育要义，以及各科目每学年教授程度和每星期教授时刻（以各科目每周总和为36点钟为标准），同时其教授之法也强调讲解为最要，讲解明则领悟易。②《奏定蒙养院章程及家庭教育法章程》（1904）则趋于保育教导，其条目主要为游戏、歌谣、谈话和手技等，同时确定保育方法："在就儿童最易通晓之事情，最所喜好之事物，渐次启发涵养之，与初等小学之授以学科者迥然有别。"③

其后《奏定女子小学堂章程》（1907）规定女子初等小学堂课程包括修身、国文、算术、女红、体操5科，也可斟酌加入音乐或图画一科或两科，每周以24点钟为授课时数，最多不得超过28点钟；女子高等小学堂课程则包括修身、国文、算术、中国历史、地理、格致、图画、女红、体操9科，也可斟酌加入音乐一科，每周以28点钟为授课时数，最多不得超过30点钟。同时，还针对女子初等、高等小学堂各科目要旨程度、

---

① 舒新城：《中国近代教育史资料》（中册），人民教育出版社1981年版，第414页。
② 舒新城：《中国近代教育史资料》（中册），人民教育出版社1981年版，第429—436页。
③ 璩鑫圭、唐良炎：《中国近代教育史资料汇编（学制演变）》，上海教育出版社2007年版，第401页。

各学年教授程度，每星期教授时间等作以详细说明。①

及至 1910 年，学部《奏改订两等小学堂课程折》，强调初等小学一律以四年为毕业期限，并在功课教法上进一步"拟将初等小学第一、第二两学年，改为每日授课四小时；其第三、第四两学年，则增至五小时；并将各科课程分别繁简难易，量为分配，以收循序渐进之功。惟小学之制，初等、高等息息相关。初等小学学科年限既有变更，则高等小学之教科目应一并统筹，酌加修改，庶将来升学时课程无不相衔接之弊，而学制有整齐划一之望矣"②。初等小学堂和高等小学堂尤其是初等小学堂在教学科目、科目要旨、各学年教授程度，以及每星期教授时间等方面，因初等小学堂在政策规定上学级统一为四年而有所变动，是一种因时制宜的合理性调整。

（4）教员与学生

教员与学生是学校系统改革所直接涉及的重要构成因素之一，同时也是清末基础教育改革与发展的相关政策规定中被予以特别关注的内容之一。

①教员管理

《钦定蒙学堂章程》（1902）强调蒙学为学问始基，其教员（或称教习）"须通晓经史及算数物理诸学者，始能胜任。今定除各学堂卒业领有文凭者准其受人聘请及设馆收徒外，此外如有愿当蒙学堂教习者，必须自行呈请该处中学堂所附设之师范学堂，该学堂教习按照师范学堂课程考试合格，给与凭据，方准充当蒙学堂之教习，并准其自行设馆教授蒙学生徒"③。《钦定小学堂章程》（1902）指出小学堂所需教习（教员）人数由学生数量确定学生班数决定，即"学生每一班应置教习一人，其教法则每一教习将所认定专教之一班学生按日分门教授；但遇教习不足时，可得合等级不甚相殊之两班学生而变通教法。于置正教习一人外，另置副教习一人；但副

---

① 璩鑫圭、唐良炎：《中国近代教育史资料汇编（学制演变）》，上海教育出版社 2007 年版，第 591—600 页。

② 璩鑫圭、唐良炎：《中国近代教育史资料汇编（学制演变）》，上海教育出版社 2007 年版，第 559—560 页。

③ 舒新城：《中国近代教育史资料》（中册），人民教育出版社 1981 年版，第 397—398 页。

教习须受正教习之节制以分授诸生"。①《钦定蒙学堂章程》《钦定小学堂章程》在教员资格认定、人数设置等方面的具体规定，虽未经正式实施但对其后在教员方面的内容借鉴价值也是十分巨大的。

《奏定初等小学堂章程》（1903）指出初等小学堂各学级应置本科正教员一人，如若本科正教员人数不足亦可每二学级置本科正教员一人及副教员一人；其副教员当受正教员指示教授儿童，同时还可随宜置专科正教员，其中本科正教员系通教各科目，专科正教员系专教图画体操手工中之一科目。②《奏定高等小学堂章程》（1903）在兼顾清末教育实情的基础上提出高等小学堂设堂长一人，主管全学教育，督率堂内教员，同时仿效国外堂长兼充教员，且在学生人数在60人以上时，方可置正教员或副教员，各司其事，其中正教员教授学生功课、掌管所属职务，副教员则以协助为主。③《奏定蒙养院章程及家庭教育法章程》（1904）规定在育婴堂和敬节堂附设蒙养院开办一年后，应由各堂学董考察其讲授之乳媪、节妇，"讲习认真，保育，教导合法者（此事甚浅近易晓，众目共见，不患其不公），禀明地方官分别给予奖赏，并发给保媪教习凭单。其在育婴、敬节两堂学保姆者，无论院内院外，均发给蒙养院学过保姆凭单，听其自营生业；讲习无成效者，不给凭单"。④《奏定女子小学堂章程》（1907）明确规定女子小学堂设堂长一员，统理全学教育事宜，每学堂设立正教习、副教习若干人，均照男子小学堂章程以学级多寡配置，同时女红、图画、音乐、体操等科可置专科教习。⑤ 由此可见，各级各类学堂章程均有在教员资格、设置、任务等方面内容的制定及颁定，都十分重视教员在教育教学工作中的地位与价值。

与此同时，1903年，《奏定任用教员章程》通过并明确指出在正、副教员任用资格上：一是初等小学堂正教员"以曾入初级师范考列中等，

---

① 舒新城：《中国近代教育史资料》（中册），人民教育出版社1981年版，第405页。
② 舒新城：《中国近代教育史资料》（中册），人民教育出版社1981年版，第422页。
③ 舒新城：《中国近代教育史资料》（中册），人民教育出版社1981年版，第427—437页。
④ 璩鑫圭、唐良炎：《中国近代教育史资料汇编（学制演变）》，上海教育出版社2007年版，第399页。
⑤ 璩鑫圭、唐良炎：《中国近代教育史资料汇编（学制演变）》，上海教育出版社2007年版，第601页。

及得有毕业文凭者充选。暂时以师范传习生充选"；副教员"以曾入初级师范得有修业文凭者充选。暂时以师范传习生充选"。二是高等小学堂正教员以初级师范毕业考列最优等及优等，及游学外洋寻常师范毕业得有优等及中等文凭者充选。暂时以简易师范生充选；副教员"以初级师范毕业考列中等，及游学外洋得有寻常师范毕业文凭者充选。暂时以简易师范生充选"。①《奏定任用教员章程》在初等小学堂、高等小学堂正教员与副教员资格规定上均作以明确说明，这对于初等、高等小学堂教员的选择与任用具有极强的规范与引导作用。

及至1909年，学部奏遵拟《小学教员章程》，明确强调各省检定各小学教员事宜，在京师由督学局办理，在各省由提学使司办理，其府厅州县距省会较远者，由提学使司酌量情形派员办理，同时"除初级师范学堂完全科毕业生、官立二年以上初级师范简易科中等以上毕业生、优级师范完全科毕业生、及优级师范选科毕业生，在奏定奖励义务章程准充小学教员者无庸检定外，其他应行检定者分为两种：一为试验检定，一为无试验检定"②。

一方面，明确试验检定、无试验检定教员资格（详见表2-1），试验检定除因需用教员过急可临时禀候部示择期举行外，每年由督学局暨各省提学使司相度情形，于冬季或夏季举行一次，其检定日期及试验科目，须于三个月以前预为宣示；无试验检定由督促局暨各省提学使司随时举行，且具备资格者，由督促局、各省提学使司给予检定文凭，其毕业于各项学堂者，查照学堂程度，如中学堂、外国师范学堂，准充两等小学正副教员，中等实业学堂及各种科学专修科毕业者，比照分别准充高等小学专科教员或初等小学某学专科教员。另一方面，试验检定分为三种：一为高等小学教员检定，二为初等小学教员检定，三为专科教员检定，三种教员检定科目（详见表2-2）。试验之法按照学科分别用论说条对或实地演习，并加试语言问答，以验讲说之优劣，同时检定教员科目试验，应分科评定分数，平均计算，由督学局或各省提学使司给予检定文凭，高等小学教员试验分数及格者准充两等小学正副教员，初等

①　舒新城：《中国近代教育史资料》（上册），人民教育出版社1981年版，第342页。
②　舒新城：《中国近代教育史资料》（上册），人民教育出版社1981年版，第344页。

小学教员试验分数及格者准充初等小学正副教员，专科科目试验，能通晓一科或数科者，就所试学科评定分数，由督学局或各省提学使司给予某学专科或某学兼某学专科检定文凭，分数及格者准充两等小学专科教员。①

除此之外，《学部奏遵拟小学教员章程》（1909）还在不得与检教员品行事项、检定文凭与登载、辞退条件、撤销文凭条件、再受检定准备、无须再行检定条件等方面作以详细具体规定，以构成小学教员检定的全面性规定内容，进而指导和以期解决清末新式学堂设立与实施尤其是基础教育领域内的师资问题。

表 2 - 1 　　《学部奏遵拟小学教员章程》（1909）之小学教员
试验检定与无试验检定资格

试验检定资格	无试验检定资格
①官立初级师范简易科毕业生，年限在二年以下者； ②官立初级师范简易科年限在二年以上，毕业在下等者； ③毕业于民立初级师范简易科者； ④毕业于师范传习所讲习所者； ⑤在外国学习师范简易科，及各种科学速成科毕业生，年限在二年以下者； ⑥举贡生监中文明通达，及通晓各项科学，愿充小学教员者； ⑦有受无试验检定准充初等小学教员之资格，而愿受高等小学教员检定者。	①毕业于中学堂或中等以上各学堂，及与中学同等各学堂者； ②毕业于各种科学专修科，期限在二年以上者； ③在他省领有检定文凭认为合格者； ④在外国师范学堂（即与本国初级师范学堂程度相当者）中学堂及与中学堂程度相当，或中学程度以上之学堂学习完全科目，确系毕业领有文凭者； ⑤学有专长，具有普通学力，曾充官立高等小学教员一二年，确有经验，督学局或提学使司认许者。

材料来源：舒新城：《中国近代教育史资料》（上册），人民教育出版社1981年版，第344—345页。

---

① 舒新城：《中国近代教育史资料》（上册），人民教育出版社1981年版，第343—348页。

表2-2　　《学部奏遵拟小学教员章程》（1909）之检定高等、
初等小学教员及专科试验科目

检定高等小学教员试验科目	检定初等小学教员试验科目	检定专科试验科目
①修身：人伦道德要旨； ②经义：《四书》《五经》大义； ③国文：讲读及文法要义； ④算学：整数、分数、小数、诸等数、百分比、比例、开方； ⑤教育学：教育学及教授法、管理法； ⑥历史：中外历史； ⑦地理：中外地理； ⑧博物：植物、动物、矿物、生理、卫生； ⑨理化：物理、化学； ⑩体操：游戏体操、普通体操、兵式体操。	①修身：人伦道德要旨； ②经义：《四书》《五经》大义； ③国文：讲读及文法要义； ④算术：整数、分数、小数、诸等数、四则杂问； ⑤教育学：教育学及教授法、管理法大意； ⑥历史：本国历史大要； ⑦地理：本国地理大要及世界大势； ⑧格致：博物理化初步； ⑨体操：游戏体操、普通体操。	①数学：算术、代数、几何、八线初步； ②格致：博物学、物理学、化学； ③图画：自在画、简易几何画； ④体操：游戏体操、普通体操、兵式体操； ⑤乐歌：单音乐歌、乐典大意； ⑥手工：简易手工； ⑦实业：农业商业大要； ⑧英文：讲读及文法初步。 备注：专科检验无论试验何项专科，各增试验国文一门，以文理通顺为率。

材料来源：舒新城：《中国近代教育史资料》（上册），人民教育出版社1981年版，第345—346页。

②学生规范

《钦定蒙学堂章程》（1902）强调蒙学以六七岁为入学之年，且开办伊始可展其学年至十岁以内，同时学生入学后有非事故不得半途废学，并进一步在出入学、堂规、礼仪、休假等方面均对学生作以明确规范。①《钦定小学堂章程》（1902）则进一步指出："寻常小学堂学生，应由蒙学堂学过四年者考取收入；其高等小学堂学生，则由寻常小学堂卒业者，

---

① 舒新城：《中国近代教育史资料》（中册），人民教育出版社1981年版，第398—399页。

考验合格，方准收入"①，同时更在学生入学、出学、出身、仪节、学期、修业、堂规、舍规等诸多方面加以具体说明。《钦定蒙学堂章程》《钦定小学堂章程》在学生入学、学期、堂规、出学等方面的内容规定，体现了清末学校系统改革与发展过程中对学生的关注，极具进步性。

《奏定初等小学堂章程》（1903）强调初等小学堂限定 7 岁入学，且"毕业初等小学堂者，如愿入高等小学堂时，可不用考验，一律升入学习，以宏教育之途"②。《奏定高等小学堂章程》（1903）则进一步强调高等小学堂学生"应俟初等小学毕业后升入肄业；但此时创办，应暂行酌量从宽，凡 15 岁以下，略能读经而性质尚敏者，经考验合格，亦可入高等小学堂"，但五年后即不再通融。③《奏定蒙养院章程及家庭教育法章程》（1904）指出育婴堂和敬节堂所附设蒙养院以招收 3 岁以上至 7 岁儿童为主，且以保育教导为主，随时防范伤生之事。可见，《奏定初等小学堂章程》《奏定高等小学堂章程》《奏定蒙养院章程及家庭教育法章程》在学生入学年限规定上具有十分明显的承接性和连续性，即 3 岁以上至 7 岁儿童可入蒙养院，7 岁后可入初等小学堂，且完成初等小学堂修业年限后可不用考验一律升入高等小学堂。

（5）学校设施

注重学校设施是各级各类学堂设立、改革与发展的物质基础，也是清末基础教育得以顺利实施的重要保障。

《钦定蒙学堂章程》（1902）强调蒙学规制较简固不应有特殊建置，于幼童卫生有害之事必须考求禁戒，并在该地官立小学堂总理教习查察合法后方准设堂，并明确规定："凡学生有在堂饭膳者，无论丰俭，首重精洁，饮水尤忌污浊"；"堂内宜悬挂天文图、地球图、地舆图、各动植物图、算式图或一切玩物之有益见闻者，以引动孩童之知识"；"堂内饭膳必须另设一所，并须派人照料"；"凡盥沐所厕所，必须备具，并须派人照料以期洁净"。④

① 舒新城：《中国近代教育史资料》（中册），人民教育出版社 1981 年版，第 407 页。
② 舒新城：《中国近代教育史资料》（中册），人民教育出版社 1981 年版，第 423—424 页。
③ 舒新城：《中国近代教育史资料》（中册），人民教育出版社 1981 年版，第 436 页。
④ 舒新城：《中国近代教育史资料》（中册），人民教育出版社 1981 年版，第 399—400 页。

《钦定小学堂章程》（1902）具体指出：小学堂建置应有礼堂一处以为学生聚集并行礼庆祝；讲堂应备两式，一是为一切学科实施的通常讲堂，二是为理科图画等科目实施的特别讲堂；应备有教习室、职员室等应用诸室；体操场应分室内室外两式；寄宿舍应具备自修室、寝室、食堂、浴堂、盥所、养病所、厕所；同时小学堂还应具备书籍、图式、度量衡、时表、黑板、几案、椅凳、标本模型，以及体操、图画、理科和算术器械等。① 可见，注重学校实施，强调从物质条件上保障清末各级各类学堂的顺利实施和推广，也是《钦定蒙学堂章程》《钦定小学堂章程》所规定的重要内容之一。

《奏定初等小学堂章程》（1903）规定初等小学堂建设之地应宜于卫生且面积适合学堂规模，且位置宜取往来适中之处以便学生入学，同时初等小学堂还应具备符合相应标准的礼堂、讲堂、贮藏室、教员室、管堂绅董室、体操场等，且"初等小学堂内，应备教科必用之书籍、图式、度量衡、时辰表、黑板、几案、椅凳以及体操、图画、格致、算术所用之器具；标本模型，务须全备。若与高等小学合设，则可借用，勿庸另备"。② 《奏定高等小学堂章程》（1903）也对高等小学堂选址、礼堂、讲堂、储藏室、器具室、标本室、教员室、体操场，以及学堂内所应备器具、标本等教科图书器具方面作以细致规定。③

《奏定蒙养院章程及家庭教育法章程》（1904）指出：蒙养院屋舍应以平地建造为宜，不可建造楼房（以防儿童登降危险），且应具备适当面积的保育室、游戏室及其他必需诸室，注重卫生条件，酌量置备器物图画、游戏物具乐器、几案椅凳、时辰表、寒暑表、暖房器等，但不可全缺，只可简朴。④ 此后《奏定女子小学堂章程》（1907）则明确指出："凡女子小学堂建设之地及各种堂室、体操场、用具，均须适应学堂之规模。建设之地，须选于道德卫生上均无妨害，且便利儿童通学之所。各种堂室，亦须便于教授管理，适于卫生；且须以质朴坚牢为主，不可涉

---

① 舒新城：《中国近代教育史资料》（中册），人民教育出版社1981年版，第410—411页。
② 舒新城：《中国近代教育史资料》（中册），人民教育出版社1981年版，第425—427页。
③ 舒新城：《中国近代教育史资料》（中册），人民教育出版社1981年版，第437—439页。
④ 璩鑫圭、唐良炎：《中国近代教育史资料汇编（学制演变）》，上海教育出版社2007年版，第402页。

于华靡。"① 由此可见，在清末学堂设立伊始，相关学堂章程在内容制定上均十分重视学堂选址、卫生条件、礼堂与讲堂标准、教学器具配置、教员室及器具室等相关诸室标准等学校设施方面的相关规定，学校设施的详细、具体、明确规定是学堂得以顺利设立与实施的重要物质条件。

2. 其他具体规定

（1）废除科举

科举制是自隋代起开始实施的与封建教育制度相结合的人才选拔制度，随着清末"新政"下学制系统改革方案中新式学堂的设立与实施，以及科举制在发展过程中尤其是"八股取士"后更趋于形式刻板、思想束缚，弊端丛现，变革与废除已不适用的科举制应时而生。

批判科举制弊端，改革科举制度，建立近代学制，自鸦片战争后已经逐渐成为中国近代先进之士的共识，及至1898年戊戌变法，光绪帝正式下诏："著自下科为始，乡会试及生童岁科各试，向用《四书》文者，一律改试策论，其如何分场命题考试，一切详细章程，该部即妥议具奏。此次特降谕旨，实因时文积弊太深，不得不随时改变，以破拘墟之习。"② 废除八股、改试策论，及此后增设经济特科以达到选拔人才需要的目的等，均在一定程度上动摇了科举制度尤其是八股取士的政治根基，虽变法失败后上述内容即被废除，但变革科举、废除八股取士已渐趋深入人心。

直至1901年，清政府颁发上谕，开经济特科，不用八股文程式，八股取士终被废止。及后由于"壬寅学制""癸卯学制"下新式学堂的设立与发展受制于士子向心科举的弊端影响，1903年，袁世凯、张之洞上书《奏请递减科举折》，强调"是科举一日不废，即学校一日不能大兴，将士子永远无实在之学问，国家永远无救时之人才，中国永远不能进于富强，即永远不能争衡于各国"，同时也指出"科举之害，关系尤重，今纵不能骤废，亦当酌量变通，为分科递减之一法"，且"今宜略师乾隆时减

---

① 璩鑫圭、唐良炎：《中国近代教育史资料汇编（学制演变）》，上海教育出版社2007年版，第600—601页。

② 汤志钧、陈祖恩：《中国近代教育史资料汇编（戊戌时期教育）》，上海教育出版社1993年版，第47页。

裁中额之法，拟请俟万寿恩科举行后，将各项考试取中之额，预计均分，按年递减。学政岁科试分两科减尽，乡、会试分三科减尽"。[①]

随后，张百熙、荣庆、张之洞又于1904年上书《奏请递减科举注重学堂片》，建议："吁恳天恩，明将谕旨，布告天下，将科举旧章量为变通，从下届丙午科起，每科递减中额三分之一，暂行试办。一面照现定各学堂章程，从师范学堂入手，责成各省实力举行，认真整顿。至第三年壬子科应减尽时，尚有十年。计其时京外各省开办学堂已过十年以外，人才应已辈出。且科举既停，天下士心专注学堂，筹办经费必立见踊跃。"[②] 即期望在此后的十年时间内分三次减尽科举名额，进而达到废除科举的最终目的，并同时实现新式学堂的顺利实施。但时不可待，在新教育发展和人才选拔需要的双重压力下，袁世凯、赵尔巽、张之洞等于1905年再会奏立停科举推广学校折暨上谕立停科举以广学校，强调"默观大局，熟察时趋，觉现在危迫情形，更甚曩日，竭力振作，实同一刻千金；而科举一日不停，士人皆有侥幸得第之心，以分其砥砺实修之志。民间更相率观望，私立学堂者绝少，又断非公家财力所能普及，学堂决无大兴之望"[③]，明确提出废除科举、广兴学堂的重要性与必要性。在教育国情现实的发展形势下，光绪帝在1905年9月2日正式上谕："著即自丙午科为始，所有乡会试一律停止，各省岁科考试亦即停止。"[④]

科举制的废除，不仅标志着中国教育史上封建教育特定选拔体制的结束与瓦解，更为清末新式学堂的设立与实施扫除了关键障碍，为新教育的发展奠定了政策基础。

（2）设立学部和地方教育行政机构

清末，中央与地方教育行政体制并不明确且稍显混乱，其深受礼部掌管科举、国子监掌管学校、各省提督学掌管地方科举和学校等传统教

---

① 璩鑫圭、唐良炎：《中国近代教育史资料汇编（学制演变）》，上海教育出版社2007年版，第530—534页。

② 璩鑫圭、唐良炎：《中国近代教育史资料汇编（学制演变）》，上海教育出版社2007年版，第534—537页。

③ 璩鑫圭、唐良炎：《中国近代教育史资料汇编（学制演变）》，上海教育出版社2007年版，第537页。

④ 舒新城：《中国近代教育史资料》（上册），人民教育出版社1981年版，第65页。

育行政体制桎梏。及至 1898 年京师大学堂成立，并成为全国最高学府与行使国家教育行政管理的权力机构，学管兼行。随后"新政"序幕揭开后，为适应学制系统改革，推进新式学堂的发展，《奏定学务纲要》（1905）明确强调京师应专设总理学务大臣，统辖全国学务，且学务大臣应设属官，分为专门、普通、实业、审订、游学和会计六处，各掌一门，"凡整饬各省学堂，编订学制，考察学规，审定专门普通实业教科书，任用教员，选录毕业学生，综核各学堂经费，及一切有关教育之事均属焉，应请旨简派大臣管理"①；同时各省、府、厅、州、县遍设学堂，应在省城各设学务处一所以资管辖，由督抚选派通晓教育之员总理全省学务，并派讲求教育正绅参议学务；专设总理学务大臣统辖全国教育事务，各省设立学务处管辖全省教育事务，至此开启了独立行使中央与地方教育行政职能的新篇章。

1905 年 10 月，政务处上书《奏请特设学部折》："拟请饬下政务处，公议速行设立学部，上师三代建学之深意，近仿日本文部之成规，遴选通才，分研教育行政之法，总持一切，纲举目张，实于全国学务大有裨益"，并指出"查科举既停，礼部、国子监两衙门公事，愈形清简，似宜统行裁撤，归并学部，以节经费，兼免纷歧"。② 同年 12 月，清政府批准，并将原国子监并入，成立学部，学部设尚书 1 人，左右侍郎各 1 人；下设 5 司 12 科，即总务司、专门司、普通司、实业司和会计司共 5 司，其中总务司下设机要、案牍、审定 3 科，专门司下设教务、庶务 2 科，普通司下设师范教育、中等教育、小学教育 3 科，实业司下设实业教务、实业庶务 2 科，会计司下设度支、建筑 2 科；同时还设有编译图书局、学制调查局、京师督学局等行政事务机构，以及教育研究所和高等教育会议所等学术机构。③ 此后学部这一中央教育行政体系在各司各科设置上虽亦有相应调整，但学部作为统辖全国教育事务的专门性的中央教育行政

---

① 璩鑫圭、唐良炎：《中国近代教育史资料汇编（学制演变）》，上海教育出版社 2007 年版，第 514 页。

② 陈学恂主编：《中国近代教育史教学参考资料》（上册），人民教育出版社 1986 年版，第 581 页。

③ 孙培青、杜成宪：《中国教育史（第三版）》，华东师范大学出版社 2008 年版，第 351 页。

机构的地位和作用自此确定下来，开启了教育行政管理近现代化的全新历程。

与此同时，地方教育行政改革也应运而生，1906 年 4 月，政务处、学部提交《会奏遵议裁撤学政设立直省提学使司折》，提出裁撤学政，"各省改设提学使司提学使一员，秩正三品，视按察使，统辖全省地方学务，归督抚节制。于省会地方，置学务公所，分设总务、普通、专门、实业、会计、图书六课"。① 同年 5 月 13 日，学部上书《奏拟劝学所章程折》亦得到批复，旨在强调"各厅州县应各于本城择地特设公所一处，为全境学务之总纲，即名曰某处劝学所。每星期研究教育，即附属其中，凡本所一切事宜，由地方官监督之"②，各府、州、县设立劝学所负责本区学务的教育行政体系得以确立，及至 1911 年学部改订《劝学所章程》，进一步规定："府厅州县城治设劝学所，佐府厅州县长官办理学务，府厅州县自治职或所属城镇乡自治职未成立以前，所有地方事务，均由劝学所按照法令代其执行。"③ 可见，在地方教育行政设置的调整与发展中已经渐趋形成了相对完善的各省设提学使司、各府州县设劝学所的教育行政管理系统。

综上所述，历经改革与发展，清末政府最终确立了一套由中央设学部、各省设提学使司、各府州县设劝学所的从中央到地方较为完善且利于"新教育"发展的教育行政管理系统。专门性、系统性的教育行政系统，不仅极大地适应了清末"新政"下教育改革与发展的需要，更是中国近现代教育史上教育管理体制革新中极具进步性与合理性的彰显。

（3）改良私塾

设立和实施各级各类学堂，推行新式教育，根据清末现实国情与教育实情，为达到基础教育普及的目的，改良私塾势必成为必然选择。1910 年，《改良私塾章程》颁行，明确强调改良私塾旨在以私塾教授渐期

---

① 陈学恂主编：《中国近代教育史教学参考资料》（上册），人民教育出版社 1986 年版，第 584 页。

② 陈学恂主编：《中国近代教育史教学参考资料》（上册），人民教育出版社 1986 年版，第 595 页。

③ 陈学恂主编：《中国近代教育史教学参考资料》（上册），人民教育出版社 1986 年版，第 604 页。

合法并补助地方教育，其实因"穷乡僻壤，学堂一时未能遍及者而设，其力能举办之处，仍应遵章设学"，而"穷乡僻壤应由地方官督饬劝学所确切查明，详请提学使察核，如实系限于财力，不能设学者，准照本章程办理，其虽非穷乡僻壤而设有私塾者，亦应照章改良"。①

《改良私塾章程》（1910）规定改良私塾事宜，在京应责成督学局分饬局员、各省应责成提学司督饬地方官、劝学所认真办理，并在调查、劝导、改良方法、认定办法和学生考试五方面具体说明，以达到将能合于初等小学教科程度者发展为改良初等私塾，能合于高等小学教科程度者发展为改良高等私塾。②

在调查方面，规定筹办改良私塾事宜应由各地方劝学所划定学区，分区调查，调查事务以劝学员兼任，并随时报告劝学所，由地方官申详提学使司，调查主要包括私塾种类、塾师资格和私塾情形3项。其中，私塾种类主要分为义塾系官款或地方公款设立，专课邑中贫寒子弟者；书塾就义庄或宗祠内设立，专课一姓子弟者；一家或数家设塾，延师课其子弟者；塾师自行设馆，招集附近学童教授者共计4类。塾师资格由出身、年岁、有无嗜好、有无兼营事业和到塾年月5部分构成。私塾情形则包括学生多寡及程度、教授所用书籍及教授方法、管理情形、师生每学期旷课多寡和私塾所在地方5种。

在劝导方面，强调劝学所负有劝导改良之责，随时劝导，不得借词强迫，并应根据上述4种私塾种类分别劝其改良，且塾师经劝导后有志改良者，可由劝学员介绍入附近已经改良私塾或学堂参观学习。

在改良方法方面，初等、高等私塾改良方法，可各分为二级，其中初等改良第一级主要包括课程至少须授修身、国文、读经讲经、算术4科，课本须遵用部定之本，各书均须讲解不得专主背诵，学生以各科课本教授完竣为毕业且毕业年期及分配教授时刻应预行规定，朴刑不得滥用等；初等改良第二级主要包括讲解渐求详明，参用初等小学教授管理法并施行初等小学规则等；高等改良第一级包括课程至少须授修身、国文、读经讲经、算术、历史、地理6科，课本须遵用部定之本，讲解均

---

① 舒新城：《中国近代教育史资料》（上册），人民教育出版社1981年版，第108页。
② 舒新城：《中国近代教育史资料》（上册），人民教育出版社1981年版，第108—112页。

须详明，学生以各科课本教授完竣为毕业且修业年期及分配教授时刻均应预行规定（国文算术二科教授时刻得酌量增加）；高等改良第二级包括课程可酌加格致、体操，参用高等小学教授管理法并施行高等小学规则，每年举行期考年考各一次，由劝学所人员会同考试并给予修业凭单。

在认定办法方面，主要分为初等私塾和高等私塾两类，且已经认定改良私塾，劝学所应按年汇造清册，由地方官详司备案，如遇塾师更易则须由劝学所切实考查，若一切与前无异仍认定为改良私塾。一方面，如私塾塾师文理清通、略知算术、听从劝导员劝导，其足副改良第一级资格则可认定为第一级初等改良私塾，其足副改良第二级资格则可认定为第二级初等改良私塾，若学生人数在 30 人以上，且有常年教育经费筹措保障，应详请提学使司准作为私立初等小学；另一方面，如私塾塾师或曾由师范毕业，或久为塾师、成绩昭著、听从劝学员劝导，其足副第一级资格经由劝学所通知省视学可认定为第一级高级改良私塾，其足副第二级资格由劝学所通知省视学可认定为第二级高级改良私塾，若学生人数在 30 以上，且有常年教育经费筹措保障，应详请提学使司准作为私立高等小学。

在学生考试方面，初等私塾毕业按照初等小学（完全科或简易科）学科程度考试，高等私塾毕业按照高等小学学科程度考试，高等私塾学期学年考试亦然，且毕业考试应由地方官督同劝学所人员办理，考试地址由劝学所指定，凡学期考试及格者，给予相当修业文凭单，持有此项凭单的学生可转入同等学堂相等学级继续学习。

（4）编订教科书

改革学制系统，设立和实施各级各类学堂，规范课程实施的同时，编订教科书在新式学堂的推进工作中亦尤具必要性与合理性。清末政府十分重视教科书的编订工作，1904 年，《大学堂编书处章程》颁行全国，拟按照中小学课程门目分类编纂经学、史学、地理、修身伦理、诸子、文章、诗学等课本（各课本基本内容及要求，详见表 2 - 3），同时要求课本编纂应以端正学术、不堕畸邪，归于有用、无取泛滥，取酌年限、合于程途，博采群言、标注来历等为预定宗旨，且各门课本拟分两项办法编订，一为蒙学及寻常小学所用的简本，二为高等小学及中学所用的详本，两项课本宜相因为用，详略之间，宜斟酌妥善，不当过涉复重，至精深完博，则原则具存，以待专门学堂自行抉择。[①] 此后清末政府及其学部一直都十分重视教科书编订工作在新式学堂发展以及教育普及中的重要作用与引导价值。

表 2 - 3　　《大学堂编书处章程》（1904）之各课本内容及要求详情

课本分类	内容及要求
经学	除《四书》《五经》分年诵习外，其诸家注释，拟编纂群经通义一书，略仿《尔雅》之例，天地人物，礼乐政刑，类别部居，依次序列，务取简赅，不求繁富。其大义微言，师承派别，亦区分门目，略加诠次，要必符乎普通之义，取资诵习，为通经致用之先，无取乎汉宋专家探微骋博之业也
史学	拟以编年为主，删除繁琐，务存纲要。史家论断，所以明是非而别嫌疑，于人事至为切要，拟就先哲史论文集精为择取，或逐条系附，或另卷编列
地理	拟区分行省、府、厅、州、县。凡经纬度数、山川形势、户口丁漕、驿传道路、关榷税款、物产工艺，备载大略。惟地图一门，率多旧制，绝少采择。除参用洋图外，拟俟将来各州县学堂遍设之后，略取冯氏抗议绘图之法，由各本地学堂谙悉测绘之人分制详昭，以备肄业之用。注：西国小学堂地理一门，必先习本乡地理
修身伦理	拟分编修身为一书，伦理为一书，均略取朱子《小学》体例分类编纂
诸子	考周秦诸子为后世各种学派所自出，犹泰西学术必溯原于希腊七贤。今拟提要钩元，汇为一集，支条流别，灿然具陈。至古书诘屈，通晓非易，现董则文字取之国朝校勘诸家
文章	溯自秦汉已降，文学繁兴，肇其大端，可分两派：一以理性，一以词胜。凡奏议论说之属，关系于政治学术者，皆理胜者也。凡词赋记述诸家，争较于文章派别者，皆词胜者也。兹所选择，一以理胜于词为主，剖析类从以资诵习，冀得扩充学识，洞明源流。凡十家八家之标名，阳湖桐城之派别，一空故见，无取苟同

---

① 舒新城：《中国近代教育史资料》（上册），人民教育出版社 1981 年版，第 353—355 页。

续表

课本分类	内容及要求
诗学	拟断代选择。自汉魏以迄国朝，取其导扬忠孝，激发性情，及寄托讽谕，有政俗人心之关系，撰为定本，以资扬扢。本兴观群怨之宗风，寓敦厚温柔之德育，亦古人诗教之遗也

材料来源：舒新城：《中国近代教育史资料》（上册），人民教育出版社 1981 年版，第 353—355 页。

（5）拟定经费标准

1911 年 7 月 1 日，学部奏定《小学经费暂行章程折》强调："惟立宪国家，以推广小学教育为急务，而筹办小学，以规定学堂经费为要图"，这是基于"中国幅员辽阔，地方物力随处不同，办学情形因之各异，有同一小学堂而铺张扬厉者，岁糜动辄千金，其因陋就简者，则又讲室湫隘，校具不完，犹似从前私塾，设非酌定中数以为准则，殊不足以昭划一而利推行"。[①] 拟定经费标准，将初等、高等小学所有开办及常年经费（除建筑款项应归另筹）分别规定，且教员薪额、学生班次、员役人数等均立以准绳，这对于清末初等教育的普及，规范发展，不无裨益。

《小学经费暂行章程》所规定各项经费数目，"系就各省报部一览表高初两等小学经费实数酌中拟定，并就各学堂应用各费逐一计算，总力汰冗滥，切实敷用为主"[②]。根据《小学经费章程》：一是初等小学堂每一堂以一班计，开办费应以 100 元为中数，至多不得超过 200 元，高等小学每一学堂以一班计，开办费应以 200 元为中数，至多不得超过 400 元，同时每添加学生一班，得照额定之数，增加十分之六或十分之七，其班次多者类推；二是每一学堂如只一班学生，初等小学每年经费定额以 180 元为中数，至多不得过 240 元，高等小学每年经费以 400 元为中数，至多不得过 600 元，其中教员薪金占以上额定经费十分之七或十分之八，余为购用笔砚墨书器及雇役各项之用；三是每班学生以 40 人为中数，至多不

① 李桂林、戚名琇、钱曼倩：《中国近代教育史资料汇编（普通教育）》，上海教育出版社 2007 年版，第 71 页。

② 李桂林、戚名琇、钱曼倩：《中国近代教育史资料汇编（普通教育）》，上海教育出版社 2007 年版，第 71 页。

得过 60 人，至少须有 30 人，如不足 30 人，则须合两班为一班，用单级教授①，如超过 60 人，则分为两班，且学堂有两班以上者，应比照一班学生用费递加十分之六或十分之七（因班次较多时教员既分正副，薪金自然较省，而雇役杂费等项各班亦得通用），但若初等小学一班不及 30 人，实系乡僻地方学童无多，又无邻近学堂可附，可暂时设立，高等小学如只一班且人数不及 30 人，应设法招合格学生插班以补其缺，若扩充班次无望应即与邻近各学堂合并办理，同时进一步强调初等小学用两部编制②者，每年经费与初等小学班次相比较，应约减其半，但可酌加一成或二成添作教员薪金；四是初等小学应用学级担任法，每教员教授一班，有两班者，得用正副教员各一人，三班则用正教员一人，副教员二人，四班则用正副教员各两人，余由此类推，高等小学生一班，用正副教员各一人，亦得专用副教员一人，其有二班者，用正副教员各一人，亦得用专科教员一人，三班则用正教员一人，副教员二人，亦得用专科教员一人，四班则用正教员二人，副教员二人或三人，亦得用专科教员一人，余以此类推；五是教员薪金应列为专项，且薪金按月计算，本科正教员薪金分为 9 级，专科正教员薪金分为 8 级，副教员分为 5 级（详见表 2－4），其中初等小学教员月薪不得超过 5 级，且有特殊情形时可按照教员月薪表量为减少，但最低不能少于最低级 2 元，同时教员于一学堂教授满五年以上亦可相应加津贴；等等。③

　　除在废除科举、设立学部和地方教育行政机构、改良私塾、编订教科书和拟定经费标准外，清末政府及其教育部门在各级各类学堂的设立与实施中，也较为注意基础教育的普及，学部在光绪三十二年至三十三年（1906—1907）咨行各省强迫教育章程，更在强调"非教育普及不足

---

① 《学部奏拟定单级教授二部教授办法折》（1911）指出单级教授即合年级不同之学生若干班编为一级，一教员可兼教各班，引自李桂林、戚名琇、钱曼倩《中国近代教育史资料汇编（普通教育）》，上海教育出版社 2007 年版，第 76 页。

② 《学部奏拟定单级教授二部教授办法折》（1911）指出二部教授即将全堂学生于一日之内，由一教员分为前后半日教授，其编制之方，则由单式二部及复式二部两种，单式二部适于普通教授法，复式二部则须用单级教授法，引自李桂林、戚名琇、钱曼倩《中国近代教育史资料汇编（普通教育）》，上海教育出版社 2007 年版，第 76 页。

③ 李桂林、戚名琇、钱曼倩：《中国近代教育史资料汇编（普通教育）》，上海教育出版社 2007 年版，第 71—75 页。

以养成国民之资格"的基础上，厘定强迫教育章程十条，通行各省，以期实行，其具体内容如下：一、广设劝学所；二、各省城须设蒙学一百处，学额以五千名为率；三、各府州县须设蒙学四十处，学额二千名为率；四、各村须设蒙学一处，学额以四十名为率；如零星小村各数村为一处即可；五、幼童至七岁须令入学；六、凡有绅董热心提倡多设学堂者，分别给奖；七、幼童及岁，不令入学者，罪其父兄。八、以学堂之多寡，立劝学员之功过；九、各府厅州县长官不认真督率办理，徒以敷衍了事者，查实议处；十、各学设立后，每两年由提学使考验一次。[1] 厘定强迫教育章程，并具体至各村须设蒙学一处，且详细至零星小村各数村为一处即可等具体规定，强调基础教育普及、义务教育发展，尤为关注乡村小学的普及与发展，虽然这在清末国情和教育实情的现实境遇中是很难实现的，但在政策内容上专门针对强迫教育的具体规定其进步性不言而喻。同时，也为此后相关政府、教育机构、先进人士，以及越来越多的广大民众关注基础教育、乡村基础教育的普及奠定了坚实的政策基础。

表 2 – 4　　　　　《小学经费暂行章程》（1911）之教员薪金

级别 职别	1	2	3	4	5	6	7	8	9
本科正教员	30	25	20	18	16	14	12	10	8
专科正教员	24	20	16	14	12	10	8	6	
副教员	14	12	10	8	6				

材料来源：李桂林、戚名琇、钱曼倩：《中国近代教育史资料汇编（普通教育）》，上海教育出版社 2007 年版，第 74—75 页。

（二）借鉴：日本和美国乡村基础教育的发展

20 世纪初期，在内忧外患的现实情境下，无论是代表封建势力清末政府，还是其后代表资产阶级利益的民国政府，均在外部刺激和内在需

---

[1]　朱有瓛主编：《中国近代学制史料（第二辑）（上册）》，华东师范大学出版社 1987 年版，第 372 页。

要的双重推动下，艰难地开启着近现代化的过程，基础教育、乡村基础教育也包含其中，自发向西方学习，尤其是甲午战争失利后，积极向日本学习，渐趋成为清末及民国政府寻求救国救民道路的共识之一。一些进步青年纷纷留学他国，"庚子退款"后更是形成留学日本、留学欧美热潮。这些有识之士在学成归国后，大多深受西方较为进步的政治、经济、教育与文化政策影响，并在救国自强的国家建设与发展上，积极效仿西方，这同时表现在清末民国时期各个阶段各个领域，艰难前行的近现代化进程中，在基础教育领域，尤其是乡村所占绝大多数比例范围内的基础教育改革与发展，借鉴欧美与日本乡村基础教育发展经验，在推进基础教育改革与发展的政策革新上，效仿日本、仿照美国的痕迹，在相当长的时间内表现得尤为明显。

1. 日本乡村基础教育

1868 年以前，日本仍属封建国家，其基础教育尤其是小学教育设置主要由藩学、乡学（也称师学）、私塾及寺小屋构成，其中办学水平较好的藩学与乡学是非士族以上弟子不得入学的，而办学水平相对落后的私塾与寺小屋是包括平民子弟皆可入学接受教育的，基础教育的封建性、阶级性与差异性特征极为明显。明治天皇即位后，日本渐趋通过具有资产阶级性质的维新与改革（即明治维新）走向进步与富强，而在基础教育领域内的改革与发展，则是从明治二年（1869）颁布《废止寺小屋教育令》并同时令各府县设立小学校作为新教育下小学校设立开端的。

明治五年（1872），日本文部省在全国范围内颁行新学制，并效法法国大学区制推行学区制，将全国分为八大学区，强调每一大学区设大学一所，并分为 32 中学区；每一中学区设中学一所，并分为 210 小学区；每一小学区则须设立小学一所，已有藩学、乡学、私塾及寺小屋等皆改为半官私立小学校。时经效法美国的《自由教育令》颁发与废止；及至明治十八年（1885），小学校分为高等及寻常二科，且修业年限均为四年，同时也可设三年简易科；后几经修改与颁布，明治四十年（1907）正式颁布《改正小学校令》，明确将已有高等小学校二年或三年或四年修业年限均定为三年，寻常小学校修业年限仍为六年，小学教育时间共计为九年，其中义务教育时长则为六年；此后关于学校系统设置亦多有变动，但六年寻常小学校教育修业年限和六年义务教育规定，并没有更改。

自明治五年颁行学制后，日本基础教育事业发展迅速。通过考察其就学儿童人数与学龄儿童数比例就可以看出：明治五年（1872）比例为28%，明治十三年（1880）比例为41%，明治二十二年（1889）比例为48%，明治三十三年（1900）比例为81%，明治四十三年（1910）比例为98%，而至大正九年（1921）比例则达到99%有余。[①] 日本学龄儿童入学率在20世纪二三十年代已达到99%，其基础教育渐趋普及。

时至20世纪二三十年代，日本的乡村小学与城市小学在课程内容、师长资格等方面都是相差无几的。[②] 一是因为日本当时积极提倡乡村都市化，积极追求乡村具有都市必需的条件，虽然乡村都市化并不能将乡村都改造成为大都市，但也可逐步缩小城乡差距进而使乡村具有小市镇的规模，作为乡村教育中心的乡村小学办理就必然更趋接近城市普通小学；二是因为日本政府给予乡村教育发展以充足、必要的经费支持，尤其是给予乡村小学校以大量经费保障，这就为乡村小学可与城市小学同样办理而无障碍提供了设备条件和工资待遇等可相等同的基础可能。此后，日本乡村基础教育事业发展迅速并渐趋普及、渐成规模，学龄儿童入学基本普及，并在学制建设、课程实施、教师管理等方面形成了独具特色的发展体系，具体情况如下。

（1）学制建设

在学制建设方面，日本现行学制将小学校分为寻常小学校、高等小学校和寻常高等小学校三种。其中寻常小学校修业年限为六年，接收六岁学龄儿童入学，儿童自六岁入学后至十二岁毕业；高等小学校修业年限为三年，主要招收寻常小学校毕业生入学；寻常高等小学校则是寻常小学校和高等小学校合设的小学。

寻常小学校修业年限六年，这是日本政府及其教育等部门推行强迫教育（即义务教育）的年限。学龄儿童在接受六年的寻常小学校教育而修业完成后，即可入高等小学校，以为将来升入师范学校或实业学校或

---

① 袁哲：《世界各国小学教育概观》，儿童书局1930年版，第38页。
② 周用：《日本的乡村教育》，《村治》1931年第3期。

逐入职业界准备；又可男子升入中学、女子升入高等女学校（女子中学），以为将来接受大学教育或入专门学校准备；也可入高等学校寻常科，接受修业年限为七年的长期训练后再升入大学；还可入各种职业学校或补习学校，以为入世预备；等等。总之，学龄儿童在寻常小学校毕业后在学制系统设计上可供继续学习升学的选择颇多。

除此之外，日本小学校主要分为官立、公立和私立三种，其中官立小学是由国家设立的，公立小学是由地方公共机关设立的，私立小学则是由个人创办的，且在数量上公立小学占据绝对优势，官立和私立小学均占极少数。

（2）课程实施

在课程实施方面，受中央集权式政治体制影响，日本的小学校课程均是由文部省颁布关于教授要目、课程标准等内容的政策文件规定的，并在政策颁行后在全国范围内推广实施。

一方面，日本寻常小学校课程实施的主要科目包括修身、国语、算术、日本史、地理、理科、图画、唱歌体操、裁缝等，关于各科目每周教授时数（详见表2-5）。从表2-5可以看出，在日本寻常小学校课程实施的过程中：一是国语和算术是小学校课程实施最为重要的两个科目，而国语一科的教授时数更是占据每周各科目教授时数的一半左右，为重中之重；二是注重修身，日本史和地理分别从第五学年和第六学年开始设科教授，理科则从第四学年开始设科教授；三是图画、唱歌体操和裁缝三科男、女在每周教授时数上有所差异，其中图画一科从第三学年开始设科教学，女子在第三至六学年每周授课时数均为1小时，而男子除第三学年每周授课时数为1小时外，第四至六学年每周授课时数均为2小时；唱歌体操一科在第一、二学年内每周授课时数为4小时，在第三、四学年内男子每周授课时数为3小时，女子每周授课时数则为1小时，在第五、六学年内男子每周授课时数仍为3小时，女子每周授课时数则增长为2小时；裁缝一科从第四学年开始设科教学，男子不授，女子第四学年每周授课时数为2小时，第五、六学年每周授课时数为3小时。除此之外，寻常小学校在课程实施科目设置上，可增设图画一科，在第一、二学年每周授课时数为1小时；亦可增设手工一科，在前三个学年每周授课时数为1小时，在后三个学年每周授课时数为2小时。

表2－5　　　　　　　20世纪30年代日本寻常小学校课程实施各科目

及每周教授时数　　　　　　　单位：小时

级别 科目	第一学年	第二学年	第三学年	第四学年	第五学年	第六学年
修身	2	2	2	2	2	2
国语	10	12	12	12	9	9
算术	5	5	6	6	4	4
日本史					2	2
地理					2	2
理科				2	2	2
图画			1	2（1）	2（1）	2（1）
唱歌体操	4	4	3（1）	3（1）	3（2）	3（2）
裁缝				（2）	（3）	（3）
总计	21	23	24（25）	27（31）	26（32）	26（32）

备注：括号内为女子上课时数。

材料来源：袁哲：《世界各国小学教育概观》，儿童书局1930年版，第43页。

表2－6　　　　　　　20世纪30年代日本高等小学校课程实施

之各科目及每周教授时数　　　　　　　单位：小时

级别 科目	第一学年	第二学年	第三学年
修身	2	2	2
国语	8	8	8
算术	4	4	4
日本史	2	2	2
地理	2	2	2
理科	2	2	2
唱歌	1	1	1
体操	3	3	3
裁缝	（4）	（4）	（4）
总计	24（28）	24（28）	24（28）

备注：括号内为女子上课时数。

材料来源：袁哲：《世界各国小学教育概观》，儿童书局1930年版，第44页。

另一方面，日本高等小学校课程实施的主要科目包括修身、国语、算术、日本史、地理、理科、唱歌、体操、裁缝等，关于各科目每周教授时数（详见表 2 – 6）。一是高等小学校课程实施仍十分重视国语和算术，强调修身，且女子加设裁缝一科；二是高等小学校在课程实施科目设置上，可酌情增设手工、英语等科，男子也可由学生任选酌加农业或商业等一科，女子亦可加设家事一科，但每周各科目教授时数总计男子不得超过 30 小时，女子不得超过 32 小时。

（3）教师管理

一方面，日本小学教师分为本科正教师、专科正教师、准教师和代用教师四类。关于四类教师人数比例，根据大正十四年（1926）统计报告，全国小学教师总数为 209894 人，其中本科正教师人数为 157854 人，占总数比例为 75%；专科正教师人数为 10864 人，占总数比例为 5%；准教师人数为 15192 人，占总数比例为 7%；代用教师人数为 25984 人，占总数比例为 12%。[①] 可见，在日本小学教师构成中，本科正教师人数最多，且占据四分之三左右，但同时代用教师人数比例也相对较高于专科正教师和准教师，而关于代用教师在教师知识与技能等素养资格方面的问题也是日本小学教师所亟须解决的重要问题之一。

另一方面，日本小学教师的薪俸标准是相对较高的，这主要与教师薪俸受国库补助有直接关系。据大正九年（1921）所颁行的小学教师月俸表（详见表 2 – 7），可以看出：日本政府所颁定的小学教师月俸标准是十分详细的，其中本科正教师分为上、下各 9 个资格等级标准，最高为 180 日元，最低为 40 日元；专科正教师分为上、下各 7 个资格等级标准，最高为 120 日元，最低为 35 日元；准教师分为上、下各 4 个资格等级标准，最高为 60 日元，最低为 30 日元。同时该月俸表并未对代用教师的薪俸标准加以具体规定，但在实际的薪俸发放中，代用教师的平均月薪大多时候都会低于本科正教师、专科正教师以及准教师的平均月薪。

除此之外，在教师管理方面，日本小学教师在任教满 15 年以上者，均可享受退隐金、抚恤金，以及年功加俸章程等政策规定。

---

① 袁哲：《世界各国小学教育概观》，儿童书局 1930 年版，第 45 页。

表2-7　　　　　大正九年（1921）日本政府所定小学教师每月
薪俸标准　　　　　　　单位：日元

等级 资格		一级	二级	三级	四级	五级	六级	七级	八级	九级
本科正教师	上	180	145	120	100	85	75	65	55	45
	下	160	130	110	90	80	70	60	50	40
专科正教师	上	120	100	80	70	60	50	40		
	下	100	90	75	65	55	45	35		
准教师	上	60	50	40	33					
	下	55	45	35	30					

材料来源：袁哲：《世界各国小学教育概观》，儿童书局1930年版，第47页。

2. 美国乡村基础教育

美国自19世纪工业革命以后，经济迅速发展，城市日益发达，农民日渐减少，教育发展也深受其影响，城乡发展严重畸形。进入20世纪以后，提倡和注重乡村教育，推动乡村教育以均衡城乡教育开始得到美国政府与相关教育工作者及其他人士的关注，并具体表现为：1908年，罗斯福总统派员调查乡村生活；1912年，美国中央教育局添设乡村教育科；1914年，国会通过司密斯理浮（Smith-Lever）乡村教育推广事业议案；此后各师范学校又添设乡村教育学程，以从事乡村教育研究。在美国政府及相关人士的努力下，提倡和关注乡村教育，尤其是乡村基础教育的普及与发展，美国逐渐发展成为当时乡村教育较为发达的先进国家之一。[1]

提倡和关注乡村教育，尤其是乡村基础教育发展，改进乡村学校必然成为最为重要且亟须改革与发展的内容。在美国乡村基础教育的发展过程中，改进乡村学校的内容与途径是极为重要和值得借鉴的。

（1）改进乡村学校内容

改进乡村学校，力图改革与发展，其内容主要包括改进学区组织、改进校舍、改良设备、改进卫生、改进经济、改进儿童出席、改进教学、

---

[1]　袁哲：《世界各国小学教育概观》，儿童书局1930年版，第132页。

改进训练、改进教师、推广学校事业和增加指导力量等①。具体如下：

改进学区组织，即在充分考虑现行乡区制、市区制、县区制和省区制四种学区组织形式利弊优缺的基础上，积极要求施行县区制，这是基于县区制以县教育董事会主管各学校且县教育局长执行计划而具有的高效率，以及对于儿童有受优良教育机会、对于教师有有力辅助、对于乡村可得生活所需教育、对于教育行政当局可以贯彻主张施行计划、对于学校本身有联合建设大规模学校可能等诸多利益而作出的最为合适的选择。

改进校舍，主要是指在已有较为简陋校舍的基础上为求卫生、空间达到基本标准进而能够推广学校功用，或由地方人士自动修改，或由学校教师倡议改造，或由教育当局规定建筑标准，渐臻完善。同时也强调校舍改进："最完善者，莫如联合学校之校舍，有砖石建筑之屋楼，有容纳乡民集会之会堂，有供运动应用之体育馆，有作实验之实验堂，有练习技术之工艺场，有为午餐之膳堂，其余教室游戏场等，莫不应有尽有，且依学校建筑标准而建筑，诚合乎卫生，美观，便利，保安，经济诸原则者也。"②

改良设备，是基于经费困难下乡村学校简陋、设备缺乏的实情而提出的。主要包括全面充实和完善乡村学校中的图书设备、实验用具、教学用具、农业器械、游艺用品、烹饪设备、缝纫设备等。

改进卫生，这是基于乡村学校卫生意识缺乏、卫生条件较差，且与学校卫生标准相差甚远而提出的。关注卫生改进，不仅政策规定建筑校舍须审核计划，常派遣医生看护检查儿童体格等，更强调举行卫生演讲，提高广大师生和乡民的卫生意识。

改进经济，强调以足够的教育经费保障学校教育事业的发展，拓宽经费来源，增加地方税收，或增加省津贴补助等，以达到充裕乡村基础教育发展所需经费的目的。

改进儿童出席，督促学龄儿童入学，提高学龄儿童入学机会，旨在改变学龄儿童或由疾病，或家长督责不严，或迫于生计等缺席学校教育

① 古梅：《乡村教育新论（全一册）》，民智书局1930年版，第21—28页。

② 古梅：《乡村教育新论（全一册）》，民智书局1930年版，第23页。

即失学问题，而强迫教育及强迫入学，或分配经费奖励入学，或改善学校办理等都是可行之有效的办法。

改进教学，重在改进教学材料和教学方法。改进教学材料即在增加科目、丰富内容的背景下选材编制的标准应依据"实际效能""公民修养"两大原则，凡健全公民所需知识技能理想习惯等均可选择；改进教学方法则是在注入法的基础上强调家庭设计法等多种教学方法的应用。

改进训练，即充分认识到旧有以"整齐严肃"为训练儿童观念的劣根性，强调以儿童心理研究为基础，采用积极的训练，引导儿童为适当的活动，取消禁锢束缚的办法，如设立游艺会、讲演会、音乐队、救护队、少年公民卫生同盟、儿童农业竞选团等。

改进教师，提高教师知识与技能，强调教师素质，提倡设立专门训练乡村教师机关，如在师范学校中设立乡村部、农科大学开设乡村教育学程等都可作为改进乡村教师资源的培养途径。同时对于在乡村教育服务期间的乡村教师还应极力增加其进修的机会（如暑期学校、农业讲演等），还应适当增加教师工资待遇（如加薪、改善住宿等），进而提高乡村教师教育教学主动性与安心从事乡村教育事业的积极性。

推广学校事业，这是基于学校也是社会机关，其成立与功用等皆因社会发展的实际需要。推广学校功用，在对学龄儿童进行学校教育的基础上将学校建成社会的中心，渐趋增加学校事业推广，如推广农业知识，促进乡村卫生，筹谋乡村公安，增加教育机会等。

增加指导力量，即聘请专家应用科学方法指导日渐复杂的学校教育教学工作，如学校应该如何组织，课程应该如何编制，教学方法应该采取何种步骤，指导社会应该采取何种态度等。

（2）改进乡村学校途径

美国在改进乡村学校，发展乡村基础教育的过程中，其途径主要包括由教师个人进行、由教育当局督促和由地方人士联合运动三种。[①]

第一，由教师个人进行乡村学校改进是美国乡村基础教育发展中最具典型的途径之一。以美国保德学校（Porter School）为例，保德学校原本办理不善，附近学龄儿童多辍学或赴都市求学，社会衰落，学校教育

---

① 古梅：《乡村教育新论（全一册）》，民智书局 1930 年版，第 28—31 页。

极为落后，但自哈佛夫人（Mrs. N. R. Harvey）来保德学校担任教师以后，渐趋通过个人的不断努力，适当指导，充分调动了乡村民众为保德学校服务的主动性与冲动性，重建校舍、完善设备、联络农科大学推广部等，进而最终完成了其对保德学校的基本改进，使保德学校在发展中成绩甚优，并成为典范。

第二，由教育当局督促乡村学校改进是美国乡村基础教育发展中最为普遍的途径之一。由教育当局督促乡村学校改进，其重在通过规定学校设施标准，借以督促乡村改进学校。以政策规定鞭策乡村民众按照标准进行改良，如学校面积、建筑设备、教学训练、教师资格、活动事业等均可设定标准，并进行比较评定优劣，凡达到标准者，则可称为合格学校；超过标准者，则称为优良学校。以政策规定的形式确定学校设施标准，其标准内容大致涉及教师、学校设施和课程教学三方面，即教师是否有特殊训练而愿以乡村教育为终身事业、学校设施是否能够适合乡村社会环境、课程教学是否能够适应农民性质及需要，同时上述三项还须设定详细要目，均载于卡片，在考察学校时逐条记分，以得分最多者为优良学校。

第三，由地方人士联合运动以推动乡村学校改进是美国乡村基础教育发展中最为重要的途径之一。即由地方人士联合运动推动乡村学校改进而发展成新乡村学校，或称联合学校。在城市学校发展迅速、乡村学校加剧落后的大背景下，各地方人士逐渐认识到筹集人才经济集中力量筹办大规模学校的必要性，联合学校的提议由此产生。联合学校的提议后在各省通过议案，但在乡区制废除前其成效并不明显。联合学校的提议旨在于方圆五公里内择其适中地点建设完备学校，以收容区内学龄儿童入学接受教育教学，同时学校实施与推广所需的师资和设备条件等亦根据一定的标准执行。由地方人士推进的联合学校在废除乡区制后发展迅速成效卓著，如延长学期、增加设备、聘请优良教师、节省经费、开设中学、推广学校事业等做法均取得了良好的效果。

第三章

乡村基础教育政策的发轫确定
与革新演进(1912—1927)

1911 年 10 月,以武昌起义为开端的辛亥革命推翻了清政府的封建统治,结束了我国两千多年的君主专制统治。从中华民族民国临时政府正式成立,时经袁世凯窃取革命果实倒行逆施、尊孔复古,皖系、直系、奉系军阀混战与轮流执政,以及东北易帜、南京国民政府成立,抗日战争,解放战争等重要历史事件,在民国风雨动荡的 38 年时间里,在我国教育近现代化进程中的关键时期,民国政府及其相关教育部门十分重视教育普及下乡村基础教育的发展,并在临时政府、北洋政府和国民政府统治时期,相继均有一系列支持和推动包括教育行政体系、义务教育规划、教育经费保障、课程实施规范、教职员与学生管理、私塾改良等乡村基础教育构成在内的教育革新与应对的相关政策文件确定与颁行。

1912 年 1 月 1 日,孙中山在革命党人和各省代表的举荐下宣誓就职中华民国临时大总统,中华民国临时政府正式成立,开始进入新民主主义社会发展的新时期。从 1912 年 1 月临时政府成立,到 1927 年 4 月以蒋介石为代表的国民党成立南京国民政府,资产阶级基于打破封建专制统治的政治意图,在教育领域则表现为开始渗透并直接反映在民国前期包括乡村基础教育政策在内教育政策的确定与革新上,较为先进的民国乡村基础教育政策虽然也曾反复颠覆在复古教育与反复古教育斗争的洪流中,且深受政权性质与更迭的影响,但均以先进的资产阶级教育政策方针的被认同和继续推广并改进为最终结局。同时,民国前期的乡村基础教育政策的科学性和实践性也在历史螺旋式的循环往复中越来越遵循着教育政策本土化的演进轨迹。

一　乡村基础教育行政体系的划定

（一）上层教育行政体系构建

1. 教育部的创置

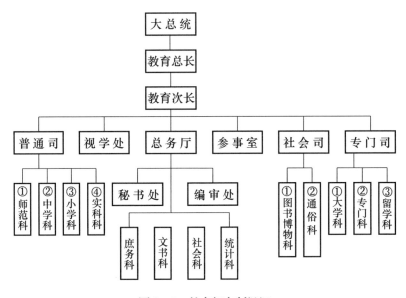

图 3-1　教育部官制组织

材料来源：朱有瓛主编：《中国近代学制史料》（第三辑）（上册），华东师范大学出版社
1990 年版，第 82 页。

1912 年 1 月 3 日，南京临时政府临时大总统孙中山先生，任蔡元培
为教育总长，景曜月为教育次长；1 月 9 日，教育部正式成立；1 月 19
日，启用印信。至此，教育部正式取代清末学部成为民国时期中央教育
行政体系的核心机构设置，主管全国各项教育事务。关于教育部官制设
置，几经修订，在临时大总统令公布的《教育部官制》12 条基础上，其
后又于 1914 年 7 月 10 日公布《教育部官制》19 条，明确规定"教育部
直隶于大总统，管理教育、学艺及历象事务"，并"置总务厅及下列各

司：普通教育司，专门教育司，社会教育司"（详见图3-1）。其中"普通教育司掌事务如下：一、关于师范学校事项；二、关于中学校事项；三、关于小学校及蒙养园事项；四、关于盲哑学校及其他残废等特种学校事项；五、关于与第一款至第四款各学校相等之各种学校事项；六、关于学龄儿童就学事项；七、关于检定教员事项；八、关于整理私塾事项；九、关于小学校基本金事项；十、关于地方学务机关设立变更事项"①。

从教育部创置起，其官制虽几经更迭变动，亦经过北洋政府时期以教育总长更换频繁为重要表征的中央教育行政管理较为混乱的阶段，但教育部的设置一直是中央教育行政管理的重要机构。

2. 省教育厅的设建

民国初期，各省教育事业，大多由省都督府下设的民政司中教育科掌理，直至1917年9月6日，北京政府教育部颁布《教育厅暂行条例》，各省设教育厅，并"直隶于教育部，设厅长一人，由大总统委任，秉承省长执行全省教育行政事务，监督所属职员暨办理地方教育之各县知事"②。1917年9月7日，各省教育厅长受命上任；8日，各省原所设教育与实业科废止。根据《教育厅暂行条例》，各省教育厅分设各科，处理各项事务；各科设科长一人掌理本科教育事务，科员不超过三人协助处理本科教育事务；同时设视学四人至六人，由厅长委任并掌管视察全省教育事宜；科长、科员、省视学以及为缮写文件所酌用雇员等，权责分明，共同负责管理全省教育行政事宜。

1917年11月18日，教育部颁布《教育厅署组织大纲》，进一步明确教育厅署内各科设建，各省教育厅署内通常设三科。其中，"第一科：掌管印信，收发文件，办理机要文牍，整理案卷，综核会计庶务，编制统计报告，及不属于他科之各事项。第二科：主管普通教育及社会教育。

---

① 朱有瓛主编：《中国近代学制史料》（第三辑）（上册），华东师范大学出版社1990年版，第80—82页。

② 中央教育科学研究所教育史研究室：《中华民国教育法规选编（1912—1949）》，江苏教育出版社1990年版，第74—75页。

第三科：主管专门教育及外国留学事项。"① 同时，各科在办理收发、庶务、会计以及统计等事务较为繁重时，可增设事务员；且各省教育厅亦应根据本省具体需要可分设或合设第二科和第三科。至此，民国时期省教育厅的设建在政策规定上渐趋合理化和规范化，省教育厅已经成为省级教育行政体系下负责全省教育行政事务的最重要机构。

（二）乡村教育行政机构设置

在民国行政区划的整体设计下，中央、省级和县级教育行政体系共同构成了民国政府政策规定下教育行政管理与领导的整体核心内容。从劝学所的延续与废止和学务委员的创建与发展，再到教育局的创设，民国前期县级教育行政体系下乡村教育行政机构的设置主要体现为：

1. 劝学所的延续与废止

民国成立之初，南京临时政府颁行地方行政官制，裁撤各县清末教育行政体系下所设置的劝学所，于县公署设第三科专管全县教育事宜，改劝学所而设科进行县级教育行政管理。随后又由于"劝学所在法规上被取消后，实际上各县情形极不一律，有的在县署设第二科的，有仍设劝学所的，有新设教育公所的，有设学产经理处的，有设学务委员的，有不设任何教育行政机关的"②，县级教育行政极为混乱不定，为此教育部于 1913 年 7 月正式通咨各省一律暂留劝学所。

1913 年 12 月，教育部重新颁定劝学所规程，规定"劝学所辅助县知事，办理县教育事宜，并综合各自治区教育事宜"③，且以资补救。1915 年 12 月 15 日，教育部公布《劝学所规程》，各县设劝学所，辅助县知事办理县教育行政事宜，并综核各自治区教育事务，同时在编制安排上，劝学所设所长一人，且由县知事详请道尹委任，并详由该管最高级行政长官咨报教育部；设劝学员二人至四人，由县知事委任，详请道尹转报

---

① 陈学恂主编：《中国近代教育史教学参考资料》（中册），人民教育出版社 1987 年版，第 290 页。

② 朱有瓛主编：《中国近代学制史料》（第三辑）（上册），华东师范大学出版社 1990 年版，第 88 页。

③ 陈学恂主编：《中国近代教育史教学参考资料》（中册），人民教育出版社 1987 年版，第 270—271 页。

该管最高级行政长官；同时还可设临时劝学员，由县知事就各区学务委员内委令兼充。在资格选拔上，曾任地方教育事务五年以上者，或曾任高等小学校校长三年以上者，或曾在师范学校毕业且任教育职务一年以上者可充任劝学所所长；曾任地方教育事务二年以上者，或曾任国民学校或高等小学校教员二年以上者，或曾在师范学校毕业者可充任劝学员；在职务分配上，劝学所所长受县知事之监督指挥，总理所内事务，劝学员受所长之监督指挥，分掌所内事务；在经费管理上，劝学所经费，由县知事就地方公款项下自行筹支，仍详报主管长官查核备案。各县一律设置劝学所，并作为县级教育行政管理的重要机构，主管县所辖范围内的各区、乡、镇、村等全部教育行政事宜，《劝学所规程》的公布以及此后的数次修订，劝学所的设置得以延续，并成为民国政策规定范围内的县级教育行政体系的重要构成。

1921 年，第七届教育会联合会集会于广东，金以民初以来教育已发展数十年且趋于稳定，而始于清末教育行政体制内的劝学所这一称谓名词已经不再适用，又因为劝学所作为一种官办机关，其地位与职权都已有变更的必要，最终通过改革地方教育行政制度案，主张以教育局取代劝学所。1922 年，教育部在济南举办全国学制会议，决定改劝学所为教育局，通过了《县教育行政机关组织大纲案》《特别市教育行政机关组织大纲案》等。其后随着县市教育局规程的相继公布，民初县级教育行政体系规范下的劝学所渐趋废止，不再设置。

2. 学务委员会的创建与发展

1915 年 8 月 6 日，教育部呈拟定劝学所及学务委员会规程缮具草案呈请核定公布文并批令获准，其强调"地方教育，为事至繁，有责之于县者，有责之于自治区者。责于县者，不可无总汇之区；责于自治区者，亦宜有询谋之地"①，拟恢复旧时劝学所辅佐知事办理县属教育行政事宜，同时"拟于自治区内画分学区，即以学务委员为执行学区事务之专员，并于一自治区内组织学务委员会，为咨询自治区学务之机关，庶几教育

---

① 陈学恂主编：《中国近代教育史教学参考资料》（中册），人民教育出版社 1987 年版，第 285—287 页。

事务与其他自治职务，得以同时进行"①。由此，拟定学务委员会章程、创建学务委员会成为办理自治地方教育行政事务的基层重要教育行政体系内容之一。

1915 年 1 月，教育部公布《地方学事通则》，自治区按照《地方自治条例》及相关教育法令规程，办理地方教育事务，以立地方兴学之始基，规定"自治区为办理教育事务，应于各该区组织学务委员会"②，这是自治区设置学务委员会的重要依据之一，其旨在"以自治区办理教育事务，在自治区未成立地方，由县知事督率劝学所处理之"③。

1915 年 12 月，教育部公布《学务委员会规程》，强调："学务委员会依《地方学事通则》第三条之规定，以自治区内之学务委员会组织之。"④ 同时，学务委员于自治区内依照学区之分划，每学区各设一人，但经区董认为必要时得增设一人，学务委员辅佐区董办理本学区内教育事务；同时"学务委员会依区董之咨询及学务委员之提议，会议自治区及各学区之教育事务"⑤，其经费由自治区经费支给之。1916 年 4 月 28 日，教育部又公布《学务委员会规程施行细则》，相关学务委员会的政策章程逐渐完善。

此后，学务委员会一直是办理地方教育事务的重要教育行政机构。学务委员会的创建与发展，对于民国前期乡村义务教育的推行、乡村教育经费的筹集等具体乡村教育事项的执掌具有重要的引导作用。

3. 教育局的创设

1922 年，教育部召开学制会议，决定改劝学所为教育局。1923 年 3 月 29 日，黎元洪公布《县教育局规程》《特别市教育局规程》，至此，民初延续的劝学所逐渐被废止，创设教育局开始成为县教育行政体系下的新指向。

《县教育局规程》（1923）强调县设教育局，以局长一人、视学及事

---

①　陈学恂主编：《中国近代教育史教学参考资料》（中册），人民教育出版社 1987 年版，第 285—287 页。

②　舒新城：《中国近代教育史资料》（上册），人民教育出版社 1981 年版，第 289—290 页。

③　陈翊林：《最近三十年中国教育史》，太平洋书店 1930 年版，第 215 页。

④　舒新城：《中国近代教育史资料》（上册），人民教育出版社 1981 年版，第 290—291 页。

⑤　舒新城：《中国近代教育史资料》（上册），人民教育出版社 1981 年版，第 290—291 页。

务员若干人组织，其人员名额则由该县教育事务繁简酌定，县教育局长商承县知事主持全县教育行政事宜，并督促指导属于该县之市、乡教育事务。同时县教育局设董事会，董事会具有审议县教育之方针及计划、筹划县教育经费及保管县教育财产、审核县教育之预算决算、议决县教育局长交议事件，提议关于县教育事项等职权；全县市乡应由教育局酌划学区，每区设教育委员一人，受县教育局长指挥，办理本学区教育事务，市乡学区教育委员由县教育局长就素有教育学识经验者选任。① 关于教育局的组织设置，详见图 3-2。

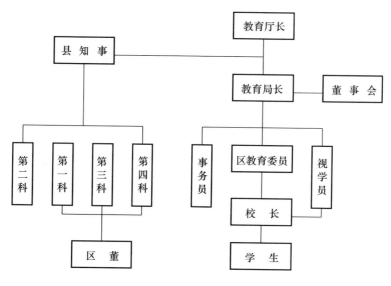

图 3-2　教育局组织

材料来源：陈翊林：《最近三十年中国教育史》，太平洋书店 1930 年版，第 216 页。

《特别市教育局规程》（1923）② 规定特别市教育局，以局长一人、视学及事务员若干人组织之，特别市教育局长，商承市长主持全市教育

① 中国第二历史档案馆：《中华民国史档案资料汇编》（第三辑）（教育），凤凰出版社（原江苏古籍出版社）1991 年版，第 12—14 页。

② 中国第二历史档案馆：《中华民国史档案资料汇编》（第三辑）（教育），凤凰出版社（原江苏古籍出版社）1991 年版，第 14—15 页。

行政事宜，其要点主要包括："（1）特别市之教育行政，得视县教育行政酌量定之；（2）县所属的特别市乡划定学区，每区设学董1人，任本区教育之调查及设施事项。市乡各学董的任用，得视地方情形自定。（3）市乡各区教育行政办法，由各县视地方情形自定。（4）市乡各区的教育经费，须确定专款，敷本区教育之用。"①

废止劝学所，创设教育局。"此次改制的根本原则，在以教育局长代表国家，以董事会代表地方，而求能共谋地方改进教育。"② 教育局一词在中国教育行政史上的首次应用，即是西方教育行政体系尤其是美国教育行政体系对我国教育行政体系的影响印记，也是民国时期教育近现代化过程中我国基层教育行政体系改革的重要举措。

（三）视学规程建设

民初县级教育行政体系下的视学政策，始于清末，并在民国得以进一步建设和发展。为规划全国范围内教育视学相关事项的顺利开展，教育部于1913年1月公布了《视学规程》。根据《视学规程》，在全国范围内共划分八个视学区："一、直隶、奉天、吉林、黑龙江。二、山东、山西、河南。三、江苏、安徽、浙江。四、湖北、湖南、江西。五、陕西、四川。六、甘肃、新疆。七、福建、广东、广西。八、云南、贵州。"③ 一方面，视学任用资格严格，以毕业于本国外国大学或高等师范学校且任学务职一年以上者、曾任师范学校中学校校长或教员三年以上者、曾任教育行政职务三年以上者等三项之一为合格人选，同时每学区派视学二人，酌派部员以协同视察该学区普通教育和社会教育为主，或每年8月下旬起至次年6月上旬止定期视察，或根据教育总长特别指令临时视察，但视学在各地方视察学校时需要向该校预先通知；另一方面，视学所视察各地方，在与地方长官、省视学和国立学校校长接洽讨论中知晓该地方学务历史、现状及将来计划的基础上，其视学视察事项主要包括"一、教育行政状况。二、学校教育状况。三、学校经济状况。四、学校

---

① 熊贤君：《中国教育行政史》，华中理工大学出版社1996年版，第385页。
② 陈翊林：《最近三十年中国教育史》，太平洋书店1930年版，第217页。
③ 舒新城：《中国近代教育史资料》（上册），人民教育出版社1981年版，第306—307页。

卫生状况。五、关于学务各职员执务状况。六、社会教育及其设施状况。七、教育总长特命视察事项。"①

《视学规程》(1913)的颁发,使得民国初年全国范围内视学工作的开展更为规范和科学,为进一步推进省、县级视学工作的开展,从而使得省视学尤其是县以下所辖区、乡、镇、村视学的政策规定与实施更具可操作性和规范性。1918年4月30日,教育部以第38号令和第39号令分别颁发了《省视学规程》《县视学规程》。其中《县视学规程》(1918)共16条,详细规定了全国各县视学在县视学资格、程序、职务等方面的具体内容。根据《县视学规程》,各省设县视学,每县一至三人,秉承县知事视察全县教育事宜,通常师范学校本科毕业且任学务职一年以上者或中学校或二年以上简易师范科毕业且任学务职二年以上著有成绩者、或曾任高等小学校校长或本科正教员二年以上且经省教育行政长官认为确有成绩者才具备县视学资格。县视学职务主要包括:"一、督察各区对于教育法令施行事项。二、督察各区对于学务计划进行事项。三、查核各区教育经费及学校经济之实况。四、查核各区学龄儿童之就学及出席实况。五、视察各学校设备编制及管理之状况。六、视察各学校课程教授及学业成绩之状况。七、视察各学校训育学风及操行成绩之状况。八、视察各学校卫生体育及生徒健康之状况。九、视察社会教育及其设施状况。十、视察幼儿教育及特殊教育设施状况。十一、视察学务职员执务状况。十二、视察主管长官或省视学所指定之事项。十三、宣达主管长官指示之事项。"② 县视学应将执行职务情形详细报告于县知事,县知事则应将县视学报告摘要呈报省教育行政长官,同时县视学遇部、省视学莅县视察时,应报告该县教育情形。

《视学规程》(1913)、《省视学规程》(1918)和《县视学规程》(1918)的相继颁发,尤其是《县视学规程》(1918)的公布,使得此后县级教育行政体系之县视学日渐规范、完善,其作为视学工作的统一章法和实施保证,与部视学、省视学构建了一个统一、完整的视学网(详

---

① 舒新城:《中国近代教育史资料》(上册),人民教育出版社1981年版,第306—307页。

② 中国第二历史档案馆:《中华民国史档案资料汇编》(第三辑)(教育),凤凰出版社(原江苏古籍出版社)1991年版,第81—83页。

见图 3 - 3），这对于视察地方教育发展、推进相关教育政策的具体制定与实施，大有裨益。

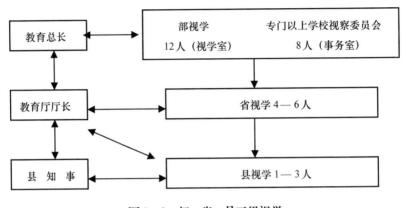

图 3 - 3　部、省、县三级视学

材料来源：江铭：《中国教育督导史》，人民教育出版社 1994 年版，第 121 页。

二　乡村义务教育规划的筹定

（一）强迫教育诉求

民国时期十分关注义务教育的推行与发展。重视学龄儿童接受一定年限的小学校教育，一直是民国政府及其教育等相关部门在政策制定层面上的重要教育发展目标。推进学龄儿童强迫入学，以强迫性、强制性调动受教育者接受基础教育尤其是义务教育的主动性与积极性，也是乡村义务教育规划筹定所包含的重要内容之一。

1913 年，教育部拟定《强迫教育办法》6 条，其主要内容："（一）各属知事将管辖地点分村乡镇分配。（二）调查属内村镇相距若干里及村乡镇户口数目，以便比较。（三）各县各村乡镇内派学董若干，以专责成。（四）为儿童当入学之年，八岁一律入学，违者重罚其父兄，并处罚学董。（五）此项经费由各村乡镇人民担任，不得在该属内已筹定之学款挪用。（六）各县暂设女学一二所。俟此项实行一学期后，再行扩充云云。"①《强迫教育办法》(1913)虽仅有 6 条,但其以政策规定的形式正式将调查属内村乡镇户口数目、已专责成学董负责属内各县各村乡镇内学龄儿童八岁一律入学等纳入教育规划中,同时关注女学设置以及所需经费由各村乡镇人民承担等,其可操作性与先进性不仅体现在将强迫教育、强迫入学的实施范围具体落实在各村乡镇内,关注乡村教育发展过程中学龄儿童入学现状,还体现在其对民初及其以后强调普及教育、重视义务教育在强迫教育、强迫入学方面的引导与参考价值。

《强迫教育办法》(1913)对推行乡村义务教育规划的完善性是十分重要的,督促并强迫学龄儿童接受小学校义务教育是民国若干教育政策规定的主导内容之一。但此后民国时期北洋政府及其教育等相关部门关于强迫教育、强迫入学的专门性、具体性文件却鲜有公布。

(二) 修业年限明确

民国伊始,推行义务教育就被提上议程。重视义务教育发展,并从根本上积极关注义务教育与国家国力兴衰的内在联系,进而在省、县、乡、镇、村等各地方实施义务教育,一直都被民国政府及其教育部等相关部门所重视。在全国范围内推行小学校四年为义务教育,并以规范化、明确化的政策内容保证义务教育修业年限,既有政策力度又能深入人心,以确保义务教育的顺利实施与推广。

1912 年 9 月 3 日,教育部公布《学校系统令》(即"壬子学制"),其中指出"小学校四年毕业为义务教育,毕业后得入高等小学校或实业学校"②,四年义务教育年限在学制系统得以确切规定。同年 9 月 28 日,教育部公布《小学校令》,小学校以留意儿童身心发育、培养国民道德为基础,以授以学龄儿童生活所必需知识技能为宗旨,儿童达学龄(儿童 6—14 周岁共 8 年为学龄期)后,应接受初等小学校教育,且"城镇乡立初等小学校不征收学费,其补习科及高等小学校不在此限。城镇乡立初

①　朱有瓛主编:《中国近代学制史料》(第三辑)(上册),华东师范大学出版社 1990 年版,第 322 页。

②　中国第二历史档案馆:《中华民国史档案资料汇编》(第三辑)(教育),凤凰出版社(原江苏古籍出版社)1991 年版,第 59 页。

等小学校视地方情形，经县行政长官之认可，亦得征收学费"。①《小学校令》（1912）虽未直接表明学龄儿童应接受相当年限的义务教育，但其在初等小学校不征收学费的说明已深染义务教育的印记。

1914 年 12 月，教育部在"变通从前官治的教育，注重自治的教育"、"力避从前形式的教育，注重精神的教育""摈弃从前支节的教育，企图全部的教育"② 等要旨的引领下，拟定《整理教育方案草案》30 条。《整理教育方案草案》强调"国有一人不学，则失一人之用，故国家恒视就学儿童为国家之一分子，薪有以俊发其智德，以张内治而御外辱"③，又根据"民国元年教育部所定学校系统，虽称小学校四年为义务教育，然究未以命令特别颁布，不足耸动全国之观听，以故人民视学务为官吏考成，上作而下不应"④ 的教育实情，遂明确指出应明白宣示，确定义务教育年限为初等小学四年，进而使地方确定建学对于国家的责任。《整理教育方案草案》（1914），肯定了义务教育的地位与作用，指出应明白宣示义务教育年限，在义务教育政策的确定与完善中积极调动各地方尤其是县、乡、镇、村发展义务教育的积极性与主动性。

1915 年 1 月，袁世凯颁定《教育宗旨令》，确定"爱国、尚武、崇实、法孔孟、重自治、戒贪争和戒躁进"⑤ 七项教育宗旨。同年 2 月，袁世凯以大总统名义颁布《特定教育纲要》。在《特定教育纲要》总纲中指出"施行义务教育，宜规划分年筹备办法，务使克期成功以谋教育之普及"⑥，强调各省遵照施行义务教育的同时，还应分年循序筹备渐次推行，但该教育纲要在强调推行义务教育的同时，亦有规定"改革小学中学学

---

① 中国第二历史档案馆：《中华民国史档案资料汇编》（第三辑）（教育），凤凰出版社（原江苏古籍出版社）1991 年版，第 441—447 页。

② 朱有瓛主编：《中国近代学制史料》（第三辑）（上册），华东师范大学出版社 1990 年版，第 29—30 页。

③ 朱有瓛主编：《中国近代学制史料》（第三辑）（上册），华东师范大学出版社 1990 年版，第 30—31 页。

④ 朱有瓛主编：《中国近代学制史料》（第三辑）（上册），华东师范大学出版社 1990 年版，第 30—31 页。

⑤ 中国第二历史档案馆：《中华民国史档案资料汇编》（第三辑）（教育），凤凰出版社（原江苏古籍出版社）1991 年版，第 25—35 页。

⑥ 中国第二历史档案馆：《中华民国史档案资料汇编》（第三辑）（教育），凤凰出版社（原江苏古籍出版社）1991 年版，第 35 页。

制，改初等小学校为二种：一名国民学校以符义务教育之义，一名预备学校专为升学之预备"①，其旨在"双轨制"下设定两种初等小学校。此项规定虽具有一定的封建滞后性且不利于教育公平，但其仍有关注和重视民初义务教育的发展。

1915年，第一届全国教育会联合大会提议将义务教育列入宪法，该议决案指出："各国励行普及教育，类皆出于强迫，或依法律规定，或以行政处分，以督促其履行。故普及教育，并称为义务教育者以此。"② 在参考德国、丹麦、瑞士、葡萄牙等国将义务教育定于宪法条文中，又审视本国教育发展现状，决议"吾国民义务教育计，尤宜于宪法内规定条文，以垂为共守之常典。巩固教育之基础，即以发挥共和之精神，敷教兴邦，莫要于是"③。可见，提议将义务教育列入宪法，义务教育推进的明确性与法治化已成为众多教育人士的共识。

1915年4月13日，教育部呈请《义务教育施行程序》，5月3日，得以批奉。《义务教育实施程序》再次强调我国初等小学四年为义务教育年限，其旨在切实推进义务教育政策在全国范围内的实施。

1922年9月，教育部召开全国学制会议，在"辛酉学制"的基础上，经过讨论并在参酌各方意见后通过了《学校系统改革案》，11月1日，黎元洪以大总统令颁行全国，即"壬戌学制"（又称1922年学制）。根据"壬戌学制"，小学校修业年限为六年，分为初级和高级，前四年为初级，"义务教育年限暂以四年为准，但各地方至适当时期，得延长之。义务教育入学年龄，各省区得依地方情形自定之"④。

总之，在初级小学校推行修业年限为四年的义务教育，其在相关政策文本中规范化、确定化表述，肯定实施义务教育的重要性与必要性，这对于在全国范围内切实推行义务教育，将义务教育观念深入人心，推

---

①　中国第二历史档案馆：《中华民国史档案资料汇编》（第三辑）（教育），凤凰出版社（原江苏古籍出版社）1991年版，第36页。

②　朱有瓛主编：《中国近代学制史料》（第三辑）（上册），华东师范大学出版社1990年版，第324—326页。

③　朱有瓛主编：《中国近代学制史料》（第三辑）（上册）华东师范大学出版社1990年版，第324—326页。

④　中国第二历史档案馆：《中华民国史档案资料汇编》（第三辑）（教育），凤凰出版社（原江苏古籍出版社）1991年版，第103—104页。

进县、乡、镇、村义务教育的发展具有重要的引领意义。

（三）学校学级分布

学校学级分布是实施义务教育的直接保障。推行义务教育，民国政府及其相关行政、教育部门都十分重视学校学级的分布设置，尤其是县、乡、镇、村等区域内相当数量的初等小学校设立，更是以全国范围内县、乡、镇、村基础教育发展最为滞后，同时又占据全国义务教育发展最大权重的基本国情和教育现实为政策依据的。

《小学校令》（1912）规定："初等小学校由城镇乡设立之。前项设立初等小学校经费之负担，依法律所规定，乡之财力不能设立初等小学校者，得以二乡以上之协议组织乡学校联合，以设立初等小学校。"① 由城镇乡在其财力所能的前提下设立初等小学校，在一乡财力不及时可选择联合设立初等小学校。《整理教育方案草案》（1914）在"国家知富强莫先于教育"的根本认识上，强调各县在原有区划的基础上分为若干学区并于一定期限内必须设置学校，其设置方法为："凡学区内居户周密，满五百户以上者，设多级小学校，满二百户以上者设单级小学校。不满二百户之村集，得设联合小学校；若高等小学校，则以区内筹有的款，不分减初等小学之财力者得设之，由学务区发达，期渐形成一自治区；培学务人才，即以养成自治人才也。"② 根据人口稠密与财力支配情况合理布局小学校事宜，强调"不满二百户之村集，得设联合小学校"，将小学校的分布详细、具体到村集，这对于发展乡村基础教育、义务教育无疑都是合理和进步的。

重视小学校学级在县、乡、镇、村等区域的合理分布，一直是民国前期推行义务教育发展，强调包括乡镇、乡村在内全国范围内义务教育发展的一个重要目标。及至南京国民政府成立以后，关于学校学级分布，尤其是关于县、乡、镇、村等区域内发展义务教育所必需之学校学级的

---

① 中国第二历史档案馆：《中华民国史档案资料汇编》（第三辑）（教育），凤凰出版社（原江苏古籍出版社）1991 年版，第 441—447 页。

② 朱有瓛主编：《中国近代学制史料》（第三辑）（上册），华东师范大学出版社 1990 年版，第 31 页。

分布与扩充等相关教育政策的颁发与公布更是为数众多。

（四）分期事项设计

重视义务教育发展，筹备和设计义务教育发展进程相关事项一直是民国政府及其教育等相关部门工作的要点之一。《义务教育施行程序》(1915)、《分期筹办义务教育年限》（1920）等有关于义务教育施行分期与筹办的相关政策文本在一定程度上直接、具体地影响和引导着民国前期乡村义务教育发展的目标选择与进程设计。

1.《义务教育施行程序》的批奉

1915 年 4 月 30 日，教育部呈请《义务教育施行程序》，强调实施义务教育，宜规划分年筹备办法，务使克期成功，以谋教育普及。筹备义务教育，尤宜循序渐进，在体察国情，参酌列邦学制的前提下，教育部拟定义务教育施行程序 31 条，内分两期办理："第一期拟办事项：为颁布各项规程暨调查各地教育现状，一以规定义务教育根本之要则，为办学之准绳；一以察核义务教育最近之状况，为整理之根据。第二期拟办事项：约分地方及中央为两部分，关于地方者，为师资之培养，经费之筹集，学校之推广；关于中央者，为核定各地陈报之办法，并通筹全国义务教育进行之程限要之，第一期主在筹备；第二期重在设施。"[1] 详见表 3 - 1。

根据《义务教育施行程序》(1915)，本程序颁行之日起至本年 12 月为第一期，即从 1915 年 5 月至 12 月为义务教育施行程序第一期时间，在推行义务教育第一期内有关于修正小学校令，拟订劝学所规程、小学教职员任用待遇及俸给规程，调查全国小学校数、未入学学童数、私塾及塾师及入塾儿童数、小学经费数、小学教员数，规定调查学龄儿童办法等事项的拟办，学校、教师、学生等的数据统计与政策规定对于在乡村义务教育实施过程中基本情况把握和核心政策引领都是重要且必须的内容，极具充要性与前瞻性；拟自前项规程表册颁布之日始至民国五年 12 月为第二期，即大致从 1916 年 1 月至 12 月为义务教育施行程序第二期时

---

① 中国第二历史档案馆：《中华民国史档案资料汇编》（第三辑）（教育），凤凰出版社（原江苏古籍出版社）1991 年版，第 467 页。

间，在义务教育发展第二期内有关于筹集经费、检定与筹备小学教员、核定义务教育办法、确定全国小学基金、颁布部编教科书、颁布学龄儿童登记簿式、拟订督促就学办法等对于在乡村义务教育的推行中切实并具体表现在师资、经费、课程等方面的政策内容事项，这在一定程度上体现着政策设计的前瞻性与先进性。

表 3 - 1 　 《义务教育施行程序》（1915）规划第一、二期应办事项

第一期应办事项 （至 1915 年 12 月止）	备注	第二期应办事项 （至 1916 年 12 月止）	备注
一、修正小学校令 二、拟订地方学事通则 三、拟订地方学务委员会及劝学所规程 四、拟订小学基金及补助金规程 五、拟订小学校职教员任用待遇及俸给等项规程 六、拟订地方官吏及兴学人员考成法	一至六项，拟由部拟具草案，分别呈请核定公布	一、学务委员会及劝学所之设置 二、分划学区 三、筹集经费 四、调查第一期内部行事项，以次报告 五、检定小学教员 六、筹备各属应需小学教员 七、整理私立小学及代用小学 八、筹备各学区递年设学办法	一至八项，拟由部咨行各地行政长官查照办理
七、拟订第一项至第六项之施行细则 八、修正师范学校规程 九、拟订私立小学认许及代用小学规程 十、拟订检定小学教员规程 十一、修正审查教科图书规程	七至十一项，拟由部拟具草案，呈请核定交部施行		

续表

第一期应办事项 （至 1915 年 12 月止）	备注	第二期应办事项 （至 1916 年 12 月止）	备注
十二、调查全国小学校数及已未入学之学童数 十三、调查私塾及现有塾师及入塾儿童数 十四、调查小学经费数 十五、调查现有小学教员数 十六、调查其他关于教育之各事项	十二至十六项，拟由部规定各种表式，列具事项，规定程限，以次通咨各地行政长官按照调查	九、核定各省及各特别区域义务教育办法，并确定递年进行之程限 十、通筹全国应需小学教员及其次第养成之方法 十一、确定小学基金 十二、颁布部编教科书 十三、颁布学龄儿童登记簿式 十四、拟订督促就学办法，呈请特申明令以次施行	九至十四项，拟由本部按照定期分别办理
十七、规定调查学龄儿童办法	十七项拟由部咨商内务部及各地行政长官，妥订办法呈请核定施行		

材料来源：中国第二历史档案馆：《中华民国史档案资料汇编》（第三辑）（教育），凤凰出版社（原江苏古籍出版社）1991 年版，第 467—469 页。

2.《分期筹办义务教育年限》的颁布

1918 年 11 月，山西省义务教育施行程序颁行。筹备自 1918 年起在全省范围内施行义务教育，其分区筹备施行期限如下："第一次省城限至七年九月办理完竣，第二次各县城，限至八年二月办理完竣。第三次各县乡镇及三百家以上之村庄，限至八年八月办理完竣。第四次二百家以上之村庄，限至九年二月办理完竣。第五次百家以上之村庄，限至九年八月办理完竣。第六次五十家以上之村庄及不满五十家毗连之村庄能联合设学者，限至十年二月办理完竣。第七次凡人家过少之村庄而附近又无村庄可联合者，应由该地方官绅特别设法办理。"[1] 同时筹备事项主要

---

[1]　朱有瓛主编：《中国近代学制史料》（第三辑）（上册），华东师范大学出版社 1990 年版，第 326 页。

包括造就师资、调查学龄儿童、筹款设学、劝导入学和实行强迫等五方面，并由省公署、县知事、各区长、各街村长副、劝学所及宣讲员各区助理员等责成办理。

总之，在山西省义务教育施行程序的推广过程中，十分重视乡村义务教育的筹备与实施，其责任分明且分区域期限自第三次起就强调至1919年8月各县乡镇及三百家以上村庄筹备施行义务教育完竣；至1920年2月二百家以上村庄筹备施行义务教育完竣；至1920年8月百家以上村庄筹备施行义务教育完竣；至1921年2月五十家以上村庄及不满五十家毗连之村庄能联合设学的筹备施行义务教育完竣；而后因人家过少又无可联合设学的村庄则由地方官绅特别设法办理。山西省在义务教育筹备施行规划中关于县、乡、镇、村尤其是人口规模不同村庄的任务事项及时且详尽的划分，虽然整体规划进度所需时间不长且过于紧凑，但其在一定程度上呈现的合理性、细致性与前瞻性也是显而易见的。

1920年4月2日，鉴于"教育普及，为立国根本要图，前经教育部拟定筹备办法呈准颁行，比年以来，除山西省分期筹进成效昭著外，其余各省或限于财力之未充，或苦于军事之倥偬，致未能一律实施"[1]，又基于切实筹办义务教育以期实现全国国民皆受教育的目标，教育部在参照山西省推行义务教育办法，颁布《分期筹办义务教育年限》，订定分期筹办，即以八年为全国一律普及之期，严格要求除山西、江苏前已订定办法报部备案两省外，其余省区均应以此为规划订定施行程序，同时学务发达、财力充裕省区自可缩短年限先期办竣；而限于财力一时不及赶办的省区，亦应参照施行程序不得过于迟缓。

《分期筹办义务教育年限》（1920）规定："国民十年省城及通商口岸办理完竣。民国十一年县城及繁镇办理完竣。民国十二年五百户以上之乡镇办理完竣。民国十三年三百户以上之市乡办理完竣。民国十四、十五年二百户以上之市乡办理完竣。民国十六年一百户以上之村庄办理

---

① 朱有瓛主编：《中国近代学制史料》（第三辑）（上册），华东师范大学出版社1990年版，第327—328页。

完竣。民国十七年不及百户之村庄办理完竣。"① 即规划从 1921 年起全国除山西、江苏两省义务教育发展较好省区以外所有省区分期七年直至 1928 年筹办义务教育实施与推广，其中从 1923 年开始分期筹办乡镇、市乡、村庄等地区不同人口规模的学龄儿童接受义务教育需要的筹备事项，积极关注作为全国义务教育发展重要构成部分的乡村义务教育的实施，在统筹中强调义务教育筹备分期规划的整体性与全面性。

三　乡村基础教育经费保障的制定

（一）经费筹集初拟

经费是教育发展的根本保障，经费支持更是推进乡村基础教育发展的重要力量，经费筹集更是体现经费支持力度的前提条件。

1. 筹集原则

民国成立以后，十分重视教育发展，同时也十分重视教育经费特别是乡村基础教育发展经费的筹集管理。《小学校令》（1912）明确规定"城镇乡立小学校之经费，由城镇乡或学校联合担任之"②，小学校教育经费尤其是为推行乡村基础教育事业所设立学校的一切发展经费，均由城镇乡或学校联合担任，从而奠定了各地方发展基础教育经费自筹自主的基调。

《整理教育方案草案》（1914）强调"各县小学，均令就地筹款开办，以养成人民之自觉力"，且"凡在地方学区内居住流寓，有不动产或营业所入足以维持生活而有余者，对于该地方全县或本区公用之学校，及其他教育事业，均负设立及维持之义务"③，同时拟将上述内容以地方学事通则的政策规定形式，通饬办理各县小学以就地筹款开办即县筹款为主，各学校所在地凡有能力支持教育事业亦有设立和维持学校正常开

---

① 朱有瓛主编：《中国近代学制史料》（第三辑）（上册），华东师范大学出版社 1990 年版，第 327—328 页。

② 中国第二历史档案馆：《中华民国史档案资料汇编》（第三辑）（教育），凤凰出版社（原江苏古籍出版社）1991 年版，第 441—447 页。

③ 朱有瓛主编：《中国近代学制史料》（第三辑）（上册），华东师范大学出版社 1990 年版，第 31—32 页。

展的义务。而后 1915 年 7 月，教育部拟定《地方学事通则》，进一步强调教育事项为地方自治事宜之一，设立机关、筹集经费等亦应是本地区公民肩其职务，同时"自治区内教育经费，因追加或不足时，依照地方自治试行条例第二十七条第二项之规定，得增收公益捐"，"学校及关于教育设施所收之学费，使用费或补助、捐助费，均得作为基本财产或积存款项"。①

1915 年，袁世凯颁定《教育要旨》《特定教育纲要》，在《特定教育纲要》中强调各地学款主要以划定部款、省款和县款三种形式为主，同时鼓励部款支出范围以省款支办、省款支出范围以县款支办，尤其是"各县两等小学均令就地筹款开办。但向由省款或县款支给早经成立，暨体察情形必须由官款补助者，不在此限"②。各县教育经费所支持的初等小学校和高等小学校设立与开展均以就地筹款为基本原则，地方自筹并借以承担基础教育发展与普及的重任。

1915 年 7 月，教育部公布《高等小学校令》，进一步规定"县立高等小学校之经费由县经费支给之"③，且各自治区所设立高等小学校或二自治区以上联合设立高等小学校，均由自治区或关系自治区之经费支给。同年 7 月 31 日，《国民学校令》公布并进一步强调县知事认为自治区财力在承担教育经费未足时应由县予以补助，且"缓设自治区地方，其就学儿童教育事务之经费有未足或不能负担时，应由县予以补助或以县经费支给之"④。

1919 年 3 月，教育部公布《全国教育计划书》，提出为积极推进教育普及，循序渐进地发展各地方教育事业，在督促并鼓励各省县酌量地方情形大力推广小学的基础上，计划采取国库每年指拨常款列入预算用以

---

① 中国第二历史档案馆：《中华民国史档案资料汇编》（第三辑）（教育），凤凰出版社（原江苏古籍出版社）1991 年版，第 70—72 页。

② 中国第二历史档案馆：《中华民国史档案资料汇编》（第三辑）（教育），：凤凰出版社（原江苏古籍出版社）1991 年版，第 41 页。

③ 舒新城：《中国近代教育史资料》（中册），人民教育出版社 1981 年版，第 465—468 页。

④ 中国第二历史档案馆：《中华民国史档案资料汇编》（第三辑）（教育），凤凰出版社（原江苏古籍出版社）1991 年版，第 465 页。

补助各省区初等教育经费，即以国库补助各省初等教育费。①

由此可见，在各省、县、乡、镇、村所需教育经费管理方面，以各县、区在承担教育发展尤其是乡村基础教育发展所需的经费筹集工作的基础上，在各地方自筹的前提下为迅速并大力推进基础教育普及，由国库予以常款预算补助或由县予以经费补助，也是乡村基础教育发展所需经费筹集的重要组成部分。

2. 筹集途径

（1）教育基金保证

1914 年 12 月，教育部拟订《整理教育方案草案》，特别指出："各地方固有学务存款，及关于学务特别捐，均作为学务基本金，不得挪用。"②这是基于民国当时多因教育经费不足或挪用或利用不合理而影响学校教育尤其是乡村基础学校教育的发展，以及其他教育发展先进国家多有"教育基本金"保证教育有序发展的成功经验，"即定教育基本金保存法，各学校亦规定每年节存若干，提作基本金；一以渐收撙节之效，一以提倡储蓄之风，亦维持目前教育现状之一法也"③。

而后《地方学事通则》（1915）以立地方兴学为始基，规定自治区内原有学款及从前关于教育公款公产，应一律定为该区教育基金，各地方固有学款应分别保存不得移作他用，若学款经行政官已提作他用，应由县知事详明长官定期拨还或另筹他款抵补。④ 各省、县、区等恪守办理教育基金，以稳定保障地方办学所需经费，进而使得地方教育经费的筹集与管理渐有基本保证。

《全国教育计划书》（1919）则进一步计划仿照各国教育基金办法，将筹集的大宗款项以其子金所入为教育补助费，用以补助各省区小学教员年功加俸及退隐体恤或优良小学奖励等，进而推进所遵照办理教育基

① 中国第二历史档案馆：《中华民国史档案资料汇编》（第三辑）（教育），凤凰出版社（原江苏古籍出版社）1991 年版，第 52—56 页。

② 朱有瓛主编：《中国近代学制史料》（第三辑）（上册），华东师范大学出版社 1990 年版，第 31—32 页。

③ 朱有瓛主编：《中国近代学制史料》（第三辑）（上册），华东师范大学出版社 1990 年版，第 31—32 页。

④ 中国第二历史档案馆：《中华民国史档案资料汇编》（第三辑）（教育），凤凰出版社（原江苏古籍出版社）1991 年版，第 70—72 页。

金地方各项教育事业尤其是基础教育事业的发展。

（2）义务教育经费筹措办法

关于义务教育经费筹措办法的讨论，在1922年全国教育会联合会上就有《筹集义务教育经费案》提案，在面对各省捐税应用不敷甚巨、教育经费艰难筹集的现实情形下提议各省自定附加税、国家指定关税、停付俄赔款及各国退换赔款等作为义务教育经费筹集的重要途径。[①]

1925年10月，在第十一届全国教育会联合会议有提案《实行义务教育应规定筹款办法案》并进行议决，其中提案关于义务教育经费筹措的办法主要包括："（1）省区政府应强制各县筹集义务教育经费；（2）各省区由教育厅规定每个儿童需费多少，为各县筹款之标准；（3）各县应调查学龄儿童确数（除已就学者外），依厅令规定每个儿童用费数目，于一定时期内筹足义务教育经费；（4）一县义务教育经费，分县款与区款两种，县款占几成，区款占几成，由各县自定之，但须呈报财教两厅备案。"[②]

由此可见，关于义务教育经费筹措途径，如何在保障义务教育发展所需经费数量与持续性上，相关教育学者及其提案都是有所关注和重视的，这也为民国后期义务教育经费的筹集提供了重要参考。

（二）经费支配概目

民国时期乡村基础教育经费筹集以地方自筹为原则并辅以适当国家拨款补助构成主要政策内容，而乡村基础教育经费支配亦是乡村教育经费管理的重要内容。

民初《小学校令》（1912）颁发并指出城镇乡立小学校经费概目包括："一、设备费及维持费。二、职员俸及其他给与诸费。三、校内杂费。"同时"关于委托儿童教育事务经费，亦照前二项办理"。[③]《国民学

---

① 熊贤君：《千秋基业——中国近代义务教育研究》，华中师范大学出版社1998年版，第215—216页。

② 转引自熊贤君《千秋基业——中国近代义务教育研究》，华中师范大学出版社1998年版，第213—214页。

③ 中国第二历史档案馆：《中华民国史档案资料汇编》（第三辑）（教育），凤凰出版社（原江苏古籍出版社）1991年版，第441—447页。

校令》（1915）进一步强调国民学校经费概目包括："一、设备费及维持费；二、职员薪俸及其他给与诸费；三、校内杂费。关于学校联合及委托儿童教育事务之经费，适用前项之规定。"①

由此可见，设备费及维持费、职员薪俸、校内杂费等共同构成了民国前期推进基础教育发展主体力量的小学校或国民学校等日常工作开展所需经费支配的重要内容。

四　乡村课程实施规范的订定

课程实施是基础教育普及与发展过程中的重要载体；乡村课程实施规范更是乡村基础教育改革与发展过程中所涉及的重要政策内容规定。

（一）教科书审查确立

教科书作为教师教学和学生学习的教育资料与工具，是课程实施的重要载体，其内容与质量往往关系着教育改革与发展的成败与方向。基于教科书在整个教育体系中的重要作用与地位，民国政府及其教育等部门一直都十分重视课程实施规范中教科书政策的颁布与推行。

1912 年 1 月 19 日（临时政府公报刊载日期为 1912 年 2 月 1 日），肩负着民初教育改革与发展的使命与期盼，中华民国临时政府教育部颁布了《普通教育暂行办法》14 条和《普通教育暂行课程标准》11 条。《普通教育暂行办法》14 条明确规定："凡各种教科书，务合乎共和民国宗旨，清学部颁行之教科书一律禁用"，同时"凡民间通行之教科书，其中如有尊崇清朝廷及旧时官制、军制等课，并避讳抬头字样，应由各该书局自行修改，呈送样本于本部及本省民政司教育总会存查。如学校教员遇有教科书中不合共和宗旨者，可随时删改，亦可指出呈请民政司或教育部，通知该书局改正"②。禁用清末学部颁行的教科书，"教科书务合乎

①　中国第二历史档案馆:《中华民国史档案资料汇编》（第三辑）（教育），凤凰出版社（原江苏古籍出版社）1991 年版，第 465 页。

②　中国第二历史档案馆:《中华民国史档案资料汇编》（第一、二辑），凤凰出版社（原江苏古籍出版社）1991 年版，第 463 页。

共和民国宗旨"，修改、删改、改正不合共和宗旨的教科书内容，这是中华民国成立之初教育部在改革清末教科书政策进一步发展的主旨内容，发挥着承上启下的决定性方向指引作用。

1912 年 9 月 15 日，教育部公布《审定教科用图书规程》，强调编辑教科用图书，应根据《小学校令》。初等小学校、高等小学校教科用图书，编辑者应以教员用、学生用图书二种呈请审定，更以政策公布形式合理规范教科书编审工作，如印本或稿本呈请、定价、公报、复核等的具体实施。①同年 9 月 18 日，教育部颁发《各省图书审查会规程令》，指出图书审查会直隶于省行政长官，审查适合于本省小学校、高等小学校、中学校、师范学校教科用图书，从而使各省图书审查会这一民间组织形式得到政策确定，即保障了教育部对教科书审定、审查质量的监管又调动了地方自主审定、审查教科书的自主性。而后教育部于 9 月 28 日正式公布《小学校令》（1912）明确规定："小学校所用教科图书，由省图书审查会择定之。补习科所用教科图书，亦适用前项之规定。"② 这就进一步扎实了各省图书审查会在小学教育实施过程中"教科书审查"的责任担当。

1914 年 1 月 23 日，《教育部关于教科书由校长就部定图书内选用令》颁行，各省图书审查会被通令停止，"由校长就教育部审定图书内择用之"正式实施。1914 年 1 月 28 日，教育部公布《修正审定教科用图书规程令》，在教科书审定政策之审定图书修改程序、有效期限等内容规定上进行了增补与修改，教科书审定规程更趋科学化和确定性。1914 年 5 月 15 日，教育部公布《教科书编纂纲要审查会规程令》，以期为教育部自主编纂国定教科书做准备。

1915 年 2 月，袁世凯以大总统名义颁发《特定教育纲要》，并明确提出教科书内容务与国家教育宗旨相合，且中小学教科书于一定期限内编订颁发，且国定制与审定制并行，这一时期因袁世凯及其领导的北洋军阀政府倒行逆施，封建思想回溯下"爱国、尚武、崇实、法孔孟、重自治、戒贪争和戒躁进"的教育宗旨颁定，教科书政策发展及其政策规定

---

① 舒新城：《中国近代教育史资料》（上册），人民教育出版社 1961 年版，第 355—357 页。

② 中国第二历史档案馆：《中华民国史档案资料汇编》（第三辑）（教育），凤凰出版社（原江苏古籍出版社）1991 年版，第 443 页。

下教科书编纂内容和方向也深受封建思想熏染。

1915 年 4 月 13 日，教育部公布《关于义务教育施行程序呈暨大总统批令》，《义务教育施行程序》得以推行，修正审查教科图书规程和颁布部编教科书分别成为《义务教育施行程序》第一期和第二期应办事项。1915 年 11 月，教育部公布《预备学校令》，预备学校以注意儿童身心之发达，施以初等普通教育，预备升入中学为本旨，其修业年限，分为前后两期，前期为四年，后期为三年。其中前期之教科目，为修身、读经、国文、算术、手工、图画、唱歌、体操，女子加课缝纫；后期之教科目，为修身、读经、国文、算术、本国历史地理、理科、手工、图画、体操，男子加课外国语，女子加课家事。[①]

根据《义务教育施行程序》(1915) 的规划设计，以及教科书审定、审查工作发展的现实需要，1916 年 4 月 28 日，教育部公布《修正审定教科书规程草案》，适当增添和修改了教科书编审工作审稿费和审定费、有效期限时间及"展长"等内容规定，进一步使民初教科书审定、审查工作更具规范化和适应性。1916 年 12 月 21 日，教育部公布《修正审查教科书规程令》，其中对于"预备学校"以及"审定费"的删改，直接体现了教科书审定、审查制度在民初政治、教育变革的整体环境下所做的及时修正。

至此，民国初期以来基于教科书审查的政策内容规定基本确立，并在政策颁行与修正中体现着符合共和宗旨和教育宗旨，国情现实与教育理想兼顾，科学化、规范化的修正过程，从各省图书审查会到"由校长就教育部审定图书内择用之"的确定性调整过程，以及"审定、审查教科书规程"基于《预备学校令》公布与废止的适应性调整过程等发展特征。

（二）课程标准与课程计划体现

课程标准是教科书编写和教学质量测评的依据，从整体上规定某门课程的性质及其在课程体系中的地位，规范性地确定学科教学目标、内容范围、顺序，是对课程的总体设计。[②] 课程计划"是根据教育目的和不同类型学校的教育任务，由国家教育主管部门所制定的有关教学和教育工作的指

---

① 舒新城：《中国近代教育史资料》（中册），人民教育出版社 1981 年版，第 469—471 页。
② 苏春景：《教育学》，高等教育出版社 2010 年版，第 178—179 页。

导性文件。它对学校教学、生产劳动、课外活动等方面作全面的安排，具体规定学校应设置的学科、各门学科开设的先后顺序、课时分配和学年编制等"①。从中华民国临时政府《普通教育暂行课程标准》（1912）颁发，以及《小学校教则及课程表》（1912）各课程科目要旨与要求、教授程度与时数的详细表述，再到《国民学校令施行细则》（1916）的公布与修正，"壬戌学制"下《中小学课程标准纲要》的刊布等，均是民国前期乡村课程实施规范在课程标准与课程计划上的政策内容表达。

1. 《普通教育暂行办法》《普通教育暂行课程标准》的颁发

1912年1月19日，民国政府及其教育部颁发《普通教育暂行办法》《普通教育暂行课程标准》，用以指导民国伊始全国范围内普通教育的恢复与发展。《普通教育暂行办法》共计14条，明确指出废止小学读经科、注重小学手工科、初等小学算术科在第三学年起兼课珠算、高等小学以上体操科应注重兵式等课程科目设置标准。②《普通教育暂行课程标准》共计11条。一方面，强调初等小学校课程科目设置为修身、国文、算术、游戏和体操，且视地方情形加设图画、手工、唱歌一科或数科，女子还应在第三、四学年加课裁缝，同时并对上述各科每学年每周教授时数予以具体规定（详见表3-2），而图画、手工、唱歌等加设科目，"每周各科目课一时间，其时间可减他科目之时间以充之"；女子所加课裁缝科目，"每周得课二时间，可减他科目之时间以充之，或在合计时间数外增课之"③。

另一方面，强调高等小学校课程科目设置为修身、国文、算术、中华历史、地理、博物、理化、图画、手工、体操（兼游戏），且视地方情形加设唱歌、外国语、农工商业一科或数科，女子加课裁缝，同时也对上述各科每学年每周教授时数予以具体规定（详见表3-3），而加设唱歌时，"每周得课二时间，其时间得减他科目之时间以充之，或在合计时间数外增课之"；加设外国语及农工商业一科或数科宜在第三、四学年，"外国语每周得课四时间，农工商业之一种，得课一时间或二时间，其时

---

① 华中师范学院等五院校教育系编：《教育学》，人民教育出版社1980年版，第95页。

② 中国第二历史档案馆：《中华民国史档案资料汇编》（第一、二辑），凤凰出版社（原江苏古籍出版社）1991年版，第463—464页。

③ 中国第二历史档案馆：《中华民国史档案资料汇编》（第一、二辑），凤凰出版社（原江苏古籍出版社）1991年版，第464页。

间皆得减他科目之时间以充之"。①

表3-2　《普通教育暂行课程标准》（1912）之初等小学校各科每学年
每周教授时数

科目	第一学年	第二学年	第三学年	第四学年
修身	2	2	2	2
国文	10	12	15	15
算术	5	6	6	6
游戏体操	4	4	4	4
图画				
手工				
裁缝				
唱歌				
合计	21	24	27	27

材料来源：中国第二历史档案馆：《中华民国史档案资料汇编》（第一、二辑），凤凰出版社（原江苏古籍出版社）1991年版，第464—468页。

表3-3　　《普通教育暂行课程标准》（1912）之高等小学校各科
每学年每周教授时数

科目	第一学年	第二学年	第三学年	第四学年
修身	2	2	2	2
国文	10	10	10	10
算术	4	4	4	4
中华历史地理	5	5	5	5
博物理化	2	2	2	2
图画	1	1	2	2
手工	1	1	男2女1	男2女1
裁缝	2	2	3	3

---

① 中国第二历史档案馆：《中华民国史档案资料汇编》（第一、二辑），凤凰出版社（原江苏古籍出版社）1991年版，第464—468页。

续表

科目	第一学年	第二学年	第三学年	第四学年
体操	男 3 女 2	男 3 女 2	男 3 女 2	男 3 女 2
唱歌				
外国语				
农工商业				
合计	男 28 女 29	男 28 女 29	男 30 女 31	男 30 女 31

材料来源：中国第二历史档案馆：《中华民国史档案资料汇编》（第一、二辑），凤凰出版社（原江苏古籍出版社）1991 年版，第 464—468 页。

2. 《小学校令》《小学校教则及课程表》的颁布

1912 年 9 月，教育部颁布《小学校令》，明确指出小学校教育以留意儿童身心发育、培养国民道德基础，并授以生活所必需之知识技能为宗旨。初等小学校修业期限为四年，其课程科目设置为修身、国文、算术、手工、图画、唱歌、体操，女子加课缝纫，但遇不得已时可暂缺手工、图画、唱歌一科或数科；高等小学校学业期限为三年，其课程科目设置为修身、国文、算术、本国历史、地理、理科、手工、图画、唱歌、体操，男子加课农业，女子加课缝纫，同时视地方情形农业可以从缺或改商业并加英语或别种外国语，遇不得已时可暂缺手工、唱歌。[1]

同年 11 月 28 日，教育部颁布《小学校教则及课程表》，强调小学校应遵《小学校令》（1912）宗旨教育儿童。一方面，其强调各科目教授目的与方法务使正确并宜相互联络以资补助，同时智识技能宜择生活上所必需者教授之，务令反复熟习应用自如，儿童身体宜期发达健全，凡所教授必适合儿童身心发达程度，且对于男女诸生，还应注意其特性及将来生活施以适当教育，并针对修身、国文、算术、本国历史、地理、理科、手工、图书、唱歌、农业、缝纫、体操、商业和英语各科目要旨、设置与教授要求等加以详细表述（详见表 3－4）。[2]

---

① 中国第二历史档案馆：《中华民国史档案资料汇编》（第三辑）（教育），凤凰出版社（原江苏古籍出版社）1991 年版，第 441—443 页。

② 中国第二历史档案馆：《中华民国史档案资料汇编》（第三辑）（教育），凤凰出版社（原江苏古籍出版社）1991 年版，第 447—452 页。

另一方面，小学校教授各科目时，常宜指示本国固有特色以启发儿童爱国心、自觉心，引起其审美观念。初等小学校课程科目设置主要包括修身、国文、算术、手工、图画、唱歌、体操、缝纫。其中缺手工、图画、唱歌、缝纫一科或数科者，其每周教授时数可分加于他科目，并可减少总计时数一小时或二小时。但分加于他科目时数时，在国文、算术每科每周以一小时为限（详见表3－5）。高等小学校课程科目设置主要包括修身、国文、算术、本国历史、地理、理科、手工、图画、唱歌、体操、农业、缝纫、英语。其中加授商业者，可减去农业一科，加授英语或别种外国语者，每周得减少他科目三小时为教授时数。同时缺手工、唱歌、农业一科或数科者，其每周教授时数可分加于他科目，并可减少总计时数一小时或二小时。但分加于他科目时数时，在国文、算术每科每周以二小时为限（详见表3－6）。①

表3－4　《小学校教则及课程表》（1912）之初等、高等小学校各课程
设置要旨及要求　　　　　　　　　　单位：小时

科目设置	要旨	初等小学校设置主要要求	高等小学校设置主要要求
修身	修身要旨，在涵养儿童之德性，导以实践	宜就孝悌、亲爱、信实、义勇、恭敬、勤俭、清洁诸德，择其切近易行者授之，渐及于对社会、对国家之责任，以激发进取之志气，养成爱群、爱国精神	宜扩充初等小学校设置要求
		女生尤须注意贞淑之德，并使知自立之道；教授修身宜以嘉言懿行及谚辞等指导儿童，使知戒勉，兼演习礼仪；又宜授以民国法制大意，俾具有国家观念	

---

①　中国第二历史档案馆：《中华民国史档案资料汇编》（第三辑）（教育），凤凰出版社（原江苏古籍出版社）1991年版，第447—456页。

续表

科目设置	要旨	初等小学校设置主要要求	高等小学校设置主要要求
国文	国文要旨，在使儿童学习普通语言文字，养成发表思想之能力，兼以启发其智德	首宜正其发音，使知简单文字之读法、书法、作法，渐授以日用文章，并使练习语言	首宜依照初等小学校设置要求教授，渐及普通文之读法、书法、作法，并使练习语言
		读本文章，宜取平易切用可为模范者，其材料就修身、历史、地理、理科及其他生活必需事项，择其富有趣味者用之；女子所用读本，宜加入家事要项；国文作法，宜就读本及他科目已授事项，或儿童日常闻见与处世所必需者，令记述之，其行文务求简易明了；书法所用字体，为楷书及行书；教授国文务求意义明了，并使默写短句、短文或就成句改作，俾读法、书法、作法联络一致，以资熟习；凡语言、文字在教授他科目时，亦宜注意练习；遇书写文字，务使端正，不宜潦草	
算术	算术要旨，在使儿童熟习日常之计算，增长生活必需之知识，兼使思虑精确	首宜授十数以内之数法、书法及加减乘除，渐及于百数以内，更进至通常之加减乘除，并授小数之读法、书法及其简易之加减乘除，兼授本国度量衡币制之要略	宜扩充初等小学校设置要求，渐进授以整数、小数诸等数，分数、百分算、比例，并得酌授日用簿记之要略
		算术宜用笔算兼及珠算；教授算术务令解释精审，运算纯熟，又宜说明运算之方法理由，在初等小学校尤宜令熟习心算；算术问题宜择他科目已授事项，或参酌地方情形，切于实用者用之	
本国历史	本国历史要旨，在使儿童知国体之大要，兼养成国民之志操	本国历史宜略授黄帝开国功绩，历代伟人言行，亚东文化渊源，民国建设与近百年来中外关系；教授本国历史宜用图画、标本、地图等物，使儿童想见当时实况，尤宜与修身所授事项联络	

续表

科目设置	要旨	初等小学校设置主要要求	高等小学校设置主要要求
地理	地理要旨，在使儿童略知地球表面及人类生活之状态，本国国势之大要，以养成爱国之精神	地理宜首授本国地势、气候、区划、都会、物产、交通，以及地球之形状运动等，进授各洲地志之梗概，并重要各国之都会、物产等，兼授本国政治、经济上之状态，及对于外国所处之地位；教授地理务须实地观察，示以地图、标本、影片、地球仪等物，使具有确实知识，尤宜与历史、理科所授事项联络，并使儿童填注暗射地图及习绘地图	
理科	理科要旨，在使儿童略知天然物及自然现象，领悟其中相互关系及对于人生之关系，兼使练习观察，养成爱自然之心	宜授习见植物、动物、矿物及自然现象，使知重要名称、形状、效用、发育及其相互关系，与对于人生关系，进授物理化学上重要现象、元素与化合物性质、简易器械构造、作用、人身生理卫生大要；理科务授以适切于农工、水产、家计等事项；在教授动植物时，尤宜使知该物制品制法及其效用；教授理科务须实地观察或示以标本、模型、图画等，并施简易实验	
手工	手工要旨，在使儿童制作简易物品，养成勤劳之习惯	宜授纸豆、纽结、黏土、麦秆等简易细工	首宜依照初等小学校设置要求教授，渐进授以竹木、金属等细工
		教授手工宜说明材料品类、性质及工具用法，其材料取适用于本地者	
图书	图书要旨，在使儿童观察物体，具摹写之技能，兼以养其美感	首宜授以单形，渐及简单形体，并使临摹实物或范本	首宜依照初等小学校设置要求教授，渐及诸种形体，并得酌授简易几何画
		教授图画宜就他科已授之物体及儿童所常见者，令摹写之，并养其清洁缜密习惯	
唱歌	唱歌要旨，在使儿童唱平易歌曲，以涵养美感，陶冶德性	宜授平易单音唱歌	首宜依照初等小学校设置要求教授，渐增其程度，并得酌授简易复音唱歌
		歌词、乐谱宜平易雅正，使儿童心情活泼优美	

科目设置	要旨	初等小学校设置主要要求	高等小学校设置主要要求
农业	农业要旨，在使儿童知农事之大要，养成勤勉利用之习惯	视地方情形授以农事或水产，或二者并授；农事宜就土壤、水利、肥料、农具、耕耘、栽培及蚕桑、畜牧等，择与本土相宜，而为儿童所易解者授之；水产宜就渔捞、养殖、制造等，择与本土相宜者授之；教授农业须与地理、理科所授事项联络，并就本土农业实地指示，使其知识确实	
缝纫	缝纫要旨，在使儿童熟习通常衣服之缝法、裁法，兼养成节俭利用之习惯	首宜授运针法，继授简易缝法、补缀法	首宜依照初等小学校设置要求教授，继渐及通常衣服缝法、裁法、补缀法
		视地方情形得兼授西式裁法、缝法及洗濯法；缝纫材料宜取常用之物，在教授时宜说明工具用法、材料品质及衣服保存法、洗濯法	
体操	体操要旨，在使儿童身体各部平均发育，强健体质、活泼精神，兼成守规律、尚协同之习惯	首宜授适宜游戏，渐加普通体操	宜授普通体操，仍时令游戏，男生加授兵式体操
		视地方情形，得在体操教授时间或时间以外，授适宜户外运动或游泳	
商业	商业要旨，在使儿童知商事之大要，养成勤勉、信实之习惯	商业宜就贸易、金融、运输、保险及其他商业要项，择与本土有关系为儿童所易解者授之；教授商业须于国文、算术、地理、理科所授事项联络，兼授简易商用簿记	
英语	英语要旨，在使儿童略解浅易之语言文字，以供处世之用	首宜授发音及单词、短句，进授浅近文章读法、书法、作法、语法；英语读本宜取纯正而有趣味者，其程度宜与儿童知识相称；教授英语宜以实用为主，并注意于发音，以正确国文译解之	

材料来源：中国第二历史档案馆：《中华民国史档案资料汇编》（第三辑）（教育），凤凰出版社（原江苏古籍出版社）1991 年版，第 447—452 页。

表3-5　　《小学校教则及课程表》（1912）之初等小学校各学年

教授程度及每周教授时数

教科目 ＼ 学年	每周教授时数	第一学年	每周教授时数	第二学年	每周教授时数	第三学年	每周教授时数	第四学年
修身	2	道德之要旨	2	道德之要旨	2	道德之要旨	2	道德之要旨
国文	10	（发音）简单文字之读法、书法及日用文章之读法、书法、作法、语法	12	简单文字之读法、书法及日用文章之读法、书法、作法、语法	14	简单文字及日用文章之读法、书法、作法、语法	14	简单文字及日用文章之读法、书法、作法、语法
算术	5	二十数以内之数法、书法及加减乘除	6	百数以内之数法、书法及加减乘除	6	通常之加减乘除	5	通常之加减乘除、小数之读法、书法及其简易之加减乘除等（珠算加减）
手工	1	简易细工	1	简易细工	1	简易细工	1	简易细工
图画			1	单形简单形体	1	单形简单形体	男2女1	简单形体
唱歌	4	平易之单音唱歌	4	平易之单音唱歌	1	平易之单音唱歌	1	平易之单音唱歌
体操		游戏		游戏普通体操	3	游戏普通体操	3	游戏普通体操

续表

学年 教科目	每周教授时数	第一学年	每周教授时数	第二学年	每周教授时数	第三学年	每周教授时数	第四学年
缝纫					1	运针法、通常衣服之缝法	2	通常衣服之缝法、补缀法
总计	22		26		男28女29		男28女29	

材料来源：舒新城：《中国近代教育史资料》（中册），人民教育出版社1981年版，第465页。

表3-6 《小学校教则及课程表》（1912）之高等小学校各学年教授程度及每周教授时数

学年 教科目	每周教授时数	第一学年	每周教授时数	第二学年	每周教授时数	第三学年
修身	2	道德之要旨	2	道德之要旨 民国法制大意	2	道德之要旨 民国法制大意
国文	10	日用文字及普通文字之读法、书法、作法	8	日用文字及普通文字之读法、书法、作法	8	日用文字及普通文字之读法、书法、作法
算术	4	整数、小数、诸等数（珠算加减）	4	分数、百分数（珠算加减乘除）	4	分数、百分数、比例（珠算加减乘除）

续表

学年 教科目	每周教授时数	第一学年	每周教授时数	第二学年	每周教授时数	第三学年
本国历史	3	本国历史之要略		本国历史之要略	3	本国历史之补习
地理		本国地理之要略		本国地理之要略		本国地理之要略
理科	2	植物、动物、矿物及自然现象	2	植物、动物、矿物及自然现象	2	通常物理化学上之现象、元素与化合物；简易器械之构造、作用；人身生理卫生之大要
手工	男2 女1	简易手工	男2 女1	简易手工	男2 女1	简易手工
图画	男2 女1	诸种形体	男2 女1	简单形体	男2 女1	诸种形体
唱歌	2	单音唱歌	2	单音唱歌	2	单音唱歌
体操	3	普通体操、游戏、男兵式体操	3	普通体操、游戏、男兵式体操	3	普通体操、游戏、男兵式体操
农业			2	农事、农事之大要、水产、水产之大要	2	农事、农事之大要、水产、水产之大要

续表

教科目 \ 学年	每周教授时数	第一学年	每周教授时数	第二学年	每周教授时数	第三学年
缝纫	2	通常衣服之缝法、补缀法	4	通常衣服之缝法、裁法、补缀法	4	通常衣服之缝法、裁法、补缀法
英语					（3）	读法、书法、作法、语法
总计	30		男30女32		男30女32	

材料来源：舒新城：《中国近代教育史资料》（中册），人民教育出版社 1981 年版，第457 页。

3. 《国民学校令》及其施行细则的公布与修正

1915 年 7 月，教育部公布《国民学校令》，废止《小学校令》（1912）。关于初等小学校的相关规定，此前设立的初等小学校一律改称为国民学校，强调国民学校施行国家根本教育，以注意儿童身心发育，施以适当陶冶，并授以国民道德基础及国民生活所必需普通知识技能为本旨，国民学校课程科目设置为："修身、国文、算术、手工、图画、唱歌、体操、女子加课缝纫。遇不得已时，可暂阙手工、图画、唱歌之一科目或数科目。"[1]

1916 年 1 月 8 日，教育部公布《国民学校令施行细则》，明确指出国民学校应遵《国民学校令》（1915）本旨教育儿童，凡所教育必适合儿童身心发达程度，体育、智育、情育、志育均宜并重。同时智识技能宜择国民生活上所必需者教授，务令反复熟习，应用自如，而对于男女学生应注意其特性及将来生活施以适当教育，各科目教授目的和方法务使正确，并宜互

---

[1]　中国第二历史档案馆：《中华民国史档案资料汇编》（第三辑）（教育），凤凰出版社（原江苏古籍出版社）1991 年版，第 460—466 页。

相联络以资辅助。《国民学校令施行细则》（1916）基于修身要旨、读经要旨、国文要旨、算术要旨、手工要旨、图画要旨、唱歌要旨、体操要旨、缝纫要旨等逐一条明并详细说明。其中，读经要旨在于使儿童熏陶于圣贤之正理，兼以振发人民爱国精神，宜按照学年程度讲授孟子大义，务期平正明显，切于实用，务令儿童苦其繁难。同时《国民学校令施行细则》（1916）还进一步确定了国民学校各科目每学年教授程度及每周教授时数（详见表3-7），并指出若缺手工、图画、唱歌、缝纫一科或数科时，其每周教授时数可分加他科目，并可减少总计时数一小时或二小时，但分加于他科目时数时，在国文、算术每科每周以一小时为限，而视地方情形可酌加手工时间。①

表3-7　《国民学校令施行细则》（1916）之国民学校各学年教授程度及每周教授时数

教科目 \ 学年	每周教授时数	第一学年	每周教授时数	第二学年	每周教授时数	第三学年	每周教授时数	第四学年
修身	2	道德之要旨	2	道德之要旨	2	道德之要旨	2	道德之要旨
读经					3	讲授孟子	3	讲授孟子
国文	10	（发音）简单文字之读法、书法及日用文章之读法、书法、作法、语法	12	简单文字之读法、书法及日用文章之读法、书法、作法、语法	14	简单文字及日用文章之读法、书法、作法、语法	14	简单文字及日用文章之读法、书法、作法、语法

---

① 中国第二历史档案馆：《中华民国史档案资料汇编》（第三辑）（教育），凤凰出版社（原江苏古籍出版社）1991年版，第478—481页。

续表

学年\\教科目	每周教授时数	第一学年	每周教授时数	第二学年	每周教授时数	第三学年	每周教授时数	第四学年
算术	5	百数以内之数法、书法、计数以内之加减乘除	6	千数以内之数法、书法，百数以内之加减乘除	6	通常之加减乘除（珠算加减）	6	通常之加减乘除及简易之小数诸等数加减乘除（珠算加减乘除）
手工	1	简易制作	1	简易制作	1	简易制作	1	简易制作
图画			1	单形简单形体	1	单形简单形体	男2女1	简单形体
唱歌	4	平易之单音唱歌	4	平易之单音唱歌	1	平易之单音唱歌	1	平易之单音唱歌
体操		游戏		游戏普通体操	3	游戏普通体操	3	游戏普通体操
缝纫					1	运针法 通常衣服之缝法	2	通常衣服之缝法 补缀法
总计	22		26		男32女32		男33女32	

材料来源：中国第二历史档案馆：《中华民国史档案资料汇编》（第三辑）（教育），凤凰出版社（原江苏古籍出版社）1991年版，第489—490页。

随后，1916年10月，教育部相继修正了《国民学校令》及其施行细则，在课程科目设置上最为明显的即是再度取消了读经科。这是袁世凯离世、范源廉再次接任教育部长，致力于恢复民国伊始教育方针、宗旨而在课程科目及教授时数上的直接体现。

4. "壬戌学制"下《中小学课程标准纲要》的刊布

民国成立以后，在推行"壬子·癸丑学制"的过程中，适时、恰当、合理地改革学制系统逐渐成为全国教育会联合会历届年会的议题之一，尤至第七届全国教育会联合会年会议定《改革地方教育行政制度案》，并最终促进学制系统草案（即"辛酉学制"）的形成。此后围绕"辛酉学制"讨论达到高潮，改革现行学制成为共识。

1922 年 9 月，教育部召开全国学制会议，各界教育人士在蔡元培的主持下经过反复讨论，以"辛酉学制"为蓝本，在参酌各方合理意见的基础上形成了学制系统改革议决案；10 月，在广泛征集各方意见的前提下，教育部通过了《学校系统改革案》，史称"壬戌学制"或"1922 年学制"；11 月 1 日，黎元洪以大总统名义将《学校系统改革案》颁行全国。"壬戌学制"是在改革学制需要的推动下经过酝酿、反复讨论，而最终研究制定出的系统改革案，是中国近现代教育史上持续时间最长、影响最大的学制。在"壬戌学制"推行下，小学校修业年限为六年，但可依地方情形暂展长一年，前四年为初级，且小学课程须于较高年级斟酌地方情形做好增置职业教育。

在"壬戌学制"的推进下，全国教育会联合会延聘相关教育专家、学者等，经过讨论、商议、调查等，拟定了中小学各学科课程要旨，后经反复讨论和草拟各科目课程纲要，于 1923 年 6 月刊布《中小学课程标准纲要》。根据《中小学课程标准纲要》，小学设国语、算术、卫生、公民、历史、地理（前 4 年卫生、公民、历史、地理合并为社会科）、自然、园艺（前 4 年园艺合并到自然科中）、工用艺术、形象艺术、音乐和体育，同时小学课程也以分钟计算，初等小学前两年每周至少 1080 分钟，后两年至少 1440 分钟，各科目教授时数按百分比划分标准（详见表3－8）。[1]

---

① 李国钧、王炳照：《中国教育制度通史》（第七卷），山东教育出版社 2000 年版，第 56—57 页。

表3-8 《中小学课程标准纲要》（1923）之各科目教授时
数百分比划分

学科		国语				算术	地理	历史	公民	卫生	自然园艺	工用艺术	形象艺术	音乐	体育
		语言	读文	作文	写字										
百分比	初级	30				10	（社会）20				（自然）12	7	5	6	10
	高级	6	12	8	4	10	6	6	4	4	8	4	7	5	6	10

材料来源：李国钧、王炳照：《中国教育制度通史》（第七卷），山东教育出版社2000年版，第56—57页。

由此可见，《中小学课程标准纲要》（1923）在课程科目设置上与之前所颁发的相关政策内容规定较有不同，主要表现为：将国文改为国语（包括语言、读文、作文、写字），推行白话文与国语教学；取消修身科目，增设卫生、公民科目；将卫生、历史、公民、地理合为社会科；理科改为自然；手工改为工用艺术；图画改为形象艺术；体操改为体育；等等。这既是世界课程改革发展趋势和新教育思潮在课程标准与课程计划上的直接反映，同时也是民国时期课程科目、教授时数等设置在现代教育科学课程体系改革与发展上的进步体现。但稍显遗憾的是，《中小学课程标准纲要》（1923）并未经民国政府正式颁布，仅由全国教育会联合会议决刊布。但该组织在当时极具权威性与代表性，各地在课程实施的过程中大多依此施行，且民国政府及其教育部门在以后关于课程标准的相关文件中亦均以此为订定课程标准纲要的框架与基础。

五 乡村教职员与学生管理的拟定

教职员与学生是包括乡村基础教育发展在内的全国范围内基础教育改革与发展的最为重要的直接参与者。在政策拟定上的教职员主要由校长和教师构成，是教育近现代化过程中推进教育普及的、并直接在学校中担任教育教学工作的教育者。学生则是在学校中接受知识、文化、技能等学习的受教育者。提高受教育者素质的全面提升与健康成长进而发展为国家建设所需要合格且优秀的人才是学校教育的重要目标之一。民国政府及其教育等相关部门十分重视基础教育发展过程中教职员与学生政策的拟定，而作为基础教育最重要构成内容的乡村基础教育，其关于乡村教职员与学生管理的内容拟定对于推动和引领乡村基础教育的改革与发展是尤为重要的。

（一）校长任用要求

《小学校令》（1912）明确提出："小学校校长，以本科正教员兼任之"①，且城镇乡立小学校长任用须由城镇总董、乡董或学校联合长呈由县行政长官决定；同时学校教员任用在校长报由城镇总董、乡董或学校联合长呈报县行政长官的前提下由该校校长决定。《高等小学校令》（1915）指出："高等小学校校长以本科正教员兼任之"，且"高等小学校校长之任用，由县知事定之，并详报该管长官。其教员之任用，由校长定之，但须报经县知事之认可"。②《国民学校令》（1915）强调："国民学校校长以正教员兼任之，但在四级以上之学校，得变通之"，同时"区立国民学校校长之任用，由区董陈由县知事定之，其教员之任用，由校长定之。但须报由区董转陈县知事"③。随后教育部公布《国民学校令施行细则》（1916），进一步指出校长应遵照法令规程，诚实服务，整理校务，督率所属职员。④ 由此可见，在校长任用资格与职务要求方面，民初政府及其教育等部门在相关教育政策拟定上均主张小学校校长由正教

① 中国第二历史档案馆：《中华民国史档案资料汇编》（第三辑）（教育），凤凰出版社（原江苏古籍出版社）1991 年版，第441—443 页。

② 舒新城：《中国近代教育史资料》（上册），人民教育出版社1981 年版，第465—468 页。

③ 中国第二历史档案馆：《中华民国史档案资料汇编》（第三辑）（教育），凤凰出版社（原江苏古籍出版社）1991 年版，第463—465 页。

④ 中国第二历史档案馆：《中华民国史档案资料汇编》（第三辑）（教育），凤凰出版社（原江苏古籍出版社）1991 年版，第485—486 页。

员（或称本科正教员）兼任，且校长任用须经由乡董、学校联合长等呈报县行政长官（县知事）决定。同时，校长负有整理校务、督率所属职员，以及在呈报前提下任用教员的工作职能。

此后，由正教员兼任校长，同时负有整理校务、督率所属职员的职务要求，一直都是民国前期政府及其教育部门在政策规定上关于校长任用与职务要求的核心内容。

（二）教师管理定位

教师管理是民国政府及其教育等部门在乡村教职员与学生政策拟定上最为关注的内容。任用资格检定、工作职能界定和薪俸待遇确定共同构成了民国前期乡村教职员与学生政策拟定在教师管理定位上的重要内容。

1. 任用资格检定

民国伊始，民国政府及其教育部门就十分重视包括小学校在内的各级各类学校教师的资格检定。《小学校令》（1912）指出："凡充小学校教员者，须受有许可状"，"受许可状者，必须在师范学校或教育总长指定之学校毕业，或经小学教员检定委员会检定合格者"[1]。《整理教育方案草案》（1914）强调"小学教员必以曾受师范教育者充之"，这是以"师范教育必授以普通科学及各科教授法者，即以师范生毕业后，其力足以担任小学各科教授为原则"[2] 的。

1915 年，袁世凯颁布《特定教育纲要》，在尊孔复古的选择引导下，中小学教员被要求"宜研究性理、崇习陆、王之学，导生徒以实践"[3]，以充分应对学校工作中追求"遵孔以端其基，尚孟以致其用"的教育教学目的。同年 7 月 31 日，教育部公布《国民学校令》进一步指出："国民学校教员须在师范学校，或教育总长指定之学校毕业或经国民学校教

---

① 中国第二历史档案馆：《中华民国史档案资料汇编》（第三辑）（教育），凤凰出版社（原江苏古籍出版社）1991 年版，第 441—444 页。

② 朱有瓛主编：《中国近代学制史料》（第三辑）（上册），华东师范大学出版社 1990 年版，第 34—35 页。

③ 中国第二历史档案馆：《中华民国史档案资料汇编》（第三辑）（教育），凤凰出版社（原江苏古籍出版社）1991 年版，第 37—40 页。

员检定委员会检定合格，而受有许可状者"，但"遇有特别情事时，得以未受许可状者代用，为国民学校助教员"。① 同时《高等小学校令》（1915）指出："高等小学校教员须在师范学校或教育总长指定之学校毕业，或经高等小学校教员检定委员会检定合格，并受有许可状者。关于高等小学校教员检定之细则，由教育总长定之。遇有特别情事，高等小学校教员不敷时，得以未受许可状者代用为高等小学校助教员。"② 而后大总统申令又于同年 11 月 7 日公布《预备学校令》再次强调："预备学校教员，须在师范学校或在教育总长指定之学校毕业，或经国民学校高等小学校教员检定委员会检定合格而受有许可状者。"③

由此可见，包括乡村教师在内的全国范围内小学校教师在政策拟定上其任用资格是十分严格的，一般以在师范学校和特定学校毕业为基本条件，或经过小学校教员检定合格者才具备小学校教师资格；同时根据本阶段教育宗旨或方针引领，小学校教员还须具备与宗旨或方针相符的专长或素质。

基于教师任用资格检定的现实政策需要，1916 年 4 月 28 日，教育部公布《检定小学教员规程》，旨在主要强调国民学校高等小学校教员检定的程序与办法。根据《检定小学教员规程》，小学教员检定分为无试验检定和试验检定。无试验检定主要审查被检定者毕业证书或办学经历，以及其品行身体检查，且无试验检定可随时进行；试验检定主要审查被检定者毕业证书、品行、身体、及加以试验。试验检定每年举行一次，且于试验前三个月宣布日期并咨陈教育总长。一方面，小学教员进行无试验检定需要具备资格如下："一、毕业于中学校并充小学教员一年以上者，二、毕业于甲种实业学校并积有研究者，三、毕业于专门学校确适于某科目教员之职者，四、曾充小学教员三年以上，经地方最高级行政长官认为确有成绩者。"同时"具有第一款资格经检定合格者，准充国民学校正教员、高等小学校本科正教员；具有第二第三款资格、经检定合

———————————

① 中国第二历史档案馆：《中华民国史档案资料汇编》（第三辑）（教育），凤凰出版社（原江苏古籍出版社）1991 年版，第 463—465 页。

② 舒新城：《中国近代教育史资料》（中册），人民教育出版社 1981 年版，第 465—468 页。

③ 璩鑫圭、唐良炎：《中国近代教育史资料汇编（学制演变）》，上海教育出版社 1991 年版，第 784—786 页。

格者，准充国民学校专科教员及高等小学校专科正教员；具有第四款资格、经检定合格者，准充国民学校正教员、助教员，或专科教员，并准充高等小学校本科专科正教员或助教员"。① 另一方面，小学教员进行试验检定需要具备资格如下："一、曾在师范学校中学校或其他中等学校修业二年以上者，二、曾任或现任国民学校高等小学校教员满一年者，三、曾在师范简易科毕业，期限在六个月以上者，四、曾研究专科学术兼明教育原理著有论文者。"② 同时高等小学校本科正教员、助教员，国民学校正教员、助教员，专科教员等相关试验科目及程度，与师范学校相关课程相准，且"试验检定除用笔试外，得兼用口试，并宜酌加实地演习"。③

《检定小学教员规程》（1916）的公布，在政策规定上使得小学教员尤其是小学教员检定更为有章可循，试验检定与无试验检定的不同资格规定，更是进一步使得小学教员检定可因条件资格而异从而推进并期达到合理利用有限教育资源的目的。同时，关于正教员、专科教员以及助教员任用资格的详细划分与界定亦可推进小学教员在任用资格上更趋规范化、合理化和科学化。

2. 工作职能界定

强调教师工作职能界定，根据教师教育教学工作的不同将其分类界定，规范教育教学任务与职能，既可以明确不同分类界定的教师教学工作，各司其职，提高教育教学效率；又可以根据不同的教育教学工作性质与内容分别予以相对的薪俸待遇，调动教师工作与继续学习的积极性与主动性。

《小学校令》（1912）强调："凡教授小学校之教科者，为本科正教员；其专授手工、图画、唱歌、体操、农业、缝纫、英语、商业之一科目或数科目者，为专科正教员；辅助本科正教员者为副教员。"④《预备学校令》（1915）指出："担任预备学校前期或后期之全部教科者，为本科

---

① 舒新城：《中国近代教育史资料》（上册），人民教育出版社1981年版，第348—352页。

② 舒新城：《中国近代教育史资料》（上册），人民教育出版社1981年版，第348—352页。

③ 舒新城：《中国近代教育史资料》（上册），人民教育出版社1981年版，第348—352页。

④ 中国第二历史档案馆：《中华民国史档案资料汇编》（第三辑）（教育），凤凰出版社（原江苏古籍出版社）1991年版，第441—444页。

正教员；专任手工、图画、唱歌、体操、缝纫、家事、外国语之一科目或数科目者，为专任正教员；辅助正教员者为助教员。"① 同时，预备学校正教员还可兼任预备学校主任，但须经学校校长陈请长官认可。而后《高等小学校令》（1915）及《高等小学校令施行细则令》（1916）公布，《小学校令》所颁行的关于高等小学校各条即行废止。根据《高等小学校令》及其实施细则，在强调高等小学校教员不得擅离职务及职务上应住之地的基础上，关于高等小学校教师管理也根据教师职能界定的不同分类为本科正教员、专科正教员及助教员，即"凡教授高等小学校之教科者，为本科正教员；专任手工、图画、唱歌、体操、农业、家事、外国语、商业之一科目或数科目者，为专科正教员；辅助正教员者为助教员"②。

由此可见，根据工作职能界定，在全国范围内小学教员分类主要包括本科正教员、专科正教员和助教员（《小学校令》称之为副教员）三类。三者在政策内容拟定上各司其职，分工明确。

随后，《国民学校令》（1915）指出："凡担任国民学校全部教科之教授者，为正教员。因特别情事，正教员亦不得担任手工、图画、唱歌、体操、缝纫之一科目，或数科目。专任手工、图画、唱歌、体操、缝纫之一科目或数科目者，为专科教员。补助正教员者，为助教员。"③ 随后，教育部于1916年1月8日公布《国民学校令施行细则》，以进一步详细阐释和具体厘清《国民学校令》。根据《国民学校令施行细则》，国民学校教师设置正教员、专科教员和助教员三类，国民学校每学级应置正教员一人，其担任儿童教育并掌教育所属事务，应遵照法令规程诚实服务，同时依照各地方情形，也可于每二学级置正教员一人和助教员一人，有特别情事时，还得更置助教员以辅助教育教学工作，助教员须辅助正教

---

① 璩鑫圭、唐良炎：《中国近代教育史资料汇编（学制演变）》，上海教育出版社1991年版，第784—786页。

② 舒新城：《中国近代教育史资料》（中册），人民教育出版社1981年版，第465—468页。

③ 中国第二历史档案馆：《中华民国史档案资料汇编》（第三辑）（教育），凤凰出版社（原江苏古籍出版社）1991年版，第463—465页。

员职务并承正教员指挥教授儿童。① 由此可见,《国民学校令》及其施行细则,在正教员、专科教员、助教员三类各司工作职能分工的基础上,进一步详细说明正教员担任儿童教育并掌教育所属事务,专科教员主要负责手工、图画、唱歌、体操、缝纫等一科或数科教学工作,助教员辅助正教员工作且听从其指挥指导。

综上所述,在民国前期相继颁布的教育政策文件中,根据工作职能界定所分类的小学校正教员、专科正教员和助教员,三者各司其职,工作划分明确。其中,正教员主要负责小学校基本科目教学,并可担任学校教育管理等相关职务;专科正教员以负责手工、图画、唱歌、体操、农业、家事、外国语、缝纫、商业等一科或多科比较强调专业基础与技能的教育教学工作;助教员主要以辅助正教员日常教育教学工作为其主要工作职能,同时服从并听从正教员指挥指导也是助教员的工作职责之一。

3. 薪俸待遇确定

重视乡村基础教育发展,重视教师在乡村基础教育教学过程中的充要参与条件和培养学生的直接教诲作用,在政策内容拟定上明确教师薪俸标准也是必不可少的重要内容。

《小学校令》(1912)提到"小学校教员之俸额及其他给与诸费,并支给方法,别以规程定义"②。《整理教育方案草案》(1914)则在各国优待小学教员加俸、扶助等现有政策规定的参考下,"拟由部订定小学教员年功加俸法,暨小学教员退隐费、遗族扶助费施行各规程"③,以求设法优待小学教员,进而使其尽心于教育教学工作。《预备学校令》(1915)强调预备学校教员俸额依照教育总长所规定标准决定,同时指出预备学校教员若有违背教育法令、怠废职务或有不名誉行为时可施行训诫、减

① 中国第二历史档案馆:《中华民国史档案资料汇编》(第三辑)(教育),凤凰出版社(原江苏古籍出版社)1991年版,第481—486页。
② 中国第二历史档案馆:《中华民国史档案资料汇编》(第三辑)(教育),凤凰出版社(原江苏古籍出版社)1991年版,第441—445页。
③ 朱有瓛主编:《中国近代学制史料》(第三辑)(上册),华东师范大学出版社1990年版,第36—38页。

俸、免职三种惩戒处分，教员在不服惩戒处分时亦有权利陈诉上级长官。①

《高等小学校令》（1915）进一步指出："高等小学校教员之俸额，由县知事依照教育总长所规定之标准定之。"② 由此可见，包括乡村基础教育所涉及的全国范围内小学校教员的薪俸待遇标准主要涉及俸额、加俸、退隐、扶助、减俸等内容。而关于薪俸待遇的具体规定，在《小学校令》（1912）、《整理教育方案草案》（1914）、《预备学校令》（1915）和《高等小学校令》（1915）等虽有所涉及，但详细内容还须进一步拟定标准、规程等，以达到能够引导和规范全国范围内，包括乡村小学校教师在内的全体小学教师薪俸待遇标准执行与实施的最终目的。

1917 年 2 月 6 日，教育部公布《小学教员俸给规程令》《小学教员褒奖规程令》，标志着详细化、具体化的关于小学教员俸给标准及褒奖规定的专门性教育政策文件正式颁发。根据《小学教员俸给规程令》（1917），国民学校、高等小学校校长及教员俸给均依照本规程规定，其中小学教员按正教员、专科正教员和助教员三类职称及 14 个级别分别予以不同的月俸（详见表 3 - 9）；同时"专科正教员、专科教员受一级俸后确有劳绩者，得递增至六十元。助教员受一级俸后确有劳绩者，得递增至三十元"③。根据《小学教员褒奖规程令》（1917），国民学校及高等小学校教员依照本规程规定可根据具体情形领受勋章、奖章和褒状三项褒奖。④ 关于小学教员俸给标准及褒奖规定的专门政策公布必然推动着民国政府及其教育部门等对包括乡村小学教师在内的全国范围内小学教师的管理更加科学化、规范化和系统化。

---

① 璩鑫圭、唐良炎：《中国近代教育史资料汇编（学制演变）》，上海教育出版社 1991 年版，第 784—786 页。

② 舒新城：《中国近代教育史资料》（上册），人民教育出版社 1981 年版，第 465—468 页。

③ 中国第二历史档案馆：《中华民国史档案资料汇编》（第三辑）（教育），凤凰出版社（原江苏古籍出版社）1991 年版，第 493—494 页。

④ 中国第二历史档案馆：《中华民国史档案资料汇编》（第三辑）（教育），凤凰出版社（原江苏古籍出版社）1991 年版，第 495—496 页。

表3-9　　　　《小学教员俸给规程令》(1917) 教员月俸详情

职别＼级别	1	2	3	4	5	6	7	8	9	10	11	12	13	14
校长及正教员	60	55	50	45	40	35	30	26	22	18	15	12	10	8
专科正教员及专科教员	40	35	30	26	22	18	15	12	10	8	6			
助教员	22	18	15	12	10	8	6	4						

材料来源：中国第二历史档案馆：《中华民国史档案资料汇编》(第三辑)(教育)，凤凰出版社(原江苏古籍出版社) 1991 年版，第493—494 页。

(三) 学生规范形成

学生规范与教师管理、校长任用共同构成了民国时期乡村教职员与学生政策拟定的重要内容。民国政府及其教育等部门在基础教育普及与发展过程中学生规范方面的政策拟定主要涉及学籍编制 (入学、升学及毕业等)，以及学费缴纳等方面的具体构成。

1. 学籍编制要则

1912 年 1 月，《普通教育暂行办法》颁行，明确规定各县小学应于元年三月初四日一律开学，并以阳历三月开学至暑假为第一学期，暑假开学至来年二月底为第二学期，同时初等小学校可以男女同校，初高等小学毕业者称为初高等小学毕业生。[①] 《高等小学校令》(1915) 则指出：高等小学校入学儿童以曾经国民学校毕业者或修毕国民学校教科者为合格，合格者可进入高等小学校继续学习。[②] 而后《国民学校令施行细则令》(1916) 为加强学龄儿童规范与管理，强调区董应每年调查该区儿童并编制学龄簿，学龄簿主要包括学生姓名、出生年月日、学龄期满之年月日、就学年月日、修毕国民学校教科之年月、暂缓就学年月日及情由、免除就学年月日及情由等；区立国民学校校长在每届学年之始也应编制儿童学籍簿，儿童学籍簿主要包括学生姓名、出生年月日、入学年月日、入学前经历、毕业年月日、退学年月日及理由，以及第一学年、第二学

---

① 中国第二历史档案馆：《中华民国史档案资料汇编》(第一、二辑)，凤凰出版社 (原江苏古籍出版社) 1991 年版，第463—464 页。

② 舒新城：《中国近代教育史资料》(中册)，人民教育出版社 1981 年版，第465—468 页。

年、第三学年、第四学年学业成绩、出席日数、缺席日数、身体状况等。[1] 学龄簿与儿童学籍簿的编制对于掌握学区范围学龄儿童总体受教育情况，以及引导教育尤其是基础教育发展规模都是十分重要的。

总之，民国政府及其教育等部门基于基础教育发展在学龄儿童入学、升学及毕业等方面均有较为明确具体的政策规定，划分学期、强调学龄儿童入学并规定区董、校长应编制学龄簿和儿童学籍簿、称为初高等小学校毕业生以及高等小学校学生入学资格等均是其在规范学生学籍编制方面的重要政策内容。

2. 学费缴纳原则

学费缴纳是影响学生及其家庭接受基础教育主动性与积极性的直接条件之一，学费缴纳的多寡对于学生受教育年限及程度均有较大影响。在民国基础教育普及、乡村基础教育发展的大背景下，关于学生学费缴纳的相关政策规定对于学生入学、升学及毕业等学籍规范制定与施行均有立竿见影的影响价值，因此将学费缴纳作为乡村基础教育改革与发展过程中关于乡村教职员与学生政策拟定中基于学生规范的必要内容，也具有十分重要的系统性意义。

《高等小学校令》（1915）明确规定："高等小学校得征收学费。征收学费规程，由教育总长定之。"[2]《高等小学校令施行细则》（1916）则进一步指出："高等小学校征收学费，每月不得过银圆五角。有特别情事时，管理人经该管长官之认可，得酌定期限征收前项制限外之学费。"[3]《国民学校令施行细则》（1916）则强调："国民学校征收学费者，每月以银圆二角以下为限，其定数须经县知事之认可"，且"有特别情事时，区董经县知事之认可，得酌定期限征收前条制限外之学费"，同时"国民学校学费，不得以学年不同之故分别多寡"。[4] 可见，上述关于学费缴纳

---

① 中国第二历史档案馆：《中华民国史档案资料汇编》（第三辑）（教育），凤凰出版社（原江苏古籍出版社）1991年版，第478—492页。

② 舒新城：《中国近代教育史资料》（中册），人民教育出版社1981年版，第465—468页。

③ 中国第二历史档案馆：《中华民国史档案资料汇编》（第三辑）（教育），凤凰出版社（原江苏古籍出版社）1991年版，第477页。

④ 中国第二历史档案馆：《中华民国史档案资料汇编》（第三辑）（教育），凤凰出版社（原江苏古籍出版社）1991年版，第486—488页。

的相关政策规定在学费缴纳金额限定上均有具体金额限定规定，但经相关部门认可后亦可酌情增加，虽有学费缴纳不利于更大范围的教育普及与发展，但这对于规范基础教育尤其是乡村基础教育发展中小学校学生学费缴纳这一事项仍具有切实的政策制定与实施的合理性与必要性。

六　乡村私塾改良办法的颁定

（一）改良基础论证

私塾是旧时由民间设立的教学组织机构，大多处于兼具民间性与自主性并存的无组织自由状态。从春秋战国时期孔子兴办私学开始，私塾通常以自设、公延、专聘三种主要形式存在，其肩负着传承民族文化传统的基层教育工作，承担着传授日常生活所需的基本文化知识与常识等小学校性质的教育工作，深得民心，遍受民众支持。同时，又与推行千年的科举制度相得益彰。基本的启蒙教育或精深的塾师修养对国家人才的培养亦有积极的促进意义，因而私塾备受历代统治者支持与提倡，进而得以长期存在并稳定发展着。

民国时期，私塾根基深厚且源远流长，遍设全国，乡村亦有较大数量的分布，尤其是乡村"新学"发展薄弱或还未涉及的地方，私塾的存在更为常态。私塾以其绝对数量的优势承担着各省县尤其是乡、镇、村地区小学校教育程度特别是初等小学校教育程度的基础教育工作，其对于各地方学龄儿童最大可能地接受一定程度的初等小学教育，推进基础教育普及工作具有十分重要的承担价值。

相对于私塾在"新学"推广及发展中的积极作用，其滞后性与落后性也十分明显。一是私塾教学条件多十分简陋，教室往往是民房改造而来，且仅有桌凳等简单设施；二是教学内容多以《三字经》《百家姓》《千字文》等传统读本为主，其注重传统而对与时俱进且与实际生活直接联系的科学文化常识涉及较少；三是塾师往往没有经过专门训练，教学方法单一落后且以严苛为首强调死记硬背，教学观念陈腐且以金榜题名、升官发财为最终目的；等等。

正是基于私塾广泛存在的实情和其发展过程中所形成的保守劣根性，民国政府基本上延续清末新学推广过程中对数量众多的私塾进行改良的办法。这主要是因为私塾数量众多且群众基础良好，尤其在县、乡、镇、村等区域存在影响远胜于新式学校，同时基于国情环境与教育经费限制下新式学校数量及其可接受学龄儿童人数必然也是有限的，因此，利用现有私塾的固有基础，充分利用已有教育资源积极进行改良指引，进而逐渐改变私塾的民间自主性，使其逐渐发展成为与新式学校并无二致的教育机构，势必会成为民国政府及其教育部门在推行教育普及和促进乡村基础教育发展过程中的有利选择。

（二）改良过程表现

1912 年民国成立以后，教育部基于基础教育发展和私塾优劣共存的现状，强调"私塾在小学发达之后，自当归于消灭；然在小学未遍设之前，从事整理，亦未始非小学之一助"[1]，即充分肯定"整理"私塾在小学推广发展过程中的重要助力作用，但又强调至小学发达后私塾即应归于消灭，为此，教育部在"整理"私塾时，"一面严订私塾规则，凡开设私塾者必先进行具报，以便随时查视；复一面增进塾师知识，特设夜班传习所，俾得明晓教法，并补修应有之科学；意在涤除私塾宿弊，确收改良之效也"[2]。同时，进一步详细规定整理私塾事项具体包括："一、教授科目须遵照小学定章，如技能学科，塾师有不能教授者，得请他人兼任，或暂从阙；二、教科用书必须经部审定之本；三、教授时数须遵照小学课程办理，亦得酌加温习时间；四、塾内用具如讲台黑板等，必须粗具形式。又嗣后凡有开设私塾者，于呈报后，必须经该管学区劝学员分科试验合格，乃得准其开塾授徒。"[3] 由此可见，教育部在整理私塾事务时，一则严格规定私塾设塾规则且设塾必须具报以方便宏观查视与引导；二则重视塾师素质提升，增进知识，明晓教法；三则强调教授科目、教学用具、教科用书、教授时数等需遵照小学及小学课程规定。

在教育部"整理"私塾的政策核心引领下，全国各省市在次第扩充小学的同时，在处理私塾事项时，无论偏重取缔或奖劝，皆以整理为主

---

① 舒新城：《中国近代教育史资料》（上册），人民教育出版社 1981 年版，第 112 页。

② 舒新城：《中国近代教育史资料》（上册），人民教育出版社 1981 年版，第 112 页。

③ 舒新城：《中国近代教育史资料》（上册），人民教育出版社 1981 年版，第 113 页。

旨，并在各省已报部整理私塾情形中，具体表现如下。

查安徽省订有私塾办法五条：一、调查方法，限期令塾师报名注册，过期则概行禁止，以免私塾充斥，妨碍小学之进行。二、甄别方法，分而为二：曰普通甄别，所以考验塾师，必合格者方准设塾；曰定期甄别，所以查核各塾内容，非实能改良者即令停闭。三、传习方法，采用通信传习，就师范讲义删繁就简，分发各塾，并将教授管理设备卫生各善良方法，择要编印，以资研究。其余如给予私塾证书，及私塾解散之生徒，另行送入小学各办法，均亦筹议及之。

又湖南订有私塾暂行规程十七条，于编制设备及教授管理，与夫塾师资格，皆详为规定，并另有取缔规程与之相辅而行。

又吉林省订有私塾考查规程十三条，专在考察各塾之教授管理，令与小学同化，有辅助以奖其成绩之优美，有待遇以励其生徒之毕业。

又贵州省订有改良私塾章程十二条，有调查，有惩劝，亦以令与小学同化为宗旨。并另附有私塾条规四十一条，于设置与教授管理规定綦详，一并发布各塾，令其实力奉行。[①]

民国初始，在处理私塾事项时，各方意见并不统一，以"放任说""排斥说"两种趋于两极论断的主张均有体现。在充分考虑国情与教育现实的基础上，1914 年 12 月，教育部公布《整理教育方案草案》，明确指出："对于私塾采奖进主义，期渐同化于学校"，并进一步强调可改良私塾应"其法先行调查，并分发改良私塾说明书及讲演劝导各类浅说，由各区学董制表调查塾师数及私塾数，一面咨行各省巡按使，查照部发改良私塾办法，通饬各县办理，并饬委县知事充甄录塾师监试官，及委派考试委员。甄录科目，以国文为主要，或就经义历史发为各条问题，不得偏举一论一说。其成绩最优者许充小学代用教员，次者得入塾师传习科；传习方法分为三种：一定期传习，在所内直接教授之；一通信传习，为略远而未能直接听讲者设之；一巡回传习，联络数乡，由担任之教员

① 舒新城：《中国近代教育史资料》（上册），人民教育出版社 1981 年版，第 112—115 页。

巡回传习，周而复始"①。

强调私塾改良，奖进私塾改良，并拟由部订定改良私塾办法和塾师传习所规程等，在整体了解各省、县、乡、镇等区域内私塾设立情况，通饬各省按照私塾改良办法等，尤其是通过塾师甄录成绩最优者充任小学代用教员，次者得入塾师传习科并进行定期传习、通信传习或巡回传习，进而以期推进私塾渐同化于学校教育。1915 年，袁世凯以大总统名义颁发《特定教育纲要》，再次强调："私塾取奖进主义，得就其程度高下，受两等小学同一之待遇，期于同化于学校。"②

重视私塾价值与作用，采取奖进主义以期同化于学校，改良私塾以辅助学校教育，正是民国前期政府及其相关教育部门基于教育发展实情破落与普及过程艰难所作出的"切合实际"的政策颁定。

---

① 朱有瓛主编：《中国近代学制史料》（第三辑）（上册），华东师范大学出版社 1990 年版，第 35—36 页。

② 中国第二历史档案馆：《中华民国史档案资料汇编》（第三辑）（教育），凤凰出版社（原江苏古籍出版社）1991 年版，第 41—45 页。

第 四 章

乡村基础教育政策的拓展推行
与调整渐进（1927—1949）

　　1927 年，国民党发动"四一二"反革命政变，从根本上背叛了孙中山"联俄、联共和扶助农工"的三大政策和新民主主义思想，以蒋介石为代表的南京国民政府成立。从 1927 年南京国民政府成立到 1937 年抗日战争爆发前的十年时间被称为十年内战时期，十年里，政局相对稳定，当权者重视借助教育的力量来维护其统治，教育投入有所增加，教育体制日臻完善。国民政府竭力加强对教育的控制，把教育作为"以党治国"和"三民主义治国"的工具之一，以达到维护其一党专制统治的政治目的。这一方面阻遏了教育的民主化进程，中断了五四以来教育界百花齐放、自由活泼的发展势头；另一方面又使得教育建设法制化、规范化，逐渐步入稳定和统一管理的轨道，从而使得民国基础教育、乡村基础教育在内的教育发展与改革进入一个相对稳定的发展时期。

　　1937 年，抗日战争爆发，中华民族同仇敌忾共赴国难，中国基础教育事业尤其是乡村基础教育事业的正常发展开始面对着极大的发展阻碍。根据"抗战建国"的基本国策，国民政府提出"战时须做平时看"的教育政策方针，对当时国情环境下的基础教育事业采取了相应的应变和调整措施。时至 1945 年抗战结束，却并没有迎来全国人民所期盼的和平建国时期，国民党政府发动全面内战，基础教育尤其是乡村基础教育的发展，并没有迎来一直期待的良好时机，而是在战火中继续缓慢发展着。但是，在一些教育学者以及相关进步人士的支持和努力下，民国后期的乡村基础教育政策，仍然是在前期的经验积淀下更多地走向政策方针层面上的拓展推行和调整渐进。直至1949年解放战争的结束，国民党政府在军事、政治和经济上的溃败、失势和破产，最终结束了其长达38年的统治，从而使得为国民党政府政治目的服务的包括乡村基础教育在内的国民教育事业宣告终结，并遵循历史的脚步，走进下一个教育发展的新时期。

一　乡村基础教育行政体系的实行

（一）上层教育行政体系形制

1. 教育部的复设

南京国民政府成立后，蔡元培再被重用为教育行政委员会委员。为以"学术化代官僚化"，追求教育学术化和行政独立化的教育理想，蔡元培等提议效仿法国组织中华民国大学院，以大学院取代教育部成为全国最高学术机构及教育行政管理机构。该提议得到教育行政委员会通过，并获中央政治会议核议通过。1927年6月，《大学区组织条例》由国民政府审议施行；1928年1月27日，南京国民政府公布《修正大学区组织条例》，强调："全国依各地之教育经济及交通状况，定为若干大学区，以所辖区域之名名之。每大学区设大学一所，除在广州者永远定名为中山大学以纪念总理外，均以所在地之名名之。大学设校长一人，总理大学区内一切学术与教育行政事项。"[1]大学区设评议会、秘书处、研究院、高等教育部、普通教育部和扩充教育部等，其中普通教育部内设部长一人，管理区内公立中小学校及监督私立中小学教育事业。

1928年6月13日，南京国民政府公布《修正大学院组织法》，进一步明确："中华民国大学院为全国最高学术教育机关，直隶于国民政府，依法令管理全国学术及教育行政事宜。"[2]大学院下设秘书处、总务处、

---

[1]　中国第二历史档案馆：《中华民国史档案资料汇编》（第五辑第一编）（教育）（一），凤凰出版社（原江苏古籍出版社）1994年版，第33页。

[2]　中国第二历史档案馆：《中华民国史档案资料汇编》（第五辑第一编）（教育）（一），凤凰出版社（原江苏古籍出版社）1994年版，第33—36页。

高等教育处、普通教育处、社会教育处和文化事业处，其中普通教育处职掌如下："一、关于师范学校事项；二、关于职业学校事项；三、关于初高等两级中学校事项；四、关于小学校事项；五、关于与上列各校相类之各种学校事项；六、关于幼稚园事项；七、关于取缔及改良私塾事项；八、关于检定教员事项；九、关于调查学龄儿童就学事项；十、关于地方学务机关之设立及变更事项；十一、关于教育会议事项；十二、关于其他普通教育事项。"①

大学院和大学区制的试行是以蔡元培为代表的先进教育工作者为教育民主化和学术化所做的积极努力与尝试，但其过于依赖和照搬其所效仿的法国大学院、大学区制，而未能融合和适应民国本土的政治、经济、文化基础与教育实情。1928 年 10 月 3 日，蔡元培获准辞去大学院长、中央政治会议委员等职。而后 10 月 23 日，南京国民政府改大学院为教育部，复设教育部为管理全国教育行政事务的最高机构。1928 年 12 月 7 日，国民政府公布《教育部组织法》，确定教育部管理全国学术及教育行政事务，并下设高等教育司、中等教育司、国民教育司、社会教育司、边疆教育司、总务司和国际文化教育事业处。其中，国民教育司职掌小学教育、失学民众教育、幼稚园教育以及其他国民教育事项。②

此后，直至 1947 年 2 月 12 日，《教育部组织法》共经过十次修正（详见表 4-1）。如 1933 年裁撤编审处，另设编译馆；1940 年裁撤普通教育司，分设中等教育司和国民教育司，并改会计室为会计处；等等③。《教育部组织法》虽然历经修订，但教育部一直是政策规定和实施事实上主管全国教育事务的中央教育行政体系设计上的最高机构。

---

① 中国第二历史档案馆：《中华民国史档案资料汇编》（第五辑第一编）（教育）（一），凤凰出版社（原江苏古籍出版社）1994 年版，第 35 页。

② 中央教育科学研究所教育史研究室：《中华民国教育法规选编（1912—1949）》，江苏教育出版社 1990 年版，第 105—109 页。

③ 戴逸、史全生：《中国近代史通鉴》（第八卷）（南京国民政府时期），红旗出版社1997 年版，第 252 页。

表4 – 1　　　　　　　　　　　《教育部组织法》修正一览

修正次数	修正时间	主要修正内容
1	1929 年 11 月	①增设蒙藏教育司及华侨教育设计委员会; ②增司长为 5 人。
2	1931 年 2 月	①公布《修正教育部组织法》第十六条,常任次长改为常务次长。
3	1931 年 7 月	①增设督学 4—6 人,视察、指导全国教育事宜; ②规定科长为 14—18 人,科员 80—110 人,分掌各科事务; ③规定各级人员之任别,部长特任,次长、司长、参事、秘书 2 人及督学 2 人简任,秘书、督学、科长荐任,科员委任。
4	1933 年 4 月	①裁撤编审处,改设国立编译馆; ②其余如上。
5	1935 年 5 月	①督学增为 6—10 人,科长改为 14—16 人,科员改为 80—106 人; ②督学改为 4 人简任。
6	1936 年 10 月	①增设会计主任、统计主任各 1 人,办理岁计、会计、统计等事项,受部长之指挥监督,并直接对国民政府主计处负责; ②科长增为 14—18 人,科员增为 80—110 人。
7	1940 年 11 月	①普通教育司裁撤,分设中等教育司与国民教育司; ②改会计室为会计处,会计室主任改称会计处处长; ③删大学委员会及华侨教育设计委员会之组织法条文; ④秘书增为 6—8 人,参事增为 3—5 人,司长增为 6 人,督学增为 8—16 人,科长增为 18—24 人,科员增为 100—140 人; ⑤增设视察员 16—24 人,技士 2—4 人,于事务必要时可酌用雇员。

续表

修正次数	修正时间	主要修正内容
8	1943 年 1 月	①裁视察员，督学增为 30—40 人，4 人简任，6 人聘任，余荐任。
9	1944 年 7 月	①增设人事处，置处长 1 人，简任，掌理人事管理事务； ②改统计室为统计处，统计室主任改称统计处处长； ③增设办事员 25—35 人，必要时得聘用人员 20—32 人； ④科长增为 22—30 人，科员增为 128—188 人； ⑤秘书改为 3 人简任。
10	1947 年 2 月	①增设国际文化教育事业处，处长 1 人，简任； ②科长减为 22—24 人，科员减为 77—125 人，办事员减为 21—27 人。

说明：简任，一般指简任官、北洋政府和国民政府文官第二级官阶，由大总统或国民政府主席任命。如中央政府各部的次长、局长，各省的厅长等。①

材料来源：广少奎：《重振与衰变——南京国民政府教育部研究》，山东教育出版社 2008 年版，第 118—119 页。

　　总之，除在 1927—1928 年的时间里，教育部曾一度被大学院所易名取代，整个民国时期教育部一直都是中央教育行政体系下管理全国教育事务的最高机构，其官制下的主管小学校教育、蒙养园教育、学龄儿童入学、教员检定、私塾整理和地方学务机关设立变更等事项的普通教育司下小学科、国民教育司等不同称谓的部门，在一定程度上其实质则是宏观统筹民国乡村基础教育发展规划的上层教育行政体系之中央教育行政体系在政策划定和实施事实上的重要创置与发展。

　　2. 省教育厅的恢复

　　自省教育厅设建之后，其一直都是各省处理教育行政事务的最重要机构。直至大学院和大学区制改革的推行，省级教育行政体系发生重大变革，并试图以大学区制下大学及其校长代之以省教育厅处理全省学术

---

① 王邦佐等：《政治学辞典》，上海辞书出版社 2008 年版，第 417 页。

及教育行政事宜，及"凡各省定为大学区者，均不设置教育厅"①。但大学区制的推行并不成功，其所承担之省教育行政事务办理亦十分有限。大学院和大学区制废止后，各省相继恢复省教育厅的行政设置。到1929年底，全国各省全部恢复教育厅。各省教育厅及其下设厅长、秘书、科长、科员等主要职掌各级学校、社会教育、教育及学术团体、图书馆、博物馆及公共体育场和其他教育事项。② 此后，教育厅自恢复后一直是负责掌管各省教育行政事宜的重要设建机构，对民国省级教育行政体系的设建，以及遵办上级教育行政体系的领导、指引下级教育行政体系的发展，责任重大，且影响深远。

省教育厅的恢复，是民国后期我国省级教育行政体系改革与发展的重要探索，其下设各科，及其对所辖区域内县、区、乡、镇、村的行政管理与领导，这就使其成为中观规划下民国乡村基础教育在其上层教育行政体系之省级教育行政体系所属范围内的政策引领者和推进者。

（二）乡村教育行政机构沿革

民国乡村行政体系沿革是在县级教育行政领导与管理下进行的，乡村教育行政改革与发展是县级教育行政管理体系下的重要内容之一。如《修正小学规程》（1936）规定："市立小学、市立实验小学、市立师范附属小学及市内之私立小学，由市教育行政机关管辖；县、区、乡、镇、设立之小学及县境内私立小学由县教育行政机关管辖。"③ 因此，以教育局的延续、裁撤和复归为主要内容的县级教育行政体系的发展沿革则成为民国后期乡村教育行政体系在政策发展中权力制衡与实施的直接体现。

1. 教育局的延续

教育局的创设是民国时期基层教育行政体系沿革里程碑式的壮举。南京国民政府定都南京后，大学院和大学区制的试行对上层教育行政体系的构建与形制均有较大影响。但上层教育行政机构体系下的全国各县

---

① 戴逸、史全生：《中国近代史通鉴》（第八卷）（南京国民政府时期），红旗出版社1997年版，第252页。

② 熊贤君：《中国教育行政史》，华中理工大学出版社1996年版，第461页。

③ 中国第二历史档案馆：《中华民国史档案资料汇编》（第五辑第一编）（教育）（一），凤凰出版社（原江苏古籍出版社）1994年版，第540—541页。

市教育局，无论其下辖于大学区及大学校长，或是依旧章仍受县政府的指挥与监督，教育局仍是当时全国范围内处理基层教育行政事务职能最为重要、数量最为众多的行政官制组织。1929 年 6 月 5 日，国民政府公布《县组织法》，其第 16 条明确指出：县政府下设公安、财政、建设和教育四局，且教育局主要负责管理学校、图书馆、博物馆、公共体育场以及其他文化社会事业等，进一步肯定了教育局这一教育行政体系设置机构对基层管理下教育改革与发展的重要地位与作用。

同时，为促使县长、市长重视教育工作，切实支持县市教育局工作，将教育事务作为县市工作的重要议事。1931 年 5 月 31 日，教育部公布《县长市长（行政院直辖市除外）办理教育行政暂行考成规程》，将县长、市长在任内所办理教育行政加以考成，其考成每年一次，但经教育厅及民政厅认定必要时可随时予以考成（其考成事项主要包括："一、筹划整理及保障教育经费之成绩；二、办理义务教育之成绩；三、办理社会教育之成绩；四、学校数与学生数之增减；五、学校内容之优劣"①），进而根据考成成绩决定对县长市长是否进行嘉奖、记功、记大功和奖状等奖励或申戒、记过、记大过、减俸和停职等惩戒。《县长市长（行政院直辖市除外）办理教育行政暂行考成规程》的公布，使得相关教育事务成为县长、市长任内职内的基本工作，这对其直接领导教育工作，支持县、市教育局工作，重视教育发展等意义重大。

2. 教育局的裁撤与复归

1935 年，国民政府行政院颁布《县政府裁局改科暂行规程》，各县教育局随公安、财政、建设等其他各局一同裁撤，但各地方教育人事均纷请予以维持教育局的行政设置，行政院又于 1937 年 6 月 27 日修正并公布该裁局改科暂行规程。该暂行规程将第三条修正为："县政府所属公安、财政、建设各局，现经设置者，应实行裁撤，将其执掌分别归并于县政府现设之各科，或另设科办理；但在人口众多，事务繁剧之县分，有设局之必要时，得由省政府决议设置之。县政府教育事务，以设局办理为原则，在人口较少，事务较简之县，得由省政府酌量改设专科办理，仍

① 中央教育科学研究所教育史研究室：《中华民国教育法规选编（1912—1949）》，江苏教育出版社 1990 年版，第 124—125 页。

呈报行政院备案。"① 根据上述修正条文规定，虽然县政府教育事务以设局办理为原则，但在其他各局相继一并裁撤的洪流下，县、市教育局在原则上虽可暂存，教育局、教育科得以并存，但事实上全国各省县市多已将教育局裁撤。

教育局与教育科并存，这不仅在全国县、市教育行政体系实施中有所存在，在同时期的教育政策文件中亦有所体现。如《健全义务教育行政组织各点》（1937）中规定："各县市教育局或教育科，至少应确定科员一人，专办义务教育行政；县学区之义务教育行政，应责成各该区教育委员负责办理；联合小学区之义务教育行政，应责成各该区学董负责办理；小学区之义务教育行政，应责成各该区助理学董负责办理，以利进行。"②《战时各级教育实施方案》（1938）中指出："各县教育局或教育科之组织、人选之资格与任用之方法，应由教育部分别订定施行。"③等等。

1939 年 9 月 19 日，国民政府公布《县各级组织纲要》。《县各级组织纲要》强调：县为地方自治单位，下设乡（镇），其中保、甲为乡内编制，十五甲为一保，十保为一乡，新县制的实质则是在保甲制度的基础上所设计的"县以下党政机构的关系图"，其以管教养卫合一为指导方针。④ 同时《县各级组织纲要》规定："各县教育行政机构应改局为科；县下各乡镇设立中心学校，保设国民学校；乡镇长、中心学校校长及壮丁队长，保长、保国民学校校长、均由 1 人兼任；乡镇中心学校教员兼乡镇公所文化股主任，保国民学校教员兼任保办公处文化干事。"⑤ 各省依照《县各级组织纲要》，相继推行"新县制"，在"各县教育行政机构应改局为科"的政策引领下，各省县、市教育局相继全部裁撤。

各省县、市教育局相继裁撤并改为教育科后，教育局地位相对降低，

① 教育部教育年鉴编纂委员会：《第二次中国教育年鉴》，商务印书馆 1948 年版，第 188 页。

② 中央教育科学研究所教育史研究室：《中华民国教育法规选编（1912—1949）》，江苏教育出版社 1990 年版，第 314—315 页。

③ 中国第二历史档案馆：《中华民国史档案资料汇编》（第五辑第二编）（教育）（一），凤凰出版社（原江苏古籍出版社）1997 年版，第 33 页。

④ 李桂林：《中国现代教育史》，吉林教育出版社 1991 年版，第 244 页。

⑤ 熊贤君：《中国教育行政史》，华中理工大学出版社 1996 年版，第 466—467 页。

其教育行政职权与力量亦随之削弱，裁局改科后地方教育行政弊端日益凸显，地方教育事业发展受阻。1945 年，国民党第六次代表大会和国民参政会四届一次大会均有恢复县、市教育局设置的决议。抗战胜利后，教育部于 1945 年 9 月召开全国教育善后复员会议，对于调整地方教育行政机构，亦有恢复各省、县市教育局的决议。而后"教育部鉴于抗战业已结束，各省地方教育，亟应积极推行，并为早日实施此项决议，特拟具县市教育局组织规定，呈行政院施行，嗣后奉行政院令须先修改县各级组织纲要，经与内政部会商决定，再呈行政院，请先就文化发达事务繁剧之县及省辖市先行恢复设局，继又奉院令应俟县自治法公布后再行依法办理"①。为此，1946 年，国民参政会通过恢复县、市教育局建议；1947 年 2 月，行政院通令各省政府就地方需要，先行恢复设置县教育局，即"各省得就地方需要，于文化发达事务繁剧之县，酌量恢复设置教育局"②。1947 年 4 月 14 日，教育部训令各省教育厅从速恢复设置教育局，此后四川简阳、泸县等十五县局，江苏省先设镇江、吴县等十五县局，浙江省先设绍兴、鄞县等十二县局，西康省先设西昌、雅安等四县局，青海省先设湟中等五县局，陕西省先设长安、咸阳等十四县局，安徽省先设桐城、合肥等二十九县局，云南省除边区各设治局外，均已恢复教育局。

1947 年 10 月，国民政府行政院颁布《县市教育局编制及局长选用标准》："县市教育局的组织与编制，应参照各县市人口数、教育经费数及学校之多寡分甲、乙两级，由省教育厅酌定。甲级县市教育局设局长 1 人，督学 4 人，科长 2 人，科员 3 至 5 人，雇员 2 人；乙级县、市教育局设局长 1 人，督学 3 人，科长 2 人，科员 2 至 4 人，雇员 2 人。"③ 各省县、市教育局在国民政府的政策引领下有条不紊地逐渐复归。

（三）督学规程完善

1927 年，南京国民政府试行大学院和大学区制，除《试行大学区

---

① 教育部教育年鉴编纂委员会：《第二次中国教育年鉴》，商务印书馆 1948 年版，第 189 页。

② 中央教育科学研究所：《中国现代教育大事记》，教育科学出版社 1988 年版，第 589 页。

③ 中央教育科学研究所：《中国现代教育大事记》，教育科学出版社 1988 年版，第 589 页。

制省分特别市教育局暂行条例》（1928）颁发并规定特别市教育局设督学外，地方教育行政体系之视学政策较民国前期并未有较大改变。时至1929年2月2日，教育部因"各省学务视察人员，或称督学，或称视学，或称导学，名称既不一致，任务亦未经确定"①，遂制定《督学规程》。根据《督学规程》规定："各大学区大学、各省教育厅设督学四人至八人。各特别市教育局设督学二人至四人。承主管教育行政长官之命，视察及指导各该管区域内教育事宜"；市县教育局得设督学，其员额、资格、职务及待遇等由大学区大学、各省教育厅另定，市县督学规程还应呈请教育部核准备案。② 由此各省学务视察人员，统一称为督学。1931年6月16日，教育部废止《督学规程》（1929），颁布《省市督学规程》，至此《省市督学规程》（1931）成为以后各省市教育督导视察工作的政策依据。

根据《省市督学规程》（1931）规定，各省教育厅设督学四人至八人，由省政府荐任；行政院、直辖市、各市教育局，设督学二人至四人，由市政府荐任或委任，承主管长官之命，视察及指导各该管区域内教育事宜；同时督学应视察和指导的事项主要是："一、关于教育法令之推行事项；二、关于地方教育行政事项；三、关于地方教育经费事项；四、关于学校教育事项；五、关于社会教育事项；六、关于义务教育事项；七、关于地方教育人员服务及考成事项；八、关于主管教育行政长官特命视察及指导事项"③。

在《督学章程》（1929）和《省市督学规程》（1931）的引领下，全国各省各县亦多有颁发县督学规程，如辽宁省《县督学暂行条例》的颁发等。全国各省各县大多依据实情，沿仿民初视学旧制，设置县督学，负责县及以下教育视察事务等。

---

① 《教育部公报》第一卷第3期，第31页。转引自江铭《中国教育督导史（第一版）》，人民教育出版社1994年版，第161页。

② 《教育部公报》第一卷第3期，第72—75页。转引自江铭《中国教育督导史（第一版）》，人民教育出版社1994年版，第298—300页。

③ 《中华民国现行法规大全》万有文库第一集，商务印书馆1933年版，第977页。转引自江铭：《中国教育督导史（第一版）》，人民教育出版社1994年版，第302—303页。

二 乡村义务教育规划的试行

（一）强迫教育重申

1935 年，教育部公布《调查学龄儿童办法》，其旨在由各县市主管教育行政机关（各县教育局或教育科），督饬所辖小学区学董，在各小学区教职员、县长、镇长、乡长等协助下调查学龄儿童相关信息。1937 年 7 月 17 日，教育部公布《学龄儿童强迫入学暂行办法》。根据《学龄儿童强迫入学暂行办法》，"各省县市暨行政院直辖市施行学龄儿童强迫入学办法时，应先依照调查学龄儿童办法，将各该县市之学龄儿童及失学儿童调查竣事依据实施"[1]，同时各县在施行该强迫入学办法前应普遍宣传、广为布告，"施行强迫入学办法地方之学龄儿童，除已核准缓学免学者外，应于各种义务小学及小学开学时，分别由各该学童家长或保护人遣送入学；如不遵从，应强迫令其入学"[2]。《调查学龄儿童办法》（1935）和《学龄儿童强迫入学暂行办法》（1937）的相继颁发，强迫和鼓励学龄儿童接受小学校教育尤其是初级小学校义务教育阶段的教育，在重视与推广基础教育的政策背景下，这对于促进乡村义务教育的切实推广在一定程度上更具有政策执行力度。

基于《县各级组织纲要》，教育部于 1940 年 3 月 21 日订定《国民教育实施纲领》，在强迫入学方面，明确指出："在所设乡（镇）中心学校及保国民学校已足收容当地学龄儿童及失学民众之地方，应由乡（镇）公所及保办公处实行强迫学龄儿童及失学民众入学，凡应入学而不入学者，应对其家长或保护人或本人予以一定期限必须就学之书面报告，其不受劝告者，得将姓名榜示示警，其仍不遵行者，得由县市政府处一元以上五元以下之罚锾，或以相当日期之工作抵充，并仍限期责令入学。"[3]

---

① 中国第二历史档案馆：《中华民国史档案资料汇编》（第五辑第一编）（教育）（一），凤凰出版社（原江苏古籍出版社）1994 年版，第 648 页。

② 中国第二历史档案馆：《中华民国史档案资料汇编》（第五辑第一编）（教育）（一），凤凰出版社（原江苏古籍出版社）1994 年版，第 649 页。

③ 中国第二历史档案馆：《中华民国史档案资料汇编》（第五辑第一编）（教育）（一），凤凰出版社（原江苏古籍出版社）1997 年版，第 426 页。

根据《国民教育实施纲领》（1940），乡（镇）中心学校及保国民学校收容当地学龄儿童入学，学龄儿童或其家长或其保护人在不遵行强迫入学时施以罚锾或工作抵充，但仍需限期责令入学，这就使得关于强迫入学的政策规定更具规范性与可操作性，亦更有利于从"强迫性"层面提高学龄儿童及其家长对强迫教育重要性的认识进而推动乡村义务教育的宣传与普及。

1947 年 2 月 17 日，国民政府正式修正公布《强迫入学条例》，国民学校实行学龄儿童强迫入学政策。一方面，"各县应督令各乡镇保长会同国民学校教员，就本保内各户调查学龄儿童人数，造具清册。中心国民学校或国民学校应按保内学龄儿童人数，预定设立班级数，每班学额以五十人为度。中心国民学校或国民学校设立班级数办法确定后，由保长会同中心国民学校或国民学校校长通知本保内各户户长，令儿童入学。各保内国民学校或中心国民学校校长，应于开学前会同保甲长，分别通知各户应行入学之儿童，督令入学"[①]。另一方面，各县政府应将各乡镇所报学龄儿童总数及已入学人数统计结果呈报省教育厅备案，对于应入学而未入学学龄儿童可渐次采取劝告、警告、罚锾等程序处理，同时"已入学之儿童，如不经学校之许可，中途停学或任意缺课者，应由学校及强迫入学委员会共同劝告督促，如不遵从，得依前条罚锾之规定处罚其父母或监护人"[②]。《强迫入学条例》（1944）的颁行，其关于国民义务教育强迫入学的政策规定得更为细致、具体，尤其是其中关于学龄儿童造具入册、按保内儿童设立班级数、通知并督令学龄儿童入学、学龄儿童总数与已入学人数的呈报、劝告、警告、罚锾等程序，以及关注已入学儿童中途停学或缺课情况，等等，均十分有利于国民政府重视乡村义务教育所颁发、公布的相关政策得以顺利实施与实现。

（二）修业年限法治

1931 年 6 月 1 日，国民政府公布《中华民国训政时期约法》，并就国

① 中国第二历史档案馆：《中华民国史档案资料汇编》（第五辑第一编）（教育）（一），凤凰出版社（原江苏古籍出版社）1997 年版，第 443—445 页。

② 中国第二历史档案馆：《中华民国史档案资料汇编》（第五辑第一编）（教育）（一），凤凰出版社（原江苏古籍出版社）1997 年版，第 445 页。

民教育专设第五章加以规定，男女教育机会平等，一切教育机关均受国家监督，并须推行国家教育政策，已达学龄之儿童应一律受义务教育，其详以法律定之；未受义务教育之人民，应一律受成年补习教育，其详以法律定之。①

1935 年 6 月 1 日，行政院抄发《教育部实施义务教育暂行办法大纲》11 条，并在大纲中明确指出："制定本暂行办法大纲，其目的在使全国学龄儿童（指六岁至十二岁之儿童而言）于十年期限内逐渐由受一年制、二年制达于四年制之义务教育。"② 同年 6 月 10 日，行政院颁布《实施义务教育暂行办法施行细则》，旨在详尽、具体地指导义务教育的相关开展工作。

1938 年 4 月，国民政府在武汉召开临时全国代表大会并审议通过《战时各级教育实施方案纲要》。该纲要强调教育为立国之本，小学教育应为国民基础教育，以发展儿童身心、培养儿童健全体格，陶冶儿童善良德性，教授儿童基本生活知能，养成良好习惯等为将来自立、成长做准备的优秀品质为目标，小学校以全体学龄儿童为教育对象，"国家对于全国各地应普遍设立各类小学，使全国学龄儿童均有入学之机会，在预定年限内，达到普及教育之目的。同时全国人民，对于子女均应尽强迫入学之义务，使全国学龄儿童，至少须受此最低限度之义务教育"③。

1940 年，教育部订定《国民教育实施纲领》，明确指出"国民教育分义务教育及失学民众补习教育两部份，应在保国民学校及乡镇中心学校内同时实施，并应尽先充实义务教育部分"，且"全国自六足岁至十二足岁之学龄儿童除可能受六年制小学教育者外，应依照本纲领受四年或二年或一年之义务教育，全国自十五足岁至四十五足岁之失学民众，应依照本纲领分期受初级或高级民众补习教育，但得先自十五足岁至三十五足岁之男女实施，继续及年龄较长之民众，其十二足岁至十五足岁之

---

① 中央教育科学研究所教育史研究室：《中华民国教育法规选编（1912—1949）》，江苏教育出版社 1990 年版，第 47 页。

② 中国第二历史档案馆：《中华民国史档案资料汇编》（第五辑第一编）（教育）（一），凤凰出版社（原江苏古籍出版社）1994 年版，第 609—610 页。

③ 中国第二历史档案馆：《中华民国史档案资料汇编》（第五辑第一编）（教育）（一），凤凰出版社（原江苏古籍出版社）1997 年版，第 22 页。

失学儿童，得视当地实际情形及其身心发育情况，施以相当之义务教育或失学民众补习教育"①。

1947 年 1 月 1 日，国民政府公布《中华民国宪法》，其教育文化专节规定："第一五九条，国民受教育之机会一律平等。第一六零条，六岁至十二岁之学龄儿童，一律受基本教育，免纳学费。其贫苦者，由政府供给书籍。已逾学龄未受基本教育之国民，一律受补习教育，免纳学费，其书籍亦由政府供给。"②

综上所述，以法律规定学龄儿童一律接受义务教育，从而使得有关于义务教育的政策规定（包括乡村义务教育的政策规定）在规范与确定的基础上进入法治化阶段，同时各相关政策文本中由原有义务教育修业年限为小学校四年为义务教育，调整为一年或二年或四年的义务教育，这对于发展当时全国所辖范围内县、镇、乡、村等地的义务教育，是极为符合现实国情和教育实情的，其合理性与灵活性彰明较著。

（三）学校学级扩充

发展乡村义务教育，在政策规定和实施中以相当数量的学校学级分布与扩充保证是其顺利实施与推广的重要前提，重视学校学级扩充，在南京国民政府成立后其教育等相关部门所颁发的政策文件中均有具体体现并加以明确说明。

1932 年 12 月 24 日，国民政府公布《小学法》，强调小学得附设幼稚园，前四年为初级小学，后两年为高级小学，初级小学根据地方情形单独设立，即"小学由市县或区坊乡镇设立之，其有特殊情形者，得由省设立之。私人或团体亦得设立小学"。③ 其中"小学由市县设立者，为市立或县立小学；由区设立者，为区立小学；由坊或乡镇设立者，为坊立或乡镇立小学；由两区两坊或两乡镇以上设立者，为某某区某某坊或某

---

① 中国第二历史档案馆：《中华民国史档案资料汇编》（第五辑第一编）（教育）（一），凤凰出版社（原江苏古籍出版社）1997 年版，第 421—427 页。

② 中央教育科学研究所教育史研究室：《中华民国教育法规选编（1912—1949）》，江苏教育出版社 1990 年版，第 69—70 页。

③ 中国第二历史档案馆：《中华民国史档案资料汇编》（第五辑第一编）（教育）（一），凤凰出版社（原江苏古籍出版社）1994 年版，第 538—539 页。

某乡镇联立小学；由私人或团体设立者，为私立小学"。① 同时"小学之设立变更或停办，在省行政区域内者除省立小学外，应经该管县市教育行政机关核准，呈请教育厅备案。在直隶于行政院之市区域内者，应经市教育行政机关核准"②。1936 年 7 月，《修正小学规程》颁布，该规程强调小学为施行国民义务教育的场所，为推行义务教育，各县市致力于推广设立小学，各地亦得设立简易小学及短期小学，其中"县市以下公立小学以区内较小之地名为校名；一地有立别相同之公立小学二校以上时，得以数字之顺序别之；私立小学应采用专有名称，不得以地名为校名"；同时"县、区、乡、镇设立之小学及县境内私立小学由县教育行政机关管辖；教育行政机关以外各机关所特设之小学，由所在地主管教育行政机关监督指导之"。③　《小学法》（1932）和《修正小学规程》（1936）中关于县、乡、镇小学校，或简易小学校，或联合小学校等学校学级扩充的规定，正是民国政府一如既往重视乡村义务教育发展的政策目标规定体现。

抗日战争全面爆发后，国民政府基于抗战建国和教育发展的需要，在推进义务教育发展的宏观目标引导下，1938 年 4 月，《战时各级教育实施方案纲要》在临时全国代表大会审议并通过。为达到普及教育的目的，各地方应视财力满足学龄儿童入学的需求施行小学教育，其学校学级分布与扩充标准如下："一、全国各县，应以地方自治最小单位之区域（例如一保或一乡镇），划定为小学区。每一小学区至少应设短期小学一所。合数小学区为联合小学区，区内至少有四年制之小学一所，为各小学区内短期小学之中心小学。此项短期小学与中心小学，为一地方最小单位之文化中心机关，亦即为推行民众教育与地方自治之中心机关。"④　1939年 9 月，国民政府公布《县各级组织纲要》，实行与战争环境相匹配、利

---

① 中国第二历史档案馆：《中华民国史档案资料汇编》（第五辑第一编）（教育）（一），凤凰出版社（原江苏古籍出版社）1994 年版，第 538—539 页。

② 中国第二历史档案馆：《中华民国史档案资料汇编》（第五辑第一编）（教育）（一），凤凰出版社（原江苏古籍出版社）1994 年版，第 538—539 页。

③ 中国第二历史档案馆：《中华民国史档案资料汇编》（第五辑第一编）（教育）（一），凤凰出版社（原江苏古籍出版社）1994 年版，第 540—550 页。

④ 中国第二历史档案馆：《中华民国史档案资料汇编》（第五辑第一编）（教育）（一），凤凰出版社（原江苏古籍出版社）1997 年版，第 25—26 页。

于政治思想控制的"新县制"。在"新县制"下，"县为地方自治单位，下设乡（镇），保、甲为乡内的编制，以十保为一乡，十五甲为一保"①，"每乡镇设中心学校，每保设国民学校，均包括儿童、成人、妇女三部分，使民众教育与义务教育打成一片；乡（镇）长、中心学校校长及壮丁队长、保长、保国民学校校长及壮丁队长，均暂以一人兼任之"②。根据《县各级组织纲要》，教育部于1940年3月21日订定《国民教育实施纲领》，在保国民学校及乡镇中心学校内施行义务教育和民众补习教育，且"国民学校以每保设立一所为原则，称某保国民学校，保之人口稠密、面积不及四方里者，或一村一街之自然单位不可分离者，得就二保或三保联合设立一所，称某某保联立国民学校。保之面积过于辽阔而村落疏散者，其国民学校得分设班级于各校落，或设置巡回教学班"；同时，"每一乡（镇）应设中心学校一所，称某乡（镇）中心学校，兼负辅导本乡（镇）各保国民学校之责。乡镇内已设有中心学校之保或各保虽离中心学校不足三里者，不另设国民学校，其应就学之儿童及失学民众即入中心学校肄业"。③

根据《国民教育实施纲领》（1940），国民政府教育部于1942年3月订定和公布《乡（镇）中心学校设施要则》《保国民学校设施要则》。《乡（镇）中心学校设施要则》（1942）强调"乡（镇）应设置中心学校一所，称某乡（镇）中心学校，除为所在保办理国民教育外，并为本乡（镇）各保国民学校毕业生升学之所，兼负辅导各保国民学校之责"④。乡（镇）中心学校实质是该乡（镇）国民教育发展的指导中心，乡（镇）中心学校校舍以邻近乡（镇）公所为原则，其附设幼稚园或幼稚班，设置小学部与民教部，分别施以小学教育或补习教育，体现着义务教育与民众教育并重的政策内容与要求。

①　转引自李桂林《中国现代教育史》，吉林教育出版社1991年版，第244页。

②　转引自毛礼锐、沈灌群《中国教育通史》（第五卷），山东教育出版社1988年版，第350页。

③　中国第二历史档案馆：《中华民国史档案资料汇编》（第五辑第一编）（教育）（一），凤凰出版社（原江苏古籍出版社）1997年版，第421—427页。

④　中国第二历史档案馆：《中华民国史档案资料汇编》（第五辑第一编）（教育）（一），凤凰出版社（原江苏古籍出版社）1997年版，第436—438页。

《保国民学校设施要则》（1942）规定："国民学校以每保联立一所
为原则。保之人口稠密而面积四方里者，或一村一街之自然单位不可分
离者，得就二保或三保联合设立一所，称某某保联立国民学校，保之面
积过于辽阔而村落疏散者，其国民学校得分设班级于各村落，或依照实
施巡回教学办法设置巡回教学班，施行巡回教学。已设有中心学校及中
心学校周围距离三里以内之保，不另设国民学校，其应就学之儿童及民
众，应入中心学校小学部及民教部肄业。"① 同时"国民学校小学部，应
于儿童入学时依其年龄、智力等分别编制学级；每级学额以五十人为度，
视地方情形采用二部编制或复式单级等编制"②。《乡（镇）中心学校设
施要则》（1942）和《保国民学校设施要则》（1942）是国民政府国民学
校学级在乡、镇、保等所辖区域内分布与扩充的直接体现，其关于乡、
镇、保内设立或联立国民学校小学部的详细政策规定，是其推行乡村义
务教育、发展乡村基础教育的保障与前提。

1944 年 3 月 15 日，国民政府公布《国民学校法》，国民学校实施国
民教育，分设儿童教育及失学民众补习教育两部（均分初级和高级），每
保应至少设置国民学校一所，或根据地方情形增设，或联合数保共设，
同时"一乡（镇）内之国民学校，应以一校为中心国民学校，设于乡
（镇）适当地点，兼负辅导各保国民学校之责。乡镇区域辽阔，或国民学
校校数较多者，得增设中心国民学校"③。中心国民学校儿童教育初高两
级六年合设；国民学校及中心国民学校均得附设幼稚园。

1945 年，教育部公布《国民学校及中心国民学校规则》，这是根据
《国民教育法》（1944）所订定，其对国民学校及中心国民学校的政策规
定更具针对性和系统性。《国民学校及中心国民学校规则》规定国民学校
及中心国民学校的设置标准为："（一）国民学校以每保设置一所为原则，
称某某县（市）某某乡（镇）某某保国民学校。（二）保之区域辽阔，

---

① 中国第二历史档案馆：《中华民国史档案资料汇编》（第五辑第一编）（教育）（一），凤
凰出版社（原江苏古籍出版社）1997 年版，第 438—441 页。

② 中国第二历史档案馆：《中华民国史档案资料汇编》（第五辑第一编）（教育）（一），凤
凰出版社（原江苏古籍出版社）1997 年版，第 438—441 页。

③ 中国第二历史档案馆：《中华民国史档案资料汇编》（第五辑第一编）（教育）（一），凤
凰出版社（原江苏古籍出版社）1997 年版，第 441—443 页。

或由其他特殊情形者，得联设国民学校，与原设之国民学校以数字区别之，称某某县（市）某某乡（镇）某某保第几国民学校。（三）保之户口密集或有其他特殊情形者，得联合二保或二保以上设置国民学校一所，称某某县（市）某某乡（镇）某某保国民学校。（四）一乡（镇）内应于适当地点设置中心国民学校一所，称某某县（市）某某乡（镇）中心国民学校，负辅导该乡镇各保国民学校之责。（五）乡镇区域辽阔，或国民学校数较多者，得增设中心国民学校，与原设之中心国民学校以数字区别之，称某某县（市）某某乡（镇）第几中心国民学校，分任辅导各保国民学校之责。（六）乡（镇）户口密集或有其他特殊情形者，得联合二乡（镇）或二乡（镇）以上设置中心国民学校一所，称某某县（市）某某乡（镇）中心国民学校，负辅导各乡（镇）内各保国民学校之责。市之保甲编制设区而无乡（镇）者，应按照上列（四）（五）两项规定，分区设置中心国民学校。"①

总之，在抗战期间，国民政府在"抗战建国"和"教育救国"的宏观目标引领下，在以保甲制度为核心内容的"新县制"推行下，随着《国民教育实施纲领》（1940）、《乡（镇）中心学校设施要则》（1942）、《保国民学校设施要则》（1942）、《国民学校法》（1944）和《国民学校及中心国民学校规则》（1945）等有关于乡、镇、保国民学校学级分布与扩充的详尽、具体政策规定公布，国民政府关注全民普及教育，重视乡村义务教育发展的政策意图，是显而易见的。

（四）设学方法衍生

民国政府尤其是南京国民政府，为推进义务教育尤其是占全国较大权重的乡村义务教育的实施，在乡村义务教育推广与实施的过程中，民国政府及其相关教育部门基于当时国内外特定的政治、经济环境与教育发展现状对于实施义务教育设学方法的政策选择并不是单一的，而是渐趋多样化的。

---

① 中国第二历史档案馆：《中华民国史档案资料汇编》（第五辑第一编）（教育）（一），凤凰出版社（原江苏古籍出版社）1997年版，第445—454页。

1932 年 12 月 21 日，国民党第四届中央执行委员会第三次全体会议审议通过《关于整顿学校教育造就适用人才案》，在国民教育方面，强调国民教育以四年或六年小学教育为主要内容，由教育部制定标准颁行全国且一律遵行，但"如四年小学因财力关系，一时尚不能普及，则为目前救济起见，应于最短期内先行推行短期义务教育，普遍设立短期小学"①。由此可见，短期小学正成为乡村义务教育设学方法的政策选择内容之一。

1933 年 4 月，教育部通饬《扩充小学之经济法》，鉴于当前小学教育基础薄弱与失学学龄儿童众多的教育实情，又因各省市小学虽渐有增加但仍"为数至仅"的现状，现有小学在不增经费、不增师资的原则下力事扩充发展并利用至无可利用为止，除已臻普及小学教育地方外，其余各省、县"一面应视各该地方之需要酌量添办，并积极进行短期小学；一面就现有小学及设备较完全之小学，除因地方需要仍用全日制外，应尽量改为半日、或间时二部制、半日二部制，每教室可收容两班儿童，分上下午两部，教学间时，二部制施行于教室，场地较为宽广之学校，可利用教室及其他场所，同时收容两部儿童，一部在教室教学，一部在其他场所，自动作业或游戏间时，互易其地位及作业，如此各校教员俸给稍事增加，所收容之儿童较之现时可增多一倍，即无异于增设一倍之小学，收效之宏不言可喻，我国此时小学师资、经费、校所、教室俱感缺乏，勉图教育普及，自不得迁就事实别寻途径。"②《扩充小学之经济法》在充分肯定短期小学设学办法的前提下，为更多地招收学龄儿童入学和使学龄儿童接受足够年限的小学教育，将二部制这一适用于乡村义务教育发展的设学方法加以肯定，并同时筹备和施行。

1934 年 12 月 14 日，蔡元培等在国民党第四届第五次中央全会提议《实施义务教育标本兼治办法案》，其主要包括："（一）限期实施一年制之短期义务教育，对十足岁至十六足岁年长失学儿童实行强迫教育；

---

① 中国第二历史档案馆：《中华民国史档案资料汇编》（第五辑第一编）（教育）（二），凤凰出版社（原江苏古籍出版社）1994 年版，第 1050 页。

② 中央教育科学研究所教育史研究室：《中华民国教育法规选编（1912—1949）》，江苏教育出版社 1990 年版，第 265—266 页。

（二）竭力推广充实小学教育，并切实推行半日二部制案。"① 短期小学和二部制的设学办法在推进乡村义务教育发展过程中越来越被政策认同与接受。1935 年 5 月 28 日，教育部颁发《实施义务教育暂行办法大纲》，强调施行义务教育，除办理短期小学外还施行："（一）推广初级小学；（二）充实原有学级之学额；（三）厉行二部制；（四）改良私塾；（五）试行巡回教育。"② 在充分肯定短期小学作用和挖掘现有小学校教育资源的基础上，二部制、巡回教育正成为乡村义务教育设学方法的政策重要选择内容。1935 年 11 月 11 日，教育部公布《市县划分小学区办法》，其中规定："偏僻之农村与其他农村相隔距离过远，而人口不满一千者，亦得划为一小学区"，且"偏僻农村之小学区，得采用巡回教学或其他方法，以教授失学儿童"。③ 1936 年 7 月，教育部公布《修正小学规程》，强调："为推行义务教育起见，各地并得设简易小学及短期小学"，同时"初级小学之二部编制，视学校情形得分半日制或间时制。"④ 简易小学、短期小学和二部制成为乡村小学教育设学办法的重要政策构成。

　　由此可见，短期小学、简易小学、改良私塾、二部制、巡回教学，以及义务教育随习班等，正逐渐成为乡村义务教育发展过程中设学方法多样化衍生的重要选择。同时，关于上述设学方法的具体实施办法在国民政府及其教育行政部门所颁发、拟定的政策文件中亦有专门体现。其中，改良私塾办法暂不赘述，其余设学办法相关政策具体如下。

　　1. 短期小学

　　1935 年 7 月 8 日，教育部颁发《实施义务教育一年制短期小学暂行规程》训令。根据训令，在《实施义务教育暂行办法大纲》所规划的第一期实施义务教育期间，为推进教育普及，各省县市乡缺乏学校的小学区，均应尽量设置一年制短期小学，短期小学独立设置，并

---

① 中国第二历史档案馆：《中华民国史档案资料汇编》（第五辑第一编）（教育）（一），凤凰出版社（原江苏古籍出版社）1994 年版，第 605 页。

② 中国第二历史档案馆：《中华民国史档案资料汇编》（第五辑第一编）（教育）（一），凤凰出版社（原江苏古籍出版社）1994 年版，第 610 页。

③ 中央教育科学研究所教育史研究室：《中华民国教育法规选编（1912—1949）》，江苏教育出版社 1990 年版，第 309—310 页。

④ 中国第二历史档案馆：《中华民国史档案资料汇编》（第五辑第一编）（教育）（一），凤凰出版社（原江苏古籍出版社）1994 年版，第 540—550 页。

附设于普通小学及其他学校或公共机关内。一方面，一年制短期小学以招收年满九足岁至十二足岁的儿童为学生，不收学费，所有书籍用品均由学校供给；另一方面，每一短期小学以同时招收学生两班为原则，每班学生以 50 为限，采用半日二部制，分上下午教学，或采用全日二部制，间时教学，同时短期小学每日授课课程为国语（至少 2 小时）、算术（约半小时）、公民训练（约 10 分钟）和体育（5—10 分钟）。① 同年 7 月 31 日，教育部公布《一年制短期小学暂行课程标准》，主要从课程目标、时间支配、课程内容（国语、算术、作文和写字）等方面全面、系统说明课程组织等内容，进而为一年制短期小学的合理实施奠定课程基础。

1935 年 11 月，教育部训令《短期小学实验办法》，旨在依照该办法规定，为改进短期小学各种办理办法以利实施，由国内师范大学、大学教育学院、独立教育学院、省市立各种师范学校附属小学或实验小学及其他有实验能力小学实验，每校至少设置短期小学实验班一班。实验事项主要包括："1. 部颁一年制短期小学暂行课程标准及课本之实验修订；2. 理想的一年制短期小学课程标准及课本之实验编订；3. 短期小学教学方法；4. 二年制短期小学课程课本及教学方法。"②

1937 年 6 月，教育部检发关于《二年制短期小学暂行规程及课程标准总纲》的训令。根据《二年制短期小学暂行规程》③，在《实施义务教育暂行办法大纲》所规划的第二期实施义务教育期间，各省市县应注意办理二年制短期小学，二年制短期小学除独立设置外，还须在普通小学及其他学校或公共机关内附设班级。一则二年制短期小学招收八足岁至十二足岁失学儿童，其毕业程度应相当于小学初级第三学年修业期满程度。二则"二年制短期小学在人口密集、失学儿童众多之地方，以每校同时招收学生二班为原则，每班学额在城市约四十人至五十人，在乡村

---

① 中国第二历史档案馆：《中华民国史档案资料汇编》（第五辑第一编）（教育）（一），凤凰出版社（原江苏古籍出版社）1994 年版，第 631—632 页。

② 中国第二历史档案馆：《中华民国史档案资料汇编》（第五辑第一编）（教育）（一），凤凰出版社（原江苏古籍出版社）1994 年版，第 636—638 页。

③ 中国第二历史档案馆：《中华民国史档案资料汇编》（第五辑第一编）（教育）（一），凤凰出版社（原江苏古籍出版社）1994 年版，第 638—640 页。

不得少于三十人；人口稀少学额不足时，应依照实施巡回教学办法，分设巡回教学班"①。三则二年制短期小学酌情采用二部编制或复式编制，其教学科目为公民训练、国语、常识、算术、工作和游唱六种。四则"二年制短期小学假期以与普通小学一致为原则，在乡村地方得酌量情形，免去星期例假、缩短寒暑假，另放农忙假、赴集假等；每年上课日数，不得少于二百日"②。同时《二年制短期小学课程标准总纲》③则主要从二年制短期小学教育目标、教育程度、教学科目、时间分配、教学材料及教学方法注意要点共六方面全面概括二年制短期小学在具体实施过程中关于课程标准的政策内容。

2. 简易小学

1937年2月23日，教育部检发训令《各省市教育行政机关订定简易小学办法应行注意之点》④，以规范推行义务教育过程中所设立的简易小学。一则简易小学以初级小学为限，修业年限为三年，招收自六足岁至十二足岁的学龄儿童（入学年龄不得超过12岁），不征收学费。二则简易小学设备比正常小学较为简易，其名称根据《修正小学规程》（1936）规定，以学校所在地地名或区域较小地名命名，但须在小学上各加"简易"二字，以区辨普通小学与简易小学。三则简易小学的课程根据《修正小学规程》（1936），依照教育部规定之课程标准实施，注重训育，乡土教材由学校或当地主管教育行政机关编辑，但课程设置需要照正常小学减少科目时间。四则简易小学的校长与教职员任用亦需依照《修正小学规程》（1936）所规定的资格标准，同时凡具有小学代用校长或代用教员或具有短期小学校长教员的资格者也可被正式任用。

---

① 中国第二历史档案馆：《中华民国史档案资料汇编》（第五辑第一编）（教育）（一），凤凰出版社（原江苏古籍出版社）1994年版，第639页。

② 中国第二历史档案馆：《中华民国史档案资料汇编》（第五辑第一编）（教育）（一），凤凰出版社（原江苏古籍出版社）1994年版，第639页。

③ 中国第二历史档案馆：《中华民国史档案资料汇编》（第五辑第一编）（教育）（一），凤凰出版社（原江苏古籍出版社）1994年版，第640—643页。

④ 中央教育科学研究所教育史研究室：《中华民国改革法规选编（1912—1949）》，江苏教育出版社1990年版，第313—314页。

3. 二部制

1937 年 6 月 1 日，教育部检发训令《实施二部制教学办法》①，以规范二部制设学方法在义务教育推行过程中的应用。"凡人口较为密集之区域，所有短期小学、简易小学及普通小学低年级，不能容纳就学儿童时，以采用二部编制为原则。"② 一般来说，二部制主要分为全日二教室二部制、全日一教室间时二部制、半日二部制、全日半日混合二部制和间日二部制共 5 类编制（其分类详情及应用情形，详见表 4 - 2）。同时直接施行二部制设学办法的教师，除应具备规定基本资格外还须遴选教学成绩比较优良的人员充任，教员还应在每班中遴选年长优秀的儿童予以训练使其发展为导生，从而在自习或课外活动时负责领导及维持秩序。全日、半日、混合和间日二部制设学办法以其灵活且更大限度地符合县、乡、镇等区域内乡村义务教育开展的客观情况，这对于满足学龄儿童及其家长家庭的实际需要，调动其接受义务教育的主动性与积极性作用也是十分明显的。

4. 巡回教学

1937 年 6 月，教育部公布《实施巡回教学办法》，强调："各地方有下列情形之一者，得在二个以上之地点，设置巡回教学班，由一个教员巡回施教：（一）区域辽阔，村落星散，交通不便，儿童不易集中者。（二）地方贫瘠，人口稀疏，无力设置学校者。（三）附近学校学额已满，无力扩充，失学儿童未能尽量容纳者。（四）儿童因交通及生活或职业关系，不能全日或半日就学者。"③ 巡回教学主要分为长期集合者和临时集合者两种（详见表 4 - 3）。实施巡回教学，应先调查当地情形与设班地点，以确定设班办法、施教时间和次数，巡回教学一般以每班每日均得巡回施教一次为原则，但也可根据当地情形采取间日巡回施教制，每班施教时间长短根据路途远近及班级多

---

① 中国第二历史档案馆：《中华民国史档案资料汇编》（第五辑第一编）（教育）（一），凤凰出版社（原江苏古籍出版社）1994 年版，第 643—645 页。

② 中国第二历史档案馆：《中华民国史档案资料汇编》（第五辑第一编）（教育）（一），凤凰出版社（原江苏古籍出版社）1994 年版，第 644 页。

③ 中央教育科学研究所教育史研究室：《中华民国教育法规选编（1912—1949）》，江苏教育出版社 1990 年版，第 315—317 页。

表4-2　　　　　　　　　　二部制分类详情及应用情形

分类	具体详情	应用情形	备注
全日二教室二部制	以二教室同时容纳两班同程度或异程度之儿童，由一教员往复施教。教室最好两室相连或作日字形，中间辟门，以便教员来往，儿童隔室相向；或作曲尺形，横竖交叉处不设板壁，墙隅斜置黑板，教员在同一位置可照料左右二教室	小学儿童数超过一级以上而校舍设备敷用者，宜采用全日二部制	①便于共同教学之科目，应尽量将两班儿童施行合并教学；②简易小学及普通小学实施二部制，约略以每级八十人，每班约略四十人为原则；短期小学实施二部制，约略以每级一百人，每班五十人为原则
全日一教室间时二部制	以一教室及一其他场所（如运动场、园地、图书室、礼堂等），同时容纳两班儿童，间时交替入教室，由一教员施教。其不直接受教之儿童由导生领导自习，或作其他活动		
半日二部制	以一教室容纳两班儿童，分上下午教学，由一教员施教。是项二部制分左右两式：甲、儿童全日在校者，半日在教室学习，半日由导生领导在其他场所自由作业或活动。乙、儿童半日在校者，离校之半日，由教员支配课外作业，令儿童自习	儿童数超过一级以上而不能全日到校，且校舍设备不敷应用者，宜采用半日二部制	
全日半日混合二部制	以二教室容纳两班或三班儿童，一班全日在校，余两班上下午交互在校。全日班与半日班之教学时间须交互排配，半日班授课时，全日班应支配自习或课外作业	教员教学上与儿童学习上有特殊需要者，可采用全日半日混合二部制	
间日二部制	以一教室容纳两班儿童，间日轮流施教，不直接施教之一班，应支配自习或课外作业	儿童因交通或家庭等关系不能逐日到校者，宜采用间日二部制	

材料来源：中国第二历史档案馆：《中华民国史档案资料汇编》（第五辑第一编）（教育）（一），凤凰出版社（原江苏古籍出版社）1994年版，第643—645页。

寡酌定。巡回教学班遇必要时可采用巡回教学车或教育箱等工具，其所需桌椅等设备，以由儿童家庭各自借出或借用公共原有物件为原则，不拘形式但也可酌量购置。除此之外，巡回教学班教员于实施巡回教学前须予以相当训练，对于儿童学业还应注意考核，并于每学期终了时举行学期测验，同时巡回教学班课程教学完毕后，考查成绩及格者，给予证明书，并以曾受短期义务教育论。

表 4 – 3　　　　　　　　　　　巡回教学分类详情

分类	具体详情
长期集合者	每乡村或每一适中地点设置一班，学额须在十五人以上。每班儿童数不满二十人者，一教员至少教学二班。儿童全日或上下午半日在校，教员来校时，由教员直接教学或考核；教员离校时，由导生领导自动学习
临时集合者	每乡村或每一适中地点设置一班，学额约五人至十五人，一教员至少教学三班。平时儿童各自分散至规定时间集合，由教员来班教学，或由导生领导学习

材料来源：中央教育科学研究所教育史研究室：《中华民国教育法规选编（1912—1949）》，江苏教育出版社 1990 年版，第 315—317 页。

5. 儿童义务随习班

1938 年 12 月 10 日，教育部公布《小学增设儿童义务随习班办法》[1]，其旨在谋义务教育迅速普及，使失学儿童尽受教育，在学儿童多得益友，进而提高国民受教育程度。根据《小学增设儿童义务随习班办法》，"各小学除充实学额并充分设置短期小学班外，均应设置随习班，鼓励在校儿童，各率邻近已届学龄而尚失学之儿童至少一人，于每星期指定之时间，到校入班受课"。一方面，儿童义务随习班上课时间为星期三、星期六下午或星期日上午，平时由学校支配课业，在家自习，且自习时间以每日两小时为度，同时随习班修业年限以修毕一年或二年制短期小学课程为度，修业期满成绩及格，则由各县市义务教育委员会发给证明书，

① 中央教育科学研究所教育史研究室：《中华民国教育法规选编（1912—1949）》，江苏教育出版社 1990 年版，第 336—337 页。

其中优秀者应随时补入本校原有相当学级为正式生；另一方面，义务教育随习班课业由教员直接教授，并训练原在本校优秀儿童为导生，加以辅导随习班儿童在校学习和定期前往其家庭指导学习，同时入随习班学习的儿童免收一切费用，其课业用品可由学校或原在本校之儿童借用，或由学校发给。可见，在课业时间与标准、授业对象与方法、修业期满及深造等关于儿童义务随习班这一设学方法的政策规定，对于乡村义务教育发展的切实推进也是大有裨益的。

（五）分期事项调适

　　筹备和设计义务教育发展进程中的分期事项，尤其是包括乡村义务教育实施的发展内容与进程事项设计与调适，更是民国政府及其教育等相关部门，在整体规划设计中重点关注且关系到规划实施成功与否的关键内容。根据特定时期义务教育实施情况与发展方向，由《实施义务教育暂行办法大纲及其施行细则》（1935）、《国民教育实施纲领》（1940）和《全面实施国民教育第二次五年计划》（1946）等以规划乡村义务教育发展为重要内容的相关政策文本的相继订定与颁发，共同构成了民国时期乡村义务教育发展进程分期事项设计的基本载体，其具体调适如下。

　　1. 《实施义务教育暂行办法大纲及其施行细则》的颁布

　　1935 年 5 月 28 日，教育部颁布《实施义务教育暂行办法大纲》，6 月 1 日，行政院训令抄发并通令各省市政府遵照办理。实施义务教育，中央及地方主管教育行政机关均应特设义务教育委员会协助推行，旨在使全国学龄儿童所接受义务教育逐渐由受一年制、二年制而至四年制，切实使义务教育的开展保质保量地落到实处。根据《实施义务教育暂行办法大纲》，义务教育的实施以注重实际生活教育为主，规划分三期进行，拟自从 1935 年 8 月至 1940 年 7 月着重办理一年制短期小学，从 1940 年 8 月至 1944 年 7 月着重办理二年制短期小学，从 1944 年 8 月起着重办理四年制义务教育（详见表 4 - 4）。以逐期递进的方式因地制宜地根据各地方的实际情况，尤以适应各县、乡、镇、村的基本教育现实，这对义务教育发展进程尤其是乡村义务教育规划实施的整体设计是十分必要且利于目标实现的。

表4-4 《实施义务教育暂行办法大纲》（1935）规划分期时间及内容详情

分期	时间安排	内容详情
第一期	1935.8—1940.7 自民国二十四年八月起至二十九年七月止	在第一期内年长失学儿童及未入学之学龄儿童，至少应受一年义务教育，各省市应注重办理一年制之短期小学
第二期	1940.8—1944.7 自民国二十九年八月起至三十三年七月止	在第二期内一切学龄儿童至少应受两年义务教育，各省市应注重办理二年制之短期小学
第三期	1944.8— 自民国三十三年八月起	在第三期内义务教育之期间定为四年

材料来源：中国第二历史档案馆：《中华民国史档案资料汇编》（第五辑第一编）（教育）（一），凤凰出版社（原江苏古籍出版社）1994年版，第609—610页。

1935年6月20日，行政院关于《实施义务教育暂行办法大纲施行细则》致教育部指令（字第一九二八号），其以《实施义务教育暂行办法大纲》（1935）为依据，在强迫入学及缓学免学、施行程序、师资、校舍设备、经费、机关、惩奖等方面均作以更加详细的细则规定。根据《实施义务教育暂行办法大纲施行细则》，在施行程序上，各省应于1935年"令饬所属县市依原有乡村城镇之人口划定小学区，以为施行义务教育；开办短期小学之单位，每一小学区平均以约有人口一千人为准，行政院直辖市亦同。每五小学区至十小学区内须逐渐设置普通小学一所"①，在实施义务教育第一、二、三期内，为渐次推行并保证对学龄儿童的一年制、二年制和四年制义务教育，广设短期小学（第一、二期内），改良私塾，试行巡回教育等。同时，在原有普通小学不改为短期小学的基础上酌采二部制和充实原有学额并酌量增设普通小学，以致力于推进义务教育尤其是乡村义务教育实现第一、二期内受一年制或二年制短期小学教育或相当教育的儿童占学龄儿童总数的80%（详见表4-5），从而推进《实施义务教育暂行办法大纲及其施行细则》颁布所规划的义务教育发展进度与分期事项顺利实施和实现。

---

① 中国第二历史档案馆：《中华民国史档案资料汇编》（第五辑第一编）（教育）（一），凤凰出版社（原江苏古籍出版社）1994年版，第623—630页。

表 4-5 《实施义务教育暂行办法大纲施行细则》（1935）规划分期及应办事项详情

分期时间	应办事项详情	备注
第一期： 1935.8—1940.7	在实施义务教育第一期内，为供给儿童受一年之义务教育起见，应举办下列各事。 （一）广设短期小学：限各小学区就预定设校地点设置一年制之短期小学，招收九足岁至十二足岁之失学儿童。此项小学以采用二部编制为原则，每日上下午各教学半日或全日间时教学，至少各授课三小时或四小时，修业年限一年。乡村短期小学得放农忙假。但应缩短其他假期，以补足修业时数；普通小学及其他学校与公共机关内，并得附设前项短期小学班。 （二）改良私塾：限令各地将原有私塾整理改良，一律依照短期小学或普通小学课程办理改称改良私塾，其较优良者得迳改为短期小学或普通小学。 （三）试行巡回教育：得令各地方设置巡回教员，以时轮往穷乡僻壤交通不便利处教授失学儿童，其程度与短期小学同。 （四）各省市为推行义务教育之便利，除上列各项办法外，并得采用其他适宜之方法。	（一）在义务教育实施第一、二期内，各省市在办理短期小学时，还应同时办理（1）酌量增设普通小学、（2）限令普通小学酌采二部制、（3）充实原有普通小学之学额等事项，但原有普通小学不得改为短期小学，以推广普通小学教育。 （二）各省市依照规定施行义务教育，务使在义务教育实施第一期之末年曾受一年短期小学教育或相当教育之儿童，至少达到学龄儿童总数的80%，在第二期之末年曾受二年制短期小学教育或相当教育之儿童，至少亦达到学龄儿童总数的80%。
第二期： 1940.8—1944.7	在实施义务教育第二期内，应将各学区内所有一年制之短期小学逐渐悉改为二年制短期小学，招收八足岁至十二足岁之失学儿童，仍以采用二部编制为原则，修业年限二年。 第一期内（二）改良私塾和（三）试行巡回教育等款所规定之办法均应继续办理。	
第三期： 1944.8—	在实施义务教育第三期内，应将各地之二年制短期小学逐渐改为四年制之普通小学。 第一期内（二）改良私塾和（三）试行巡回教育等款所规定之办法仍继续办理。	

材料来源：中国第二历史档案馆：《中华民国史档案资料汇编》（第五辑第一编）（教育）（一），凤凰出版社（原江苏古籍出版社）1994 年版，第 623—630 页。

2.《国民教育实施纲领》的颁发

1940年3月21日,教育部颁发《国民教育实施纲领》。国民教育主要由义务教育和失学民众补习教育两部分构成,并以充实义务教育为最重要的内容之一。为推进国民教育的普及与发展,根据《县各级组织纲要》和保国民学校及乡(镇)中心学校的相关规定,基于国民教育尤其是县、乡、镇、保国民教育特别是义务教育发展的实情,从1940年8月至1945年7月限期五年分三期进行国民教育普及工作,在各乡(镇)中心学校和保国民学校数量基本保证且逐渐增加的前提下强调入学儿童占学龄儿童总数在三期内实现从65%至80%再至90%的有效增长(详见表4-6)。如各省市因特殊情形不能完成普及教育目标,则应呈准中央缩短或延长。同时各省、市、县、乡、镇、保在推进国民教育普及时间内,各省市应于本纲领实施后六个月内将所属地方各保学龄儿童数及失学民众数调查完竣,并造具统计表册呈报教育部;于本纲领实施后四个月内核定所属地方分期推设国民学校计划,在第二期内须使国民学校平均分配于每三保及二保内;于本纲领实施后六个月内,依据全省市筹集经费,造就师资,分期增设国民学校及设置中心学校之计划,拟就全省市整个实施计划并呈报教育部。①

表4-6 《国民教育实施纲领》(1940)规划分期及主要内容详情

分期	时间安排	主要内容详情
第一期	1940.8—1942.7 自民国二十九年八月起至三十一年七月止	在第一期内各乡(镇)均应成立中心学校一所,至少每三保成立国民学校一所;在本期终了时,须使入学儿童达到学龄儿童总数的65%以上,入学民众达到失学民众总数的30%以上

---

① 中国第二历史档案馆:《中华民国史档案资料汇编》(第五辑第一编)(教育)(一),凤凰出版社(原江苏古籍出版社)1997年版,第421—427页。

分期	时间安排	主要内容详情
第二期	1942.8—1944.7 自民国三十一年八月起至三十三年七月止	在第二期内保国民学校数应逐渐增加或就原有之国民学校增加班级，在本期终了时，须使入学儿童达到学龄儿童总数的80%以上，入学民众达到失学民众总数的50%以上
第三期	1944.8—1945.7 自民国三十三年八月起至三十四年七月止	在第三期内保国民学校数应尽量增加，以期达到每保一校为目的，或就原有之国民学校增加班级，在本期终了时，须使入学儿童达到学龄儿童总数的90%以上，入学民众达到失学民众总数的60%以上

材料来源：中国第二历史档案馆：《中华民国史档案资料汇编》（第五辑第一编）（教育）（一），凤凰出版社（原江苏古籍出版社）1997年版，第421—427页。

3. 《全面实施国民教育第二次五年计划》的公布

抗日战争胜利后，国民政府及其教育部在"教育复员"的前提下，提出了全面普及国民教育的拓展方案，并于1946年1月公布《全面实施国民教育第二次五年计划》，以促进包括义务教育在内的国民教育早日全面普及。根据《全面实施国民教育第二次五年计划》，参照全国各省市实际情形，该实施计划主要包括三部分：一是前述《国民教育实施纲领》所推行四川、云南、贵州、广西、广东、湖南、福建、浙江、江西、陕西、甘肃、河南、湖北、安徽、宁夏、青海、西康、新疆、重庆等19省市在检讨第一次实施计划结果的基础上另定第二次实施国民教育五年计划，同时将已完成第一次实施计划标准和未完成第一次实施计划标准的省市分别拟定不同的施行程序；二是尚未实施国民教育计划的江苏、河北、山东、山西、绥远、热河、察哈尔、辽宁、安东、辽北、吉林、松江、合江、黑龙江、嫩江、兴安、北平、天津、青岛、上海、南京、大连、哈尔滨等23省市拟定第一次实施国民教育五年计划，并根据各省、县、乡、保已有学校数量及入学儿童占学龄儿童比例等教育现实拟定两项不同的进行程序加以规划；三是参照中国台湾省义务教育及失学民众补习教育实际情况，以及整理其与其他各省市不同行政学制及设施的需要，拟定第一次实施国民教育五年计划（详见表4-7）。根据抗战结束后各省市教育发展现状的不同，分别拟定不同的教育发展规划进程与具体事项，这对于因地因时制宜地开展国民教育工作、切实推进以县、乡、镇、保义务教育为重要内容的国民教育普及与发展，其规划的合理性、统筹的科学性与发展的现实性"三位一体"，积极发挥着政策引导与影响作用。

表4-7　　《全面实施国民教育第二次五年计划》（1946）规划要点
分类及进行程序

规划要点	分类及进行程序
四川等十九省市拟定第二次实施国民教育五年计划要点	（一）已完成一保一国民学校，一乡镇一中心国民学校，已受教育之学龄儿童与失学民众已达到第一次五年计划规定标准者： 1. 切实调查各地国民学校内容设施情形，分为甲、乙、丙三等，分期加以整理并充实。 2. 全部学龄儿童及失学民众均受相当之义务教育与补习教育。 3. 国民学校一律办高级班，使一般学龄儿童均受六年之义务教育。 4. 国民学校及中心国民学校教员至少应为简易师范学校毕业之人员。
	（二）设校及入学儿童与失学民众数量尚未达到第一次五年计划规定标准者： 1. 设校数量应达一保一国民学校，一乡镇一中心国民学校。 2. 入学儿童应达到学龄儿童总数的90%以上，入学民众应达到失学民众总数的60%以上。 3. 切实调查各地中心国民学校办理情形，就其一般设施，分列甲、乙、丙三等分期加以整理并充实。 4. 国民学校及中心国民学校教员至少应为国民教育短期师资训练班毕业之人员。

续表

规划要点	分类及进行程序
江苏等二十三省市拟定第一次实施国民教育五年计划要点	（一）江苏、山东、河北、山西、辽宁、安东、北平、天津、青岛、上海、南京、大连、哈尔滨等省市原有地方教育已有相当基础，实施国民教育时，应规定在前三年内完成一乡镇一中心国民学校一保一国民学校，入学儿童至少须达到学龄儿童总数的90%以上，入学民众至少须达到失学民众总数的60%以上，后二年内应分别充实中心国民学校及国民学校。其进行程序如下： 1. 在第一年上半年，应促地方政府完成保甲编制及筹建校舍设备等工作。 2. 在第一年下半年内，应就原有之小学分别改设为中心国民学校与国民学校，务期达到平均每三保有一国民学校。 3. 第二年内，应完成一乡镇一中心国民学校，并应达到平均每二保有一国民学校。 4. 第三年内，应先完成每保有一国民学校。 5. 第四年内，应调查中心国民学校内容设施情形，分为甲、乙、丙三等，分别加以整理并充实。 6. 第五年内，应调查国民学校一般设施，分为甲、乙、丙三等，分期加以整理并充实。 （二）绥远、热河、察哈尔、辽北、吉林、松江、合江、黑龙江、嫩江、兴安等省，应规定在五年内完成一乡镇一中心国民学校一保一国民学校，入学儿童至少须达到学龄儿童总数的90%以上，入学民众至少达到失学民众总数的60%以上。其进行程序如下： 1. 第一年内，应促地方政府完成保甲组织，并就原有之小学改为中心国民学校及国民学校。 2. 第二年内，应完成一乡镇设一中心国民学校，每三保平均有一个国民学校。 3. 第三年内，应完成每二保平均有一个国民学校。 4. 第四年内，应完成每一保有一国民学校，并先就中心国民学校分别充实其内容。

规划要点	分类及进行程序
中国台湾省拟定实施国民教育五年计划要点	中国台湾省原有各地方国民学校已有相当数量，入学儿童已到学龄儿童总数的99%，可为义务教育已臻普及，惟行政学制及一切设施均与各省市不同，应于五年内加以整理，改善其要点： （一）在第一、二年内，应先完成保甲组织，将原有市、街、庄之国民学校，择其规模较大者改为中心国民学校，并就原有教职员举行总登记，加以短期训练后，分别任用。并尽先推行国语教学。 （二）在第三年内，应切实调查中心国民学校内容设施，分为甲、乙、丙三等，分别加以整理充实。 （三）在第四、五年内，应切实调查各保国民学校内容设施，分为甲、乙、丙三等，分别加以整理充实。

材料来源：中国第二历史档案馆：《中华民国史档案资料汇编》（第五辑第三编）（教育）（一），凤凰出版社（原江苏古籍出版社）2000年版，第156—160页。

除此之外，在强迫教育、修业年限、学校学级、设学方法、分期事项等乡村义务教育规划内容筹定的基础上，民国政府及其教育等相关部门基于乡村义务教育发展还相继制定和颁布了《义务教育经费支配办法大纲训令》（1935）、《各省县市等筹集义务教育经费暂行办法大纲》（1935）、《各省市义务教育师资训练班办法》（1936）、《健全义务教育行政组织各点》（1937）、《省市义务教育视导员规程》（1937）等直接相关于义务教育行政、经费与师资等的专门性政策文件。这些政策内容是民国时期乡村义务教育实施与发展的重要构成，其关于义务教育行政、经费与师资等在各省、县、乡、镇、村等范围内的专述与规定，对于乡村义务教育的发展发挥着举足轻重的政策影响价值。关于民国时期乡村教育行政划定实行、经费保障制定施行、教职员与学生政策拟定规行等已有专节论述，上述政策具体内容这里不赘述了。

三　乡村基础教育经费保障的施行

（一）经费筹集探索

一般来说，国民政府及其教育等相关部门虽然重视教育的普及与义务教育的推广，但全国县、乡、镇、村等所辖区域范围内乡村教育经费的筹集仍然以地方自筹为来源，中央及省政府等根据地方情形以适量的财政拨款补助，同时各地方各学校加以必要的基金筹足管理，再辅以为全面实施义务教育推广乡村义务教育的发展所制定的各种专项筹集办法，共同构成民国时期乡村教育经费筹集的主要渠道，在充分利用与提高效率的经费筹集与支配导向下艰难地支持着民国乡村基础教育的开展。

1. 筹集来源

1929 年 3 月 27 日，教育部致国民政府文官处公函（字第五二六号）提及发展全国范围内强迫教育计划是需以筹备大宗经费培养师资和划定区域教育试验为先行的，而"大宗经费之来源，则非各地方所能骤行筹措，按照各国成例，应由国府指定的款实行补助"①。国民政府教育部门在各省、县、乡、镇、村自筹经费推行教育普及发展乡村基础教育的过程中，已经逐渐认识到地方自筹经费的有限性，由国家指定教育款项补助全国范围教育事业的发展已然得到重视。

1931 年 5 月，行政院发布由教育部制定的《地方教育经费保障办法》训令，切实保障各省、县发展教育的经费总额。自 1931 年起"各项新增地方捐税，由省市政府酌定提留若干成，作为地方教育经费"，同时"各地方现有教育财产，应由各该地方教育行政机关，依据下列各项，切实整理之：甲、旧有款产，应将确定数目，一律调查清楚，据实登记，并呈报主管政府备案。乙、旧有田产，其有未缴清地价，以及未经承粮或溢丈之地，应即照章补缴升科，以免纠纷。丙、旧有款产，由地方绅士私人保管者，应一律归还公家，设法生利。丁、旧有田产税项，向由私人低价承包，于中取利者，其田产应撤回另行直接招佃，税款应撤销承

---

① 中国第二历史档案馆：《中华民国史档案资料汇编》（第五辑第一编）（教育）（一），凤凰出版社（原江苏古籍出版社）1994 年版，第 604—605 页。

包，另定征收办法，尽力剔除中饱。戊、旧有款产，被私人侵占者，应一律查明追还"①。强调大力普及教育和发展义务教育的过程中国家指定专款补助教育的同时，更积极强调地方教育经费的整理，并具体至旧有款产、田产等的登记、收缴和追还等。

抗日战争爆发后，关于教育经费筹集来源，《战时各级教育实施方案》（1938）在强调教育经费是教育事业推进原动力的基本认识下，整体筹集新增教育经费、切实整理旧有教育经费，主要包括：中央对于整个之教育文化事业费与逐年增加之额数，应与其他事业费，有相当之比额，俾不致有所偏枯；中央补助各省市之义务教育与民众教育经费，仍应按照预定计划，逐年增加，以期达到预定之目的；各省市之义务教育经费，必须依照中央补助额数，设法筹足；各地方之教育经费，其依法独立者，仍应予以保障；各省市之教育经费及其款产，应积极设法清理，呈报中央备案；各地方筹集义务教育经费，中央应规定其来源，或指定其税收，财政机关应予以相当之协助；等等。② 其中与其他事业费相比逐年增加教育文化事业费、按计划补助各省市义务教育经费、依照中央补助额数设法筹足各省市义务教育经费、保障各地方教育经费独立、规定各地方筹集义务教育经费来源并制定其税收等有关于乡村基础教育发展的经费筹集来源的政策规定，这对于保障教育经费总额用以推广乡村基础教育事业具有举足轻重的积极影响。

1940 年，《国民教育实施纲领》（1940）颁发，其在经费筹集来源方面，继续强调"保国民学校之经费，应以由保自行筹集为原则，不足时应由县市经费项下支给之"，且乡（镇）中心学校及保国民学校在择定相当地址规划建筑正式校舍之"建筑费由乡（镇）保自筹为原则，其不能自筹者，由县市政府统筹之"，同时"各县市筹设国民学校及中心学校经费不足时，应由省在省经费及中央拨助之经费项下，酌予补助之"。③ 而

① 中央教育科学研究所教育史研究室：《中华民国教育法规选编（1912—1949）》，江苏教育出版社 1990 年版，第 122—124 页。

② 中国第二历史档案馆：《中华民国史档案资料汇编》（第五辑第一编）（教育）（一），凤凰出版社（原江苏古籍出版社）1997 年版，第 31—32 页。

③ 中国第二历史档案馆：《中华民国史档案资料汇编》（第五辑第一编）（教育）（一），凤凰出版社（原江苏古籍出版社）1997 年版，第 421—427 页。

后《乡（镇）中心学校设施要则》（1942）和《保国民学校设施要则》（1942）分别规定"中心学校之经费其相当于国民学校部分之薪给办公设备等费，由保自行筹集，其余经费由县（市）政府支给之"①"国民学校之经费，以保自筹为原则，其筹集办法另订之"②。

可见，实施国民教育，推进各乡、镇、保国民学校的设立与开展，均以各乡、镇、保地方自筹为原则，同时中央、省、县（市）政府根据具体实情予以合适的补助，构成了乡村基础教育经费筹集的主要来源。

1942 年 8 月，陈立夫在各省市国民教育会议闭幕式上的总结报告中，具体指出国民政府及其教育等相关部门决定全国在五年内分期在各保内普设国民学校约 80 万校，其中除现有可资改办小学约 20 万校外，尚须增设 60 万校，而逐年增设国民学校所需费用由中央、各省及县保分担之，若全国国民学校每年每校"经常费"平均以 800 元计，第一年增设 16 万校，所需经费总数为 128000000 元；第二年增设 12 万校，连前共计 28 万校，所需经费总数为 224000000 元；第三年增设 12 万校，连前共计 40 万校，所需经费总数为 320000000 元；第四年增设 10 万校，连前共计 50 万校，所需经费总数为 400000000 元；第五年增设 10 万校，连前共计 60 万校，所需经费总数为 480000000 元。其中，每年中央补助、各省市拨助、县及保自筹分担比例及金额（详见表 4 - 8），且各县原有小学教育经费仍应列支为改办国民学校教育经费，并筹措各校设备及建筑等费。除此之外，各省市训练师资所需经费应依照预定计划，将所需经费、自筹款项并请由中央照数予以补助；各省市每年所承担国民教育经费也应列入预算，县财政实施统收统支教育经费处理办法。③

---

① 中国第二历史档案馆：《中华民国史档案资料汇编》（第五辑第一编）（教育）（一），凤凰出版社（原江苏古籍出版社）1997 年版，第 436—438 页。

② 中国第二历史档案馆：《中华民国史档案资料汇编》（第五辑第一编）（教育）（一），凤凰出版社（原江苏古籍出版社）1997 年版，第 438—441 页。

③ 中国第二历史档案馆：《中华民国史档案资料汇编》（第五辑第一编）（教育）（一），凤凰出版社（原江苏古籍出版社）1997 年版，第 511—517 页。

表4–8　　1942年各省市国民教育会议闭幕式总结报告之计划增设
国民学校所需经费分担　　　　　　　　　　　　单位：元

第几年	国民学校数		所需经费总数	分担办法					
				中央补助		省市拨助		县及保自筹	
	增设	连前共计		比例	金额	比例	金额	比例	金额
一	16万	16万	128000000	25%	32000000	25%	32000000	50%	64000000
二	12万	28万	224000000	25%	56000000	25%	56000000	50%	112000000
三	12万	40万	320000000	20%	64000000	20%	64000000	60%	192000000
四	10万	50万	400000000	20%	80000000	20%	80000000	60%	240000000
五	10万	60万	480000000	15%	70000000	15%	70000000	70%	336000000

材料来源：中国第二历史档案馆：《中华民国史档案资料汇编》（第五辑第一编）（教育）（一），凤凰出版社（原江苏古籍出版社）1997年版，第511—517页。

根据表4–8可知，在增设国民学校所需经费的筹集过程中，县及保自筹经费的所分担比例逐年从50%升至60%再至70%，其承担国民学校增设及发展所需经费的较大比例任务。此后，1944年3月15日，《国民学校法》指出："国民学校及中心国民学校之经常费，由主管教育行政机关统筹支给之。国民学校及中心国民学校之开办、设备等费，除由主管教育行政机关筹给外，得由乡（镇）保筹给之。"[1] 1945年9月19日，《国民学校及中心国民学校规则》公布，其强调："国民学校及中心国民学校之开办，设备等费除由主管教育行政机关筹给外，得由乡（镇）保筹给之。"[2] 随后《全国实施国民教育第二次五年计划》（1946）指出："一、国民教育经费，应列入县市预算。二、国民学校开办设备等经费，

---

[1]　中国第二历史档案馆：《中华民国史档案资料汇编》（第五辑第一编）（教育）（一），凤凰出版社（原江苏古籍出版社）1997年版，第441—443页。

[2]　中国第二历史档案馆：《中华民国史档案资料汇编》（第五辑第一编）（教育）（一），凤凰出版社（原江苏古籍出版社）1997年版，第445—454页。

以由各乡镇保自筹为原则，不足之数由市县政府补助之。"① 1946 年 12 月
25 日，《中华民国宪法》颁发，其第 164 条明确规定："教育、科学、文
化之经费，在中央不得少于其预算总额百分之十五，在省不得少于预算
总额百分之二十五，在市县不得少于其预算总额百分之三十五。其依法
设置之教育文化基金及产业，应予以保障。"②

　　总之，民国政府及其相关教育等部门十分重视以乡村基础教育为主
要内容的基础教育的实施与普及，但在县、乡、镇、村（或保）基础教
育的改革与发展过程中，相关教育政策文件在经费筹集上的核心内容，
一直都是以县、乡、镇各地方自筹经费为基本来源，同时根据适宜情形
辅以中央财政补助和各省市拨款补助，并以各县、乡、镇、村（或保）
分担基础教育尤其是乡村基础教育普及与发展所需经费筹集的较大比例
任务，承担着乡村基础教育发展的主要责任与任务。

　　2. 筹集方法

　　（1）教育基金筹足

　　1940 年 3 月，教育部订定《国民教育实施纲领》。在教育基金筹足管
理方面，该纲领在强调保国民学校经费由保自行筹集的基础上，进一步
指出："保国民学校应由保在一定期限内筹集相当之基金，为扩充学校设
备之用。基金筹集办法另定之"③，这是因为国民教育发展过程中所需的
乡（镇）中心学校办公费及设备扩充等经费，应由所在地方自筹之，并
应参照保筹基金办法筹足基金。同年 6 月，教育部订定《保国民学校及
乡镇中心学校基金筹集办法》，明确指出保国民学校经费及乡（镇）中心
学校办公设备扩充等费，应以基金所生之利息为大宗来源，其筹集办法
主要包括劝勉当地寺庙、祠会等拨捐财产，经营公有生产事业，公耕田
地，分工生产，收集出售天然物品，征集买卖双方共同认捐之手续费，
征集劳动服务者捐助其所得之酬金或奖金，由居民依其富力自认捐款和

　　① 中国第二历史档案馆：《中华民国史档案资料汇编》（第五辑第三编）（教育）（一），凤
凰出版社（原江苏古籍出版社）2000 年版，第 156—160 页。

　　② 中央教育科学研究所教育史研究室：《中华民国教育法规选编（1912—1949）》，江苏教
育出版社 1990 年版，第 69—70 页。

　　③ 中国第二历史档案馆：《中华民国史档案资料汇编》（第五辑第一编）（教育）（一），凤
凰出版社（原江苏古籍出版社）1997 年版，第 421—427 页。

劝募等，并对保国民学校及乡（镇）中心学校基金筹集额度、运用等加以详细规定和说明。《保国民学校及乡镇中心学校基金筹集办法》（1940）具体内容如下。

第一条　本办法依照国民教育实施纲领第十六条及第十七条之规定订定之，凡保国民学校及乡（镇）中心学校基金之筹集，均依照本办法之规定。

第二条　保国民学校及乡（镇）中心学校办公设备扩充等费，应以基金所生之利息为大宗来源。

第三条　保国民学校之基金由保筹集之，乡（镇）中心学校之基金，由学校所在地不另设国民学校之保筹集之。

第四条　保国民学校及乡（镇）中心学校小学初级一学级应筹集之资金最低额为国币二千五百元，或每年有二百五十元以上收益之财产，乡（镇）中心学校小学高级一学级应筹集之基金最低额为国币四千元，或每年有四百元以上收益之财产，民教部每两班应筹集之基金，最低额为国币二千五百元，或每年有二百五十元收益之财产，在生活程度较高地方，基金额应随之提高，俾足敷校长教员薪给及扩充学校设备之用。

第五条　保国民学校及乡（镇）中心学校基金全额分三期筹集之，每期之筹集时间为三年，由保国民大会决定后呈准县（市）政府备案施行。县（市）政府对于能在规定第一、二期内筹足基金之保，应予以补助金或其他奖励，对于不能如期筹足之保，得限期加以强制。

第六条　保国民学校及乡（镇）中心学校基金之筹集，适用左列各法：一、劝勉当地寺庙、祠会等拨捐财产，充作基金；二、经营公有生产事业；三、公耕田地；四、分工生产；五、搜集出售天然物品；六、征集买卖双方共同认捐之手续费；七、征集劳动服务者捐助其所得之酬金或奖金；八、由居民依其富力，自认捐款；九、劝募；十、其他。

第七条　由各省（市）政府遵照监督寺庙条例第十条之规定，参酌内政部所颁佛教寺庙兴办公益事业规定第五条所定出资标准，及行政院二十四年十二月令："寺庙产业之充公益者，应着重于兴办教育事业"等之规定，就各该省寺庙祠会情形，拟订劝勉寺庙祠会拨捐财产充作保国民学校及乡（镇）中心学校基金办法呈准行政院施行之。

第八条　经营生产办法适用如左之规定：一、按当地情形选择左列一种或数种，设计生产及经营方法，拟具计划，呈由县（市）政府转呈省政府备案施行。（1）建筑摊贩商场：凡行商集中之地，备款或集会款建筑商场，租赁于各业摊贩，依期卖买，由学校收取租金，除归还借款外，均作学校之财产。（2）栽植果木：凡产水果桑茶白腊等物，并有荒山荒地可征之区，由学校征荒辟置果园，校内并设园艺部，聘请栽植果木有经验者为主任，主持经营果木种苗，由学校供给，按工作人员计数，分发居民，指导其分栽于自己土地上，无土地者，则栽植于公共地方，凡整枝施肥除虫保护等，均由学校园艺部指挥，栽植者依法工作，生产品收获时学校与栽植者各半分配。（3）造林：凡有荒山可征用之地方，由学校排定造林时期，商得保民同意后，征工造林，松柏杉槐白杨油桐各按地土之宜，选择种植，经营办法同栽植果木。（4）育蚕：宜育蚕之地，至育蚕时期，由职教员领导学生饲养，二眠以后，并得停课工作，以收益充作基金。（5）烧窑：有砖瓦石灰陶瓷等原料，并有烧窑设备之地，由学校商得保民同意后，排定工作日程，在农闲时期，征工樵柴，采料制造，每年烧窑若干次，变价充作学校基金。（6）利用水力：于溪涧坡势倾斜或水流急湍之地，借款或集会款以建筑磨坊或碾坊于其上，利用水力磨粉或碾米出租于人，收取租息，充作基金。（7）其他。二、生产事业之经营，宜由乡（镇）中心学校主持其事，合全乡（镇）各保各校，通力办理。三、造林种植果木等生产事业，初经营时人事及事业设备等特殊支出，应由县（市）政府视其需要予以补助，补助时间，以三年为限，三年后必需生产自给。

第九条　公耕田地办法适用如左之规定：一、利用荒山荒地为公有田地，由学校雇一有经验之农夫主持之，按田地作物之需要，于商得保民同意后征用民工耕种。二、征用之民工，以壮丁及本保保民雇佣之佣工为限。三、民工工作时期，应排定工作表，按日轮流。四、民工征用手续待遇、工作、奖惩等由县（市）政府订定统一办法，呈由省政府转咨内政部备案施行。

第十条　分工生产办法，适用如左之规定：一、按依地方情形，酌量选择左列之一种或数种，拟具计划，呈准县市政府后施行之；（1）分工养鸡：于每年春季由保办公处按户分发小鸡，小户一只，中户两只，大户三只，代为饲养，至冬季收回之，变价充作学校基金；（2）分工育蚕：于每年育蚕季节由学校预备蚕种桑叶，按育蚕户口分发若干，请为带育，至收成时，取其茧变价，充作学校基金；（3）其他。二、此项办法如可行之全县（市），应由县（市）政府拟订统一办法，呈请省政府备案施行。

第十一条　采集出售天然物品办法，适用如左之规定：一、按地方情形酌量选择左列之一种或数种，拟具计划呈准县（市）政府后施行之。（1）各种野生药材；（2）各种野生可充食品之动植物；（3）其他。二、在某种野生物品成熟时期，由保办公处按人口规定采集数量，令居民各自采集，如数缴纳。三、由学校雇工将征集之物品整理调制发售，充作学校基金。

第十二条　征集买卖双方共同认捐之手续费办法，适用如左之规定：一、按地方情形酌量选择左列一种或数种，拟具计划，呈准县（市）政府后施行之。（1）田地房屋买卖佣费之提成：凡是项卖买，必有佣费（即中资）可规定提取若干成充作基金；（2）市集公称公斛公斗公升之设置：由乡（镇）公所借款设置数套，指派政警执管，买卖双方如欲假手此项公称等物衡量物品，应各认捐手续费若干，除归还置备费外，其收入均作学校基金；（3）其他。二、田地等买卖佣费之提取，得由省政府拟具全省统一办法，通令施行；公称等施用手续费得由县（市）政府拟定全县（市）统一办法，通令施行。

第十三条　征集劳动服务者捐助其所得之酬金或奖金办法，适用如左之规定：一、本保人民如遇有机关团体，征工筑路筑地、开河、平坡等所得之奖金或酬金，得征集其若干成或全部充作学校基金。二、此项酬金奖金之征集数量，须征得服役者之同意，并应呈准县（市）政府施行。

第十四条　由居民依其富力自认捐办法适用如左之规定：一、由保长或乡（镇）长将决定欲按富力自认之基金数量，提出于保民大会组织委员会办理之；二、居民之富力，以左列四者为准：（1）工商业收入，（2）房地租收入，（3）田亩收入，（4）薪给收入。三、先由人民自由认捐，如有不足，再行认筹；四、认筹之成数，由委员会拟定，经保民或乡（镇）民大会认可，并呈准县（市）政府施行。五、认筹之基金应在各项财产收入时期收取之，并得以货物代替缴纳。

第十五条　劝募办法适用如左之规定：一、向居户之富有者劝请自动捐助；二、向举行庆吊之居户劝请移款捐助；三、向因款产纠纷息颂之居户劝请双方息争捐助；四、其他。

第十六条　筹得之基金，各保应组织国民学校基金保管委员会保管之，除校长及教员代表一人为当然委员外，其余各委员由保民大会选任之，其详细办法由各省政府另行订定公布施行。

第十七条　筹得之基金，由保民大会依照左列运用办法决定选用一种或数种，呈准县（市）政府后施行之。一、投资于各项生产事业；二、购置田地等不动产；三、筑圩围沙田；四、贷款人民购置应用之土地，分期取回本息；五、贷款人民建筑房屋，分期取回本息；六、购置肥料农具工具借贷于人民，分期取回本息；七、购置打水机等公用农具，以备人民使用，而取其租金；八、购置公债；九、存储国省银行；十、轻利借贷于人民以充工本，至收获时收回本息；十一、其他。

第十八条　基金之筹集运用，其收据均应由县（市）印之三联单，应用后，并应将第二联单报县（市）政府备核。

第十九条　基金之筹集运用，每学期应由保管委员会列册，经委员全体及保之全体甲长或乡镇之全体保长签名盖章后，提交保民或乡（镇）民大会审核签证，按级呈报审核，并公布周知。

第二十条　基金之运用，均须有可靠之保证，保证者如不能负责时，应请全体保管委员代负责任。

第二十一条　基金数额及运用情形，应由县督学及区教育指导员随时认真抽查，如发现挪用侵占等情弊，应即报告县（市）政府，除予以行政处分及责令赔偿外，并将负责人员送请法院依法从严惩处。

第二十二条　本办法呈奉行政院核准后公布施行。[①]

《保国民学校及乡镇中心学校基金筹集办法》（1940）实施后，陈立夫于1942年在各省市立国民教育会议闭幕式的总结报告中，决议修正由教育部所提出的保国民学校基金筹集办法，积极强调学校基金筹足后，其利息可充任保国民学校的经常开支，并将基金筹集办法约述为："（1）

---

① 中国第二历史档案馆：《中华民国史档案资料汇编》（第五辑第一编）（教育）（一），凤凰出版社（原江苏古籍出版社）1997年版，第430—436页。

尽力设法劝导地方寺庙，使其以一部份举办公益事业之财产充作国民学校基金；（2）经营公有生产事业；（3）实行公耕田地；（4）分工生产；（5）采集出售天然物品；（6）征集买卖双方共认捐助之手续费；（7）收取劳动服务者自愿捐输之所得酬金或奖金；（8）由居民依其富力自认捐款；（9）劝捐；（10）其他。"① 各省市如能按照当地情形分别采用实施，数年内各地方保国民学校经费均可得到妥当解决，从而达到"俾经费有确实来源，学校基础庶不稳固"的经费筹集目的。

而后《国民学校法》（1944）公布，其明确指出："国民学校及中心国民学校，应会同乡（镇）公所或保办公处筹集基金，以其孳息补充学校经费及设备费用。前项筹集基金办法，由教育部会同内政部、财政部拟订，呈请行政院核定之。"② 《国民学校及中心国民学校规则》（1945）也指出："国民学校及中心国民学校，应会同保办公处或乡镇公所，依照教育部颁布之基金筹集办法筹集学校基金，并组织基金保管委员会，保管运用。"③ 《中华民国宪法》（1946）特别指出："依法设置之教育文化基金及产业，应予以保障。"④

由此可见，以教育基金筹足教育普及尤其是乡村基础教育发展中各地方各学校设学及开展所需各项如设备费等经费，已经构成民国时期以各省、县、乡、镇、村地方自筹经费的重要来源之一。关于民国时期乡村基础教育发展所需经费筹集之教育基金筹足的相关政策规定，对于合理规范教育基金筹足办法，以及保障教育经费来源，进而推进乡村基础教育政策的顺利实施和乡村基础教育事业的有序开展，是十分重要的。

（2）义务教育经费筹集办法

民国政府及其教育等相关部门十分关注基础教育的普及与发展，且

---

① 中国第二历史档案馆：《中华民国史档案资料汇编》（第五辑第一编）（教育）（一），凤凰出版社（原江苏古籍出版社）1997年版，第511—517页。

② 中国第二历史档案馆：《中华民国史档案资料汇编》（第五辑第一编）（教育）（一），凤凰出版社（原江苏古籍出版社）1997年版，第441—443页。

③ 中国第二历史档案馆：《中华民国史档案资料汇编》（第五辑第一编）（教育）（一），凤凰出版社（原江苏古籍出版社）1997年版，第445—454页。

④ 中央教育科学研究所教育史研究室：《中华民国教育法规选编（1912—1949）》，江苏教育出版社1990年版，第69—70页。

尤为重视义务教育尤其是乡村义务教育政策的实施与改革。教育经费是保障基础教育改革和发展的核心条件，乡村义务教育作为乡村基础教育发展的重要内容，在推进乡村义务教育发展的过程中，在乡村基础教育经费管理尤其是乡村义务教育经费筹集办法方面，其直接相关义务教育经费筹集办法的政策文件亦有适时颁发。如《实施义务教育暂行办法大纲》（1935）、《各省县市等筹集义务教育经费暂行办法大纲》（1935）等均对义务教育经费筹集办法有所政策规定和直接内容体现。

在 1928 年，大学院第一次全国教育会议上有张默君、程时煃、孟宪承、沈履联名提《宽筹教育经费案》，进一步指出："现时地方，教育经费，率以田赋附税为大宗；其它杂税杂捐，为数有限。农民负担过重，不能再事增加，非另筹收入，普及教育之政策，殊难实现。"[1] 由此可见，规范义务教育筹集办法，开拓义务教育筹集方法已然成为基础教育普及与发展的重要议题，规范性、专门性、全面性、细致性与开拓性特征并存的关于义务教育经费筹集办法的政策内容颁发更是符合当时国情和教育实情需要的。

1935 年 6 月，行政院抄发《实施义务教育暂行办法大纲》训令。《实施义务教育暂行办法大纲》共 11 条并明确规定："义务教育经费以地方负担为原则，但对于边远贫瘠省份及其他有特殊情形之省市，得由中央酌量补助之"[2]，即义务教育经费以各地方自筹负担为基本方法，同时中央根据各地具体情形酌量辅以一定补助以期宏观调控全国范围内义务教育的全面均衡发展。

同年 11 月 13 日，教育部颁发《各省县市等筹集义务教育经费暂行办法大纲》，该大纲根据《实施义务教育暂行办法》订定，强调各省县市各小学区所需的义务教育发展经费，应根据小学区内设校数量决定经费多寡，以各省县市就地自筹半数以上为原则，并由县市教育行政机关核实列入县市预算内（其在预算公布后增加者，应依进加预算手续补列，

---

① 转引自熊贤君《千秋基业——中国近代义务教育研究》，华中师范大学出版社 1998 年版，第 216 页。

② 中国第二历史档案馆：《中华民国史档案资料汇编》（第五辑第一编）（教育）（一），凤凰出版社（原江苏古籍出版社）1994 年版，第 609—610 页。

并受地方财务机关管理监督），关于新增义务教育经费收入，其来源性质属于全县市者，应由全县市统筹支配，其来源性质属于一乡镇或一学区者，应由该乡镇或学区支用，同时各省县市内各小学区义务教育经费收支务须绝对公开，并应于每学期终了时在该小学区内公开周知，而各省县市筹集义务教育经费范围主要包括："（一）县市政府呈准省府指定学产之收入；（二）县市政府呈准省府指令合法捐税及附加捐税之收入；（三）县市政府乡镇或学区内整理原有学产增加之收入；（四）热心公益人士对于义教经费自愿之捐赠；（五）县市或乡镇由人民自动公议依法呈准分担之捐款。"[①]

综上所述，根据《实施义务教育暂行办法大纲》（1935）和《各省县市等筹集义务教育经费暂行办法大纲》（1935）的规定，各省、县、市、乡、镇义务教育发展所需经费筹集以地方自筹为重要原则与方法，并主要以各地方捐税、附加捐税、学产收入、捐赠及捐款等为主要经费构成范围。关于义务教育经费筹集办法的相关政策规定，必然使得以义务教育为主体内容的乡村基础教育发展所需的经费筹集更加具体与规范，其进步性凸显。但其强调各省、县、市、乡、镇就地自筹半数以上小学区学校设立及发展所需教育经费的政策规定，将承担基础教育普及与义务教育改革和发展的重担分担落实给本就财政敷出艰难的各地方政府，其合理性和恰当性则自不待言。

（二）经费支配标准

1929 年 2 月 18 日，行政院训令《各省教育经费须保障其独立》。基于保障教育经费独立，"国民政府令第 123 号，并有'一切教育收入，永远悉数拨归教育机关保管，实行教育会计独立'之规定，是知各省政府对于各地方之教育经费，务宜特别注意。虽现时各地方教育经费，应占各该地方收入若干成分，尚未及分别确定；然各地方已经实行独立之教

---

① 中央教育科学研究所教育史研究室：《中华民国教育法规选编（1912—1949）》，江苏教育出版社 1990 年版，第 311 页。

育经费，各省政府当加以保障，自无疑义。"① 而后《地方教育经费保障办法》（1931）明确规定："现有教育经费必须用于教育事业，无论何人及何项机关，均不得挪借或移作别用"，且"教育行政机关及各级学校各种教育机关之岁出，应由主管政府或主管教育行政机关规定最严格之标准以示限制，严防浮开滥用"。② 及后《中华民国训政时期约法》（1931）强调"中央及地方应宽筹教育上必需之经费，其依法独立之经费并予以保障"③。保障教育经费独立，致力于教育经费必须用于教育事业，依法保障教育经费专款专用成为这一时期教育经费支配的主方向，其对于推进乡村教育经费管理、防止教育经费被挪用等具有十分重要的积极意义。

1935 年 6 月，《中央义务教育经费支配办法大纲》核准施行，其是专门针对中央教育经费支配办法而制定的教育政策文件。根据《中央义务教育经费支配办法大纲》，中央义务教育经费主要由国库支出义务教育经费、边疆教育经费和庚款机关拨充义务教育经费三部分构成。首先，中央义务教育经费支配将特别考虑并倾向于支持边远贫瘠省份及其他有特殊情形省市；其次，教育部详审各省市实际情形分别确定中央支配各省市义务教育经费和各省市自行担负经费并呈请行政院备案；最后，中央经费暂不拨付不能依照教育部规定自行筹足或设词虚报教育经费额数的省市，同时将是项经费移做下年度各该省市办理义务教育之用。④ 以政策文本规定的形式施行中央义务教育经费支配办法，有计划地有效规范中央义务教育经费对各省、市、县、乡、镇基础教育发展的详细补助内容，将对中央义务教育经费的合理、有效支配起到重要的宏观调控与引导作用。

1936 年 7 月，《修正小学规程》颁发。在教育经费支配方面，其详细说明小学经费标准由各省市教育行政机关订定并呈请教育部备案施行，

---

① 中央教育科学研究所教育史研究室：《中华民国教育法规选编（1912—1949）》，江苏教育出版社 1990 年版，第 118 页。

② 中央教育科学研究所教育史研究室：《中华民国教育法规选编（1912—1949）》，江苏教育出版社 1990 年版，第 122—124 页。

③ 中央教育科学研究所教育史研究室：《中华民国教育法规选编（1912—1949）》，江苏教育出版社 1990 年版，第 47 页。

④ 中国第二历史档案馆：《中华民国史档案资料汇编》（第五辑第一编）（教育）（一），凤凰出版社（原江苏古籍出版社）1994 年版，第 611 页。

且小学经费开支应力求撙节核实，其中小学开办费"其校舍建筑及设备两项应为六与四或七与三之比"①；小学经常费支配百分比原则为："教职员俸金约百分之七十；图书仪器运动器具教具等设备费及卫生费约百分之十五；实验文具水电薪炭等消耗费约百分之九；旅行保险等特别费约百分之三；预备费约百分之三。前项预备费非经主管教育行政机关核准，不得动用。"②

由此可见，小学校教育经费支配主要包括由校舍建筑及设备费构成的开办费和由教职员俸金、图书仪器运动器具教具等设备费及卫生费、实验文具水电薪炭等消耗费、旅行保险等特别费、经主管教育行政机关核准的设备费构成的经常费两类主要内容。而关于各项小学校教育经费支配，《修正小学规程》更以大致确定比例进行合理分配，这虽然在政策规定上缺乏适当的灵活性，但在地方教育经费筹集并不富裕的现实情形下，这对于保障各级小学校尤其是初级小学校日常教育教学工作的顺利开展，也具有十分重要的规范作用。

《国民教育实施纲领》（1940）指出："乡（镇）中心学校之经费，其校长、教员之薪给，由县市经费项下开支，办公费及设备扩充等费，应由所在地方自筹之，并应参照保筹集基金办法筹足基金。"③《国民学校法》（1944）再次强调："国民学校及中心国民学校之经常费，由主管教育行政机关统筹支给之。国民学校及中心国民学校之开办、设备等费，除由主管教育行政机关筹给外，得由乡（镇）保筹给之。"④ 1945 年 9 月，《国民学校及中心国民学校规则》公布，进一步说明国民学校及中心国民学校开办、设备等费除由主管教育行政机关筹给外，得由乡（镇）保筹给，且国民学校及中心国民学校"经常费"由县市主管教育机关统筹支给，同时除中心国民学校另列辅导经费外，国民学校及中心国民学

---

① 中国第二历史档案馆：《中华民国史档案资料汇编》（第五辑第一编）（教育）（一），凤凰出版社（原江苏古籍出版社）1994 年版，第 541 页。

② 中国第二历史档案馆：《中华民国史档案资料汇编》（第五辑第一编）（教育）（一），凤凰出版社（原江苏古籍出版社）1994 年版，第 540—550 页。

③ 中国第二历史档案馆：《中华民国史档案资料汇编》（第五辑第一编）（教育）（一），凤凰出版社（原江苏古籍出版社）1997 年版，第 421—427 页。

④ 中国第二历史档案馆：《中华民国史档案资料汇编》（第五辑第一编）（教育）（一），凤凰出版社（原江苏古籍出版社）1997 年版，第 441—443 页。

校"经常费"各项教育经费支配比例则具体规定为："（一）教职员俸金约百分之六十；（二）图书、仪器、运动器具等设备费及卫生费约百分之二十；（三）实验、研究、文具、水电、薪炭等消耗费约百分之十；（四）参观、旅行、保险及教师福利等特别费约百分之五十；（五）预备费约百分之五。上项预备费，非经教育主管行政机关核准不得动用。"①

总之，乡村基础教育经费支配尤其是各县、乡、镇、村（保）基础教育经费支配在政策内容制定上主要由学校办公及设备扩充费，教职员薪俸及福利，图书、仪器、运动器具、教具等设备费及卫生费，实验、研究、文具、水电、薪炭等消耗费，参观、旅行、保险等特别费和预备费等构成，民国政府及其相关教育部门在乡村基础教育经费支配政策方面的详细、具体制定，对于民国时期乡村基础教育经费的有效管理与合理利用，以及乡村基础教育事业的顺利实施虽有比较刻板的限制，但对当时教育发展实情尤其是乡村基础教育发展现状来说，还是大有裨益的。

四　乡村课程实施规范的厉行

（一）教科书审查厘新

1929 年 1 月 22 日，教育部公布《教科图书审查规程》《暂行教科图书审查办法》《审查教科图书共同标准》，用以规范包括小学教科书在内的各级各类学校教学所用图书的审查。《教科图书审查规程》（1929）明确指出："学校所用之教科图书，未经国民政府行政院教育部审定或已失审定效力者，不得发行或采用"②，教科图书分教员用与学生用两种，且呈请审查应分别声明，教科书审查有效期为三年，届期满三个月前应再呈送审查。

《暂行教科图书审查办法》（1929）强调应行审查教科图书可依性质分为六类，即本国语文，外国语文（包含拉丁文、英文、德文、法文、

---

① 中国第二历史档案馆：《中华民国史档案资料汇编》（第五辑第一编）（教育）（一），凤凰出版社（原江苏古籍出版社）1997 年版，第 445—454 页。

② 中国第二历史档案馆：《中华民国史档案资料汇编》（第五辑第一编）（教育）（一），凤凰出版社（原江苏古籍出版社）1994 年版，第 89—90 页。

俄文、日文等），社会科学（包含党义、政治、经济、法制、哲学、教育、历史、地理等），自然科学（包含数学、博物、物理、化学、生理等），职业各科（包含农业、工业、商业等），技艺各科（包含音乐、图画、手工、体操等）；教科图书审查工作分初审、复审和终审三次，初审及复审每次每书须经一人以上审查、终审须经审查会决定。审查决定主要包括："一、全书适宜者准予审定；二、书中不妥之处可照签定办法修正，不必再经审查者，发行人改正后即得发行，同时将改定之书三部送部备案；三、书中不妥之处修正后，仍有再经审查之必要者，发行人应于修正后送请再审；四、全书毫无价值者，迳行驳斥，不予审定。"①

《审查教科图书共同标准》（1929）则进一步强调教材精神应适合党义、适合国情、适合时代性；教材实质应内容充实、事理正确、切合实用；教材组织应全书分量适宜、程度深浅有序、各部轻重适度、条理分明、标题醒目确切、有相当之问题研究或举例说明、有相当之注释插图索引等、适合学习心理、能顾及程度之衔接、能顾及各科之连络；教材文字应适合程度、流畅通达、方言俚语屏弃不用；教材形式应字体大小适宜、纸质无碍目力、校对准确、印刷鲜明、装订坚固美观。②

而后，在《教科图书审查规程》（1929）、《暂行教科图书审查办法》（1929）和《审查教科图书共同标准》（1929）的政策引导下，《小学法》（1932）明确规定小学教科图书应采用教育部编辑或审定者，同时在编辑与审定过程中应注重各地方乡土教材，注重乡土教材编辑与审定，肯定其在乡村课程实施过程中教科书审查的重要地位。③ 《修正小学规程》（1936）则强调："小学教材要目其全国通用部分由教育部依照课程标准之规定另订之。其地方特殊部分，由各省市主管教育行政机关订定，呈请教育部备案施行。"④ 依照教科书审查政策，强调地方特殊部分尤其是

① 中国第二历史档案馆：《中华民国史档案资料汇编》（第五辑第一编）（教育）（一），凤凰出版社（原江苏古籍出版社）1994 年版，第 90—91 页。

② 中国第二历史档案馆：《中华民国史档案资料汇编》（第五辑第一编）（教育）（一），凤凰出版社（原江苏古籍出版社）1994 年版，第 92 页。

③ 中国第二历史档案馆：《中华民国史档案资料汇编》（第五辑第一编）（教育）（一），凤凰出版社（原江苏古籍出版社）1994 年版，第 538—539 页。

④ 中国第二历史档案馆：《中华民国史档案资料汇编》（第五辑第一编）（教育）（一），凤凰出版社（原江苏古籍出版社）1994 年版，第 540—550 页。

各地方乡土教材的编辑与审定，逐渐成为乡村课程实施中教科书审查政策的所关注的重要内容之一。

抗日战争全面爆发以后，1938 年 4 月，国民政府在武汉召开临时全国代表大会并通过《战时各级教育实施方案》。在教科书审查方面，该方案强调教育部应成立各级学校各科教材编订委员会，先草订或修正各级学校各科课程标准，再依据课程标准订定各科教材要目，以为选择教材及编辑教科书标准，同时今后各级学校所用各科教材与教科图书，国家应聘请有名学者及有经验专家及教师从事搜集、整理与编辑，以成为教学时工具，且各省市教育厅局应编辑各地乡土教材，以为中小学及民众学校补充教材。①

1944 年 3 月 15 日，国民政府公布《国民学校法》共 25 条，也明确提出："国民学校及中心国民学校，应采用教育部所编辑或审定之教科图书。"② 而后，《国民学校及中心国民学校规则》（1945）更进一步指出国民学校及中心国民学校儿童班等各科教材应用国定本教科书或教育部审定制课本，幼稚园教材则由学校或当地主管行政机关依照部颁幼稚园标准编送，而各地地方性教材及补充读物，则应由省市主管教育行政机关或当地主管教育行政机关编辑，呈请教育行政机关核定。③

总之，在各教科书审查政策的引导下，国民政府及其教育等部门在教科书审定方面的内容规定更加具体化和详细化；同时也更注意关注各地方实际情况强调乡土教材的编辑与审定，在基础教育、乡村基础教育普及与发展的过程亦更具规范性和可操作性。

综上所述，民国政府及其教育等部门基于课程实施规范，虽未有专门针对乡村课程实施规范中教科书审查政策文件的颁发，但亦有直接或相关乡村教科书政策尤其是乡土教材等内容的规定在若干政策文件中多

---

① 中国第二历史档案馆：《中华民国史档案资料汇编》（第五辑第一编）（教育）（一），凤凰出版社（原江苏古籍出版社）1997 年版，第 28—31 页。

② 中国第二历史档案馆：《中华民国史档案资料汇编》（第五辑第一编）（教育）（一），凤凰出版社（原江苏古籍出版社）1997 年版，第 441—443 页。

③ 中国第二历史档案馆：《中华民国史档案资料汇编》（第五辑第一编）（教育）（一），凤凰出版社（原江苏古籍出版社）1997 年版，第 445—454 页。

有体现。基于包括乡村在内的全国范围内乡村课程实施规范中教科书审查政策的内容变化与发展，既是民国教育改革与发展需要下为适应新式教育发展而产生的必然变革，又是近代社会变革过程中教科书审查政策自身发展的客观需要，在基础教育、乡村基础教育的普及与发展过程中彰显着别具一格的时代烙印。

（二）课程标准与课程计划延新

课程标准是国家对基础教育课程的基本规范和要求，是教材编写、教学、评估等的主要依据，它规定了各门课程的形式、目标、内容框架等；课程计划是课程的总体规划，从整体上对学校的课程体系进行明确规定，主要包括各种课程类型和具体科目及其所占课时的比重。南京国民政府成立以后，在幼稚园与小学校课程科目、每周教育与教学时间、学年编制等方面均根据当时政治、经济、教育等发展需要与教育方针等政策引领下进行因时因地、与时俱进的课程标准与课程计划延新。

1. 《幼稚园课程标准》的发布

1932 年 10 月，教育部发布《幼稚园课程标准》以规范课程科目及教学时数设置，推进乡村基础教育、基础教育的改革与发展。《幼稚园课程标准》（1932）强调幼稚教育以增进幼稚儿童身心的健康、力谋幼稚儿童应有的快乐和幸福、培养人生基本的优良习惯（包括身体、行为等各方面的习惯）和协助家庭教养幼稚儿童并谋家庭教育的改进共四方面为幼稚教育总目标，详细规定了幼稚教育以音乐、故事和儿歌、游戏、社会和自然、工作、静息、餐点等为课程范围，并明确课程目标、内容大要及最低限度。同时在课程实施过程中，"幼稚教育所用的材料，不是空话，而是日常可见可接触，至少可想象的实物、实事。幼稚教育所用的场所，不限于室内，而须以户外的自然界、家庭、村、市、工商业……为最好的活动的地方"；且幼稚园除利用户外的自然和社会外，其设备还需要"合乎当地社会情形。我国地方辽阔，都市、乡村、南方、北土、富饶地、贫瘠区……社会情形，各各不同。幼稚园的设备，应该多取当地常见的物品，而不和社会的实际情形分离。"以及还要适应儿童的需要，合乎我国的民族性，利用废物、天然物和日用品以启发儿童的创造力，实现教育的意义。[①]

1932 年 10 月，教育部公布《幼稚园小学课程标准施行办法》，进一步强调幼稚园及小学课程标准施行中，"各省市应依据标准所含的弹性，订定完备的和简易的两种或两种以上，以便城市、乡村或办理完善和未臻完善的各式小学遵用"[②]。

2.《小学课程标准总纲》的公布与修正

1929 年 8 月，教育部公布《小学课程暂行标准》，明确规定小学（初级小学和高级小学）均开设党义、国语、社会、自然、算术、工作、美术、体育、音乐等科目。1932 年 10 月，教育部公布《小学课程标准总纲》等。《小学课程标准总纲》指出小学应根据三民主义，遵照中华民国教育宗旨及其实施方针，发展儿童身心，培养国民道德基础及生活所必需的基本知识和技能，以养成知礼知义爱国爱群的国民，即培育儿童健康的体格、陶冶儿童良好的品性、发展儿童审美的兴趣、增进儿童生活的知能、训练儿童劳动的习惯、启发儿童科学的思想、培养儿童互助团结的精神、养成儿童爱国爱群的观念。基于此，小学课程科目应设置为公民训练、卫生、体育、国语、社会、自然、算术、劳作、美术、音乐，各科目每周教学时间总数（详见表 4-9）。其中，公民训练与别种科目不同，重在平时的个别训练，而表中所指为团体训练时间；各科目可依各地方情形酌量分合，如社会、自然、卫生三科在初级小学科合并为常识一科，或美术、劳作二科在低年级可合并为工作科等；时间支配以 30 分钟一节为基本，可视科目教材的性质分别延长到 45 分钟或 60 分钟，总时间为适中数，可依各地方情形每周增多或减少 90 分钟。同时，包括朝会、周会、纪念周、课外活动、课外作业、儿童自治团活动等集团作业在内的各种团体活动，低年级以每周 180 分钟为限，中年级以每周 270 分钟为限，高年级以每周 360 分钟为限，且各种活动时间可依各地方情形斟酌规定，活动事项则依各学校范围性质分别设置。

---

① 中央教育科学研究所教育史研究室：《中华民国教育法规选编（1912—1949）》，江苏教育出版社 1990 年版，第 225—237 页。

② 中央教育科学研究所教育史研究室：《中华民国教育法规选编（1912—1949）》，江苏教育出版社 1990 年版，第 223—225 页。

1935 年 7 月 31 日，教育部公布了《一年制短期小学暂行课程标准令》，并在课程目标、每周时间支配，以及国语、算术、作文、写字等课程内容作以详细说明；1937 年 6 月，教育部检发二年制短期小学暂行规程及课程标准总纲的训令，并在《二年制短期小学课程标准总纲》中进一步明确二年制短期小学科目设置为公民训练（包括卫生习惯部分）、国语（包括注音符号、读书、说话、作文、写字）、常识（包括社会、自然及卫生知识部分）、算术（包括笔算及珠算）、工作（包括劳作及美术）、游唱（包括体育及唱歌）六种，并在时间支配上精确至各科目每周教学时间。①

表 4 - 9 　　《小学课程标准总纲》（1932）之各科目及每周教学时间

科目＼分钟＼年级	低年级		中年级		高年级
	一年级	二年级	三年级	四年级	
公民训练	60		60		60
卫生	60		60		60
体育	150		150		180
国语	390		390		390
社会	90		120		180
自然	90		120		150
算术	60	150	180	240	210
劳作	90		120		150
美术	90		90		90
音乐	90		90		90
总计	1170	1260	1380	1440	1560
附注	上列分数，都可以三除尽，便于以 30 分钟或 40 分钟或 60 分钟支配为一节。				

材料来源：中央教育科学研究所教育史研究室：《中华民国教育法规选编（1912—1949）》，江苏教育出版社 1990 年版，第 237—242 页。

---

① 中国第二历史档案馆：《中华民国史档案资料汇编》（第五辑第一编）（教育）（一），凤凰出版社（原江苏古籍出版社）1994 年版，第 640—643 页。

　　同时，基于《小学课程标准总纲》（1932）的实施探索与经验总结，经多方讨论与征询意见，1936 年 7 月，教育部颁布《修正小学课程标准》，"其主要变化是取消卫生科，将卫生习惯部分归并到公民训练中，将卫生知识部分初小归并到常识科中，高小归并到自然科中。此外，初小的社会、自然合并为常识科，一、二年级的劳作、美术合并为工作科，体育、音乐合并为唱游科"①。

　　1936 年 7 月，教育部公布《修正小学规程》，其中规定："小学课程应依照教育部规定之课程标准，其教学应依照课程标准之总纲教学通则及各科教学要点等规定实施。"② 根据《修正小学规程》（1936），依照《修正小学课程标准》（1936），小学课程科目设置主要包括公民训练、国语、常识（社会和自然）、算术、工作（劳作和美术）和唱游（体育和音乐）（详见表 4－10）。其中，公民训练与其他科目不同，重在平时训练，且表 4－10 所列为团体训练时间，每日以 10 分钟为准（并入朝会等集会中）；四年级起算术科加教珠算；低中年级常识科包括社会自然及卫生知识部分（卫生习惯部分纳入公民训练）；低年级工作科包括美术劳作作业，唱游科包括体育音乐作业；高年级社会科得分为公民（公民知识）、历史、地理三科，其时间支配为公民 30 分钟，历史 90 分钟，地理60 分钟；总时间各校得依地方情形每周减少 30 分钟或 60 分钟，同时时间支配以 30 分钟一节为原则，也可视科目性质分别延长至 45 分钟或 60分钟。

　　此后，1942 年，教育部再次颁布《小学课程修订标准》，与《修正小学课程标准》（1936）相比，将公民训练改为团体训练，以实施训育及训练卫生习惯；美术改为图画，低年级（一、二年级）劳作与美术、音乐与体育分科教学，同时初级小学（一至四年级）常识包括社会、自然 2科，高级小学（五、六年级）社会包括公民（知识部分）、历史、地理 3科，分科教学。③ 1948 年，教育部又一次颁布《小学课程第二次修订标

　　① 李国钧、王炳照：《中国教育制度通史》（第七卷），山东教育出版社 2000 年版，第 103页。

　　② 中国第二历史档案馆：《中华民国史档案资料汇编》（第五辑第一编）（教育）（一），凤凰出版社（原江苏古籍出版社）1994 年版，第 543 页。

　　③ 李国钧、王炳照：《中国教育制度通史》（第七卷），山东教育出版社 2000 年版，第 103 页。

准》，与《小学课程修订标准》（1942）相比，"恢复了初小一、二年级音乐与体育（合称唱游）、美术与劳作（合称工作）混合教学的做法；算术科一、二年级随机教学，不特定时间，自三年级起始规定教学时间；常识科仍包括社会、自然。高小的社会包括公民知识部分及历史、地理两科，以混合教学为原则"[1]。

总之，《小学课程修订标准》（1942）和《小学课程第二次修订标准》（1948）对其后关于小学课程科目及教授时数在相关政策文件中内容规定均有直接影响，尤其是《小学课程修订标准》（1942），其后《乡（镇）中心学校设施要则》（1942）、《保国民学校设施要则》（1942）、《国民学校法》（1944）和《国民学校及中心国民学校规则》（1945）在关于课程科目及教授时数的内容规定上均有参照教育部所公布的关于小学课程标准与课程计划设置的明确表述，影响较为深远。

表4-10　《修正小学规程》（1936）之小学各科目及每周教育时间

分钟　年级 科目	低年级		中年级		高年级	
	一年级	二年级	三年级	四年级	五年级	六年级
公民训练	60		60		60	
国语	420		420		420	
社会　常识	150		180		180	
自然					150	
算术	60	150	180	210	180	
劳作　工作	150		90		90	
美术			90		60	
体育　唱游	180		120	150	180	
音乐			90	90	60	
总计	1020	1110	1230	1290	1380	

材料来源：中央教育科学研究所教育史研究室：《中华民国教育法规选编（1912—1949）》，江苏教育出版社1990年版，第274—275页。

---

[1]　李国钧、王炳照：《中国教育制度通史》（第七卷），山东教育出版社2000年版，第103页。

（三）训育强化表达

重视教育的政治功能，强化政治目的、加强思想控制一直是民国政府及其教育等部门在乡村基础教育、基础教育改革与发展上特别重视的内容之一，而训育强化更是南京国民成立以后直接或间接相关于乡村课程实施规范政策内容订定与厉行上的突出表达。

南京国民政府成立以后，十分重视教育的政治功能，从《国民政府教育方针草案》（1927）决议在各级学校实施"党化教育"，将教育方针政策建构在国民党根本政策之下以达到教育为政府服务的目的，至《三民主义教育宗旨说明书》（1928）决定以"三民主义教育"取代"党化教育"一词，国民政府以教育服务政治的根本立场昭然若揭。1928 年 7 月 30 日，国民政府公布《各级学校增加党义课程暂行条例》，强调各级学校除在课堂内融会党义外还应增设党义课程，其中小学校一、二年级不授党义课程，但由各学校自行采集本党诸先烈革命故事为儿童讲述，同时小学校初级阶段单授三民主义浅说，高级阶段授民权初步及孙文学说浅释，且党义课程教授时间每周至少以两小时为限。[①] 而后，随着《中华民国教育宗旨及其实施方针》（1929）、《三民主义实施原则》（1931）等政策文件的公布，尤其是《中华民国训政时期约法》（1931）明确规定"三民主义为中华民国教育之根本原则"[②]，南京国民政府所推行的凸显教育政治功能的三民主义教育政策方针得以强化和稳固落实。

根据《中华民国训政时期约法》（1931），重视教育加强思想控制维护政府统治的政治目的，在课程实施规范的内容拟定中，强调训育强化表达必然成为三民主义教育方针在教育政策制定与实施中的重要反映。1931 年 5 月 13 日，国民会议通过《确定教育设施之趋向案》，以确定教育方针，发扬民族能力特长，提高全民精神生活，首要指出："各级学校之训育，必须根据总理恢复民族精神之遗训，加紧实施，特别注重于刻

---

① 中国第二历史档案馆：《中华民国史档案资料汇编》（第五辑第一编）（教育）（二），凤凰出版社（原江苏古籍出版社）1994 年版，第 1073—1075 页。

② 中央教育科学研究所教育史研究室：《中华民国教育法规选编（1912—1949）》，江苏教育出版社 1990 年版，第 47 页。

苦耐劳习惯之养成，与严格的规律生活之培养。"① 1932 年 6 月 3 日，教育部颁发《今后中小学训育上应特别注重之事项》，强调中小学各教职员均须切实同负训育责任，破除从前教学训育分裂积习，各就本校训育与教学的关联方面预定整个的计划，以备分工合作。一方面，训育目标应发扬我民族固有美德忠、孝、仁、爱、信、义、和、平等，同时并应特别注意力戒懦怯苟安，养成勇敢奋斗精神；力戒倚赖敷衍，养成自立负责能力；力戒轻躁盲从，养成审核周密思考；力戒浪漫奢靡，养成刻苦勤朴习惯；力戒虚伪涣散，养成精诚团结意志；力戒自私自利，养成爱国爱群观念。另一方面，中小学训育在实施过程中应在体育、群育、智育和德育方面均有体现，其具体实施方法（详见表 4 – 11）。同时，在具体实施中，各小学自应就儿童能力、兴趣，对于表中所述斟酌减轻，应就各年级程度分别深浅难易因势利导，尤其是幼稚园与低年级儿童各种游戏活动亦应酌加雪耻救国材料以资陶冶。《今后中小学训育上应特别注重之事项》（1932）的颁发与实施，进一步使得国民政府在加强教育政治功能重视训育强化表达的政策订定上更具可操作性和规范性。

表 4 – 11 　《今后中小学训育上应特别注重之事项》（1932）之实施方法

内容	实施方法
体育	①小学注重童子军训练与健康运动，初中加紧童子军训练，高中实施严格军事训练，注重野外实习，凡军训不及格者不得毕业。 ②注重各种团体运动及国术与各地固有游戏运动。
群育	①指导学生组织自治团体，养成团体生活，并应注重严密组织，竭力限制个人自由。对于服从互助等习惯，尤须注意养成。 ②须求国家与民族自由，放弃个人自由；若在团体中求个人自由，就是自私自利。

① 中国第二历史档案馆：《中华民国史档案资料汇编》（第五辑第一编）（教育）（二），凤凰出版社（原江苏古籍出版社）1994 年版，第 1026—1028 页。

续表

内容	实施方法
智育	①注重科学研究、试验、竞赛及成绩展览。 ②辩论演讲及言论发表，须注意雪耻救国的事实。 ③各种研究会应侧重我国生产状况及国防设备各问题。 ④搜集衣食住行必需之本国物产，分别展览。 ⑤国货劣货鉴别方法的研究。 ⑥重要时事的报告和探讨。
德育	①实行刻苦勤劳生活，减少校内工役，一切劳作务须由教员学生共同任之。 ②节省宴会茶点及零食费用。 ③提倡爱用国货。 ④严谨浪漫浮夸奢侈。 ⑤宣誓雪耻救国，并训练学生，认定本人将来应为事业，作救国救民族准备。 ⑥重要集会时为国难死亡同胞默念志哀。

材料来源：中央教育科学研究所教育史研究室：《中华民国教育法规选编（1912—1949）》，江苏教育出版社1990年版，第220—223页。

1933年3月23日，国民党中常会通过《小学特种训育纲领》，其主要由训育目标、训育原则、训育方法等内容构成。在《小学特种训育纲领》（1933）的引导下，国民政府及其教育等部门越趋重视训育强化表达在课程实施规范中的价值与地位，充分肯定了以三民主义教育实施原则中初等教育之原则为依据、训育性质应为积极的指导而非消极的禁制、训育实施其直接间接须适合儿童程度使其身体力行、训育者应与被训育者共同生活共守规律以成为被训育者之楷模等①。训育原则在小学课程实施过程中加强思想控制、强化政治目的引导作用，这既是国民政府及其教育部门在小学教育领域所推行的政治色彩浓重的"高压"课程规范政策，同时又是其在基础教育领域内实施严格的训育强化政策的基本内容之一。

时至1939年9月25日，为严格学校管理，以进一步加强思想控制和维护政治统治，教育部颁发《训育纲要》，强调："中华民国教育所需之训育，

————————
①　中国第二历史档案馆：《中华民国史档案资料汇编》（第五辑第一编）（教育）（二），凤凰出版社（原江苏古籍出版社）1994年版，第1126—1129页。

应为依据建国之三民主义与理想之人生标准（人格）教育学生，使之具有高尚之志愿，坚定之信仰，与智仁勇诸美德，在家为良善之子弟，在社会为有守之分子，在国家为忠勇守法之国民，在世界人类为维护正义促进大同之先锋，故必须依照学生在校之程度，作有系统、有步骤之实施，并尽量要求家庭社会之合作，与教师之身体力行，以期达到同一之目的。"①《训育纲要》（1939）在训育意义、道德观念、训育目标、训育实施四个方面分别作以详细说明，更具体指出小学训育实施所应重视的 16 项基本内容以推进训育强化的全面性与可操作性（详见表 4-12）。

表 4-12　　　　《训育纲要》（1939）之小学训育实施内容

小学训育实施内容
①应根据总理遗教，幼童军训练法、新生活规律，及小学公民训练标准以制定训练儿童之具体方案。
②注意训育与教学之合一，并顾到生活及环境之实际情形，以谋学校与家庭社会之联系。
③小学全体教职员应共负训练之责任，务使随时随地注意儿童各种活动，直接间接引用小学公民训练规律和条目，指导儿童遵守。
④由历史地理之研习及各种纪念会之举行，以启发儿童爱国家民族之精神，并培育其热忱、负责、急公、好义诸美德。
⑤讲述国耻及民族先烈故事，以激发儿童雪耻图强之勇气，与忠勇牺牲之精神。
⑥由总理及总裁言行之阐述，以树立儿童对领袖之尊崇与信仰，并培育其忠贞、服从、贡献、牺牲诸美德。
⑦由日常生活中实际知识之授与，以引起儿童好学兴趣及探讨科学之习惯，并培育其勤勉、精细、虚心、审问、慎思、明辨、有恒诸美德。
⑧由劳作教学、游戏运动及课外作业之实施以启发儿童生产劳动之兴趣，并培养其敏捷、活泼、劳动、敬业之精神。
⑨由消费合作的训练及储蓄等事项之指导，以养成儿童节俭的习惯与互助合作的精神。
⑩由学校卫生及幼童军事训练以养成整齐、清洁、刻苦、耐劳之习惯。
⑪举行消防、急救、警报、灯火管制、交通管制、避难练习等特种训练，使儿童明白战时的状态，以便有所准备。

① 中国第二历史档案馆：《中华民国史档案资料汇编》（第五辑第一编）（教育）（一），凤凰出版社（原江苏古籍出版社）1997 年版，第 162—179 页。

小学训育实施内容
⑫由音乐、美术等之研习以陶冶儿童情操,并使多与自然界接触,以养成其审美观念。
⑬演习洒扫、应对、进退等,使儿童熟悉对人、处事、接物的礼节,以养成孝顺、敬爱、友恭、敦睦之情谊。
⑭指导儿童组织级会及自治团体,使儿童演习民权初步,略知四权之运用。
⑮由团体运动、集会等训练,以养成儿童守时间,守规律的习惯。
⑯布置适合卫生的环境,揭示有关公德之标语于公共场所,并指导实践方法,以养成儿童注意公共卫生、爱护公物之美德。

材料来源:中国第二历史档案馆:《中华民国史档案资料汇编》(第五辑第一编)(教育)(一),凤凰出版社(原江苏古籍出版社)1997年版,第162—179页。

表 4 – 13   《小学训育标准》(1942)之小学训育实施原则

小学训育实施原则
①全校的行政设施,环境布置,应按照训育目标,直接间接以改进儿童全部生活为鹄的。关于卫生的设备,尤须特别注意。
②各科的教材和教法,应尽量根据训育要项,以谋培育儿童的公民理想,养成儿童的公民习惯。
③全校的教职员,共负训育的责任,应随时随地注意儿童的活动,直接间接引用训练细目,指导儿童切实遵守。
④训育用的教材,各校得根据情况,酌量减少或活用,或将最重要的细目,尽先实施。
⑤训练儿童的方法,应注重间接的和积极的指导,并注重实践和考查。教师须以身作则,常和儿童的家庭密切联络。

材料来源:中国第二历史档案馆:《中华民国史档案资料汇编》(第五辑第一编)(教育)(一),凤凰出版社(原江苏古籍出版社)1997年版,第179—202页。

表 4 – 14   《小学训育标准》(1942)之小学训育实施程序

小学训育实施程序
①全校教职员应组织训育委员会,共同议定训育的组织系统和训育的具体方法,惟国民学校或不满四级的小学,得由教导会议主持训育事宜,各教职员对于儿童的智力体格、兴趣、家庭状况、社会环境和训育有关系的,应在学期开始时,精密地检验和调查。并应随时注意儿童的活动和检验调查的结果对照比较。

续表

小学训育实施程序
②各校在每学期开始时，应将各学年训育要项分别印成小册或活页，分发儿童，使儿童明瞭本学期内应该注意的事项，常常对照反省，并可根据适合儿童程度和易获训练效果两原则，将全部细目依各年级儿童程度，分别编定若干阶段（例如每一学期或每一学年为一阶段），以利训练。
③各校教职员应指导儿童组织自治团体，实施集团生活的训练，养成儿童适应群体生活的能力，获得各种现实的知识，并促进儿童经验的发展，练习办事的才能等。
④团体训练的时间，应利用每天举行的晨会，或夕会和每周举行的纪念周，此外，每周末的周会、每月一日的国民月会、每学期内各种纪念会和其他集会，都可实施集团训练，各种集团训练分别规定训练事项，训练的方式，不可常用一种方式，陷于呆板机械，务使变化多而效率大。
⑤各校应定期奉行健康检查，如每天一次的清洁检查，每月一次的身高体重测量，每学期或每学年一次的健康总检查或总比赛，都得设计实施。
⑥各校应时常举行避灾练习如避火灾、避盗窃、避空袭、避毒气等，救护练习如各种急救法的练习，警备练习如站岗、侦查、报信等。
⑦各校应定期举行恳亲会或邀请家长参加纪念周和其他集会，或引导家长参观学校各项设施和儿童的集团活动。如全校儿童过多，恳亲会等可分部（高初二部或高、中、低三部）举行。并应随时访问或通讯商讨，或邀请面谈，实施训育须与家庭充分联络，才能收效。
⑧各教职员对于儿童的实践训练细目，应随时并分期纠正，考查、记载、统计，并应将考查结果，在学期终了时，填入成绩表，报告儿童的家庭。
⑨训育委员会在学期终了时，应检讨本学期实施状况和实施效率，研究利弊的原因，拟具改进的计划，作为下学期实施方案的张本。

材料来源：中国第二历史档案馆：《中华民国史档案资料汇编》（第五辑第一编）（教育）（一），凤凰出版社（原江苏古籍出版社）1997年版，第179—202页。

表4-15　　《小学训育标准》（1942）之小学训育实施方法

小学训育实施方法
①训练要项就是行动的规范，要使儿童一切行为合乎规范，必须在实际的情境里，实施训练。训练细目有些已经表明情境，或在某时或在某地应有某种行为，教员应利用这些情境，随时指导儿童实践。

续表

小学训育实施方法

②训练细目中，有一部分目的在养成儿童的观念，观念的训练方法，第一应用归纳的方法，第二要培养儿童的情操。

③训练细目中，有一部分目的在养成儿童的能力，能力的训练方法，可以分为三个步骤：先分析某能力必须包含几种基本的能力，次诊察儿童身体的和心理的程度，而后按照儿童程度，施行渐进的训练。

④训练细目中，有一部分目的在养成儿童的习惯，习惯的训练方法，可分为分析、示范、试做、纠正和练习五个步骤。

⑤团体的训练，应利用团体生活的方式，借重社会制裁的力量，所以当让儿童做主体。

⑥团体的训练，为集中注意，加强训练效能起见，得举行中心训练，中心训练应根据全校儿童的共同需要，选择适当的守则为某一时期内的训练中心。

⑦晨会或称朝会，在每天早晨上课前，集合全校儿童在一处举行。目的在使儿童在空气清新的早晨，振作活泼愉快的精神，作全日工作的准备。实施训育可以利用晨会的时间检查或报告各级儿童的清洁和秩序的成绩，以及其他偶发事项，促起儿童的注意和反省。在晨会前，应先举行升降旗礼，晨会后，并可实施十分钟的早操。

⑧夕会在每天下午放学前分级举行。目的在使儿童对一天的活动有反省的机会，实施训育也可以利用夕会时间，促起儿童自己省察全日的行为，并报告次日应注意的事项，夕会以后，各级排队到运动场举行降旗礼，然后放学。每日晨夕会的时间都以十分钟为度。

⑨国父纪念周在每星期一上午举行。纪念周的目的在使儿童效法国父伟大的精神，培养爱护国家、复兴民族的意志，实施时除随时利用机会，讲述国父遗教外，每次举行的中心训练，即可在纪念周时开始，纪念周由主席领导全体师生宣读青年守则一遍。

⑩国民月会也是极好的团体训练，各校应郑重举行，实施时，除讲述国民公约和总裁训示外，并应检讨一个月来训练细目的实践成绩。

⑪个别的训练比团体的训练尤为重要。团体的训练，往往侧重于普遍的原理，个别的训练，可以指示实际的情境，纠正恶劣的行为。

⑫训育考查法可分为两种：一由教员考查，一由儿童考查。教员考察可从几个方面着手，平时随时考查记载，并征求其他教员的报告，听取儿童间的舆论，询问家长的意见。儿童考察重在反省，或按期做报告，或随时记反省表，或共同批评讨论，或受测验。同时，属于习惯和能力的训练细目，应在平日随时随地注意考查记载；属于理想的训练科目，可采用测验法，教员记载表，儿童报告单，反省表以及测验材料等，得由各校斟酌情形，自行拟订。

材料来源：中国第二历史档案馆：《中华民国史档案资料汇编》（第五辑第一编）（教育）（一），凤凰出版社（原江苏古籍出版社）1997年版，第179—202页。

　　1942 年 10 月 8 日，教育部公布《小学训育标准》，进一步强调训练儿童以养成奉行三民主义的健全公民，其目标为公民的身体训练、道德训练、经济训练和政治训练四方面，即依次为养成运动卫生的习惯，活泼勇敢的精神，使能自卫卫国；养成礼义廉耻的观念，亲爱精诚的德性，使能自信信道；养成节俭劳动的习惯，生产合作的知能，使能自育育人；养成奉公守法的观念，爱国爱群的思想，使能自治治事。《小学训育标准》（1942），一方面，其以图表形式清晰说明了忠勇、孝顺、仁爱、信义、和平、礼节、服从、勤俭、整洁、助人、学问、有恒等训练要目及其细目、适用年级和训练主旨；另一方面，其从实施原则、实施程序和实施方法等方面详细规定了小学训育实施方法要点，以确保小学训育的顺利实施，其中小学训育实施原则、程序和方法（详见表 4－13、表 4－14 和表 4－15）。

　　此后，《国民学校及中心国民学校规则》（1945）进一步强调在训育强化的课程实施中，应依照教育部所颁布小学训育标准，强调国民学校及中心国民学校为训练学生团体生活，应作种种集团生活并指导组织简单易行自治团体，且为便利个别训练起见，施行训导团制，小学教员均负直接训育责任，同时国民学校及中心国民学校实施训育，不得施行体罚，且为增进训育效能起见，应随时联络学生家长，讨论关于训育等实际问题。[①] 1947 年 8 月 6 日，教育部订定《国民教育设计委员会教导组讨论纲要》。在训育强化方面，该讨论纲要强调教育部应将公民训练标准再加检讨，重行修订，分别颁布小学部、民教部公民训练标准，并分别制定国民学校、中心国民学校实施训育方案，同时各省市师范区及县（市）乡（镇）国民教育研究会，应以研究训育设施为主要题材之一，并设小学训育讲座，常请专家主讲，等等。[②]

　　综上所述，训育强化表达一直是南京国民政府及其教育等部门在课程实施规范订定政策中所关注的重要内容。《今后中小学训育上应特别注

---

　　① 中国第二历史档案馆：《中华民国史档案资料汇编》（第五辑第一编）（教育）（一），凤凰出版社（原江苏古籍出版社）1997 年版，第 448—449 页。

　　② 中国第二历史档案馆：《中华民国史档案资料汇编》（第五辑第三编）（教育）（一），凤凰出版社（原江苏古籍出版社）2000 年版，第 185—188 页。

重之事项》（1932）、《训育纲要》（1939）、《小学训育标准》（1942）等有关于训育强化表达的政策文件相继公布与实施，也渐趋使得国民政府为加强思想控制、重视教育政治功能、维护政治统治所推行的在训育强化方面的课程规范政策全面化、具体化、系统化和操作化。

五　乡村教职员与学生管理的规行

（一）校长任用综理

校长任用是乡村教职员政策内容所涉及的重要内容之一。校长作为学校教职员的领导核心，其工作引导和推动着其他教师学校教育教学与管理工作的正常开展。民国政府及其教育部门在校长任用方面的政策拟定主要涉及任用资格及职务要求，同时又因校长多承担教育教学工作，且多由学校正教员担任（或称本科正教员、级任教员等），后述教职员薪俸待遇政策如《学校教职员退休条例》（1944）、《学校教职员抚恤条例》（1944）、《国民学校教职员任用待遇保障进修办法》（1946）等也大多适用于校长。

1931年4月，教育部颁发《乡村小学充实学额办法》，补充强调："乡村小学为应付特殊环境起见，得由校长商请校外热心教育人士为本校义务招生委员，调查本校四周一公里内之学龄儿童，并督促其入学。"[1]由此，商请校外热心人士调查乡村小学四周一公里内学龄儿童并督促其入学，已经成为政策内容规定上乡村小学校长所应该履行的工作职务之一。

《小学法》（1932）明确规定："小学设校长一人，综理校务"，且"省立或直隶于行政院之市市立小学校长，由教育厅或市教育行政机关遴选合格人员任用之。县市立或区立坊立或乡镇立小学校长，由县市教育行政机关选荐合格人员，呈请县市政府任用之，并呈请教育厅备案"[2]。

---

① 中央教育科学研究所教育史研究室：《中华民国教育法规选编（1912—1949）》，江苏教育出版社1990年版，第217—218页。

② 中国第二历史档案馆：《中华民国史档案资料汇编》（第五辑第一编）（教育）（一），凤凰出版社（原江苏古籍出版社）1994年版，第538—539页。

《修正小学规程》（1936）进一步强调小学设校长一人，具有级任及专科教员资格或经检定合格级任及专科教员在服务两年以上且有成绩者，可以为小学校长，"小学校长综理全校事务，除担任教学外，并指导教职员分掌校务及训教事项"①。

可见，小学校长已由民国前期政策规定上的"兼任"向专门设置校长转向，小学校长以综理全校事务，担任教学，指导教职员分掌校务及训育事项等为主要工作职务要求。小学校长须经相关教育行政机关遴选合格人员任用，其中乡镇立小学校长，由县市教育行政机关选荐合格人员呈请县市政府任用，且呈请教育厅备案。小学校长尤其是乡镇立小学校长的选荐、任用、备案等程序规定在政策内容上已成系统，校长任用更具专业性与规范性。

1940年3月，教育部订定《国民教育实施纲领》，专门强调："保国民学校及乡（镇）中心学校校长，在教育经济发达之地方，应由县政府遴选具有修正小学规程第六十四条规定资格之人员任之。"② 即遴选具有级任及专科教员资格或经检定合格级任及专科教员在服务两年以上且有成绩者，经选荐、任用、备案等可为保国民学校及乡（镇）中心学校校长，同时各省市在将原有小学改为中心学校暨国民学校前应调集准备任为中心学校及国民学校校长人员施以1—3个月短期训练。而后《乡（镇）中心学校设施要则》（1942）进一步规定："中心学校设校长一人，主持全校校务，并负辅导改进本乡（镇）内各保国民学校之责，在教育经济较为发达之区，应由县政府遴选具有修正小学规程第六十四条规定资格之人员专任之。人才、经费困难地方，校长得暂兼任乡（镇）长或副乡（镇）长，乡（镇）长或副乡（镇）长之具有小学校长资格者，亦得暂兼校长。"③《保国民学校设施要则》（1942）亦规定："国民学校设校长一人，主持全校校务，在经济、教育较为发达地区，应由县政府遴

① 中国第二历史档案馆：《中华民国史档案资料汇编》（第五辑第一编）（教育）（一），凤凰出版社（原江苏古籍出版社）1994年版，第540—550页。

② 中国第二历史档案馆：《中华民国史档案资料汇编》（第五辑第一编）（教育）（一），凤凰出版社（原江苏古籍出版社）1997年版，第421—427页。

③ 中国第二历史档案馆：《中华民国史档案资料汇编》（第五辑第一编）（教育）（一），凤凰出版社（原江苏古籍出版社）1997年版，第436—438页。

选具有修正小学规程第六十四条规定资格或检定合格人员委任之。人才经济困难地方，校长得暂兼任保长或副保长，保长或副保长之具有小学校长资格者，亦得暂兼校长。"①

1944 年 3 月，国民政府公布《国民学校法》，进一步指出："国民学校及中心国民学校，各置校长一人，综理校务，中心国民学校校长兼负辅导各保国民学校事宜。国民学校及中心国民学校校长，由县市政府或院辖市主管教育行政机关遴选合格人员委任之。"② 可见，在校长任用方面，乡（镇）中心学校及保国民学校均设校长一人，校长任用原则上也须经选荐、任用、备案等程序规定，校长负责主持全校校务，同时乡（镇）中心学校校长负有改进本乡（镇）内保国民学校的责任，尤其是在人才、经费困难的地方，校长可暂兼任乡（镇）长或副乡（镇）长、保长或副保长，而乡（镇）长或副乡（镇）长、保长或副保长具有小学校长资格者亦可暂兼校长。这即是《县各级组织纲要》下"新县制"管教养卫合一在乡村小学教育领域内校长任用上的直接体现，同时也是对乡（镇）中心学校校长及保国民学校校长素质与能力的充分肯定。

总之，综观整个南京国民时期，民国政府及其教育等相关部门在包括乡村小学校长在内的全国范围内小学校长（或国民学校）在任用资格与工作职能方面虽没有专门性政策文件的颁发，但关于小学校长任用资格与工作职能的直接规定在《小学法》（1932）、《修正小学规程》（1936）、《国民教育实施纲领》（1940）、《乡（镇）中心学校设施要则》（1942）、《保国民学校设施要则》（1942）、《国民学校法》（1944）等相关政策文本中均有体现，同时与民国前期相比，在小学校长任用上还经历着从正教员经呈准兼任校长，到符合资格者经选荐专设校长的政策规定过程，但在政策规定上小学校长掌管全校事务、担任教学、指导教职员分掌校务等基本工作职能并未有太大变化。

---

① 中国第二历史档案馆：《中华民国史档案资料汇编》（第五辑第一编）（教育）（一），凤凰出版社（原江苏古籍出版社）1997 年版，第 438—441 页。

② 中国第二历史档案馆：《中华民国史档案资料汇编》（第五辑第一编）（教育）（一），凤凰出版社（原江苏古籍出版社）1997 年版，第 441—443 页。

（二）教师管理概述

1. 任用资格细化

1932 年 12 月，《小学法》公布并继续确认小学教员应为专任，且"小学教员由校长聘请合格人员充任，如合格人有不敷时，得聘任具有相当资格者充之，均应呈请主管教育行政机关备案。小学教员之检定任用保障各规程，由教育部定之"①。而后《修正小学规程》（1936）进一步补充教职员应具备："一、师范学校毕业者；二、旧制师范学校本科或高级中学师范科或特别师范科毕业者；三、高等师范学校或专科师范学校毕业者；四、师范大学或大学教育学院教育科系毕业者"等资格之一者可聘为级任教员或专科教员。同时，"小学级任及专科教员无前条所列资格之一者，应受主管教育行政机关所组织之小学教员检定委员会之检定。小学教员检定规程及小学教员检定委员会组织规程另定之"。②

可见，注重小学教员任用及其资格检定，因其在教师管理中的重要性与必要性，在民国政府及其教育部等相关部门所颁发的相关重要性纲领性政策文件，诸如《小学法》（1932）和《修正小学规程》（1936）等均有具体规定与细化体现，尤其在《修正小学规程》（1936）中强调小学教员检定规程及小学教员检定委员会组织规程的另定，更体现了国民政府及其教育部门对小学教师资格检定的重视。因地因时制宜拟定与规范小学教师资格检定，其与时俱进性与适宜合理性不言而喻。

1936 年 12 月，教育部公布《小学教员检定规程》，强调"小学教员除具有修正《小学规程》第六十二条规定资格外，由各省市教育行政机关组织小学教员检定委员会依照本规程检定之"③，与《检定小学教员规程》（1916）相比，小学教员检定仍分为无试验检定与试验检定两种，但在检定程序、资格，以及试验检定科目等，甚至是根据教师工作职能所

---

① 中国第二历史档案馆：《中华民国史档案资料汇编》（第五辑第一编）（教育）（一），凤凰出版社（原江苏古籍出版社）1994 年版，第 538—539 页。

② 中国第二历史档案馆：《中华民国史档案资料汇编》（第五辑第一编）（教育）（一），凤凰出版社（原江苏古籍出版社）1994 年版，第 540—550 页。

③ 中央教育科学研究所教育史研究室：《中华民国教育法规选编（1912—1949）》，江苏教育出版社 1990 年版，第 681 页。

划分的级任教员与专科教员称谓都有不同。根据《小学教员检定规程》，无试验检定每学期开始前举行，由检定委员会审查被检定教员各项证明文件；试验检定至少每三年举行一次，除审查各项证明文件外加以试验。其中，各项证明文件主要包括毕业证书或修业证书、服务证明书、本人履历书、志愿书、行政机关评语、个人著作及最近照片等。关于《小学教员检定规定》所规定的无试验检定与试验检定资格（详见表4-16）。

表4-16　《小学教员检定规程》（1936）无试验检定与试验检定资格详情

类型	资格	备注
无试验检定	一、毕业于简易师范学校或简易师范科者； 二、毕业于旧制中学，或现制高级中学以上学校，或与旧制中学现制高级中学同等之学校，曾充小学教员一年以上或曾在教育行政机关或大学教育学院系或师范学校等所办暑期学校补习教育功课满二暑期者； 三、毕业于旧制乡村师范学校或县立师范学校或二年以上之师范讲习科，曾充小学教员二年以上或曾在上述暑期学校补习满三暑期者； 四、曾充小学教员三年以上，经教育行政机关认为确有成绩或曾在上述暑期学校补习满四暑期者； 五、曾充小学教员三年以上，有关于小学教育之专著发表，经主管教育行政机关认为确有价值者。	具有前项第一款资格者，以受初级小学教员无试验检定为限。具有前项第二、三、四、五各款资格之一者，如曾任高级小学或初级小学教员年限与各该款规定相合者，得分别受高级小学或初级小学教员无试验检定。初级小学教员无试验检定合格后，任职四年以上有相当成绩者，得受高级小学教员无试验检定。

续表

资格与备注 类型	资格	备注
试验检定	一、曾在旧制中学或高级中学毕业者； 二、曾在师范学校或高级中学修业一年并充小学教员一年以上者； 三、曾在师范讲习科毕业者； 四、曾任小学教员三年以上者； 五、学有专长并充小学教员一年以上者。	试验检定，分笔试及口试或实习；各省市教育行政机关认为必要时，并得举行体格检查。同时初级、高级小学级任教员试验科目不同，专科教员试验检定不分初高级，试验科目相同。

材料来源：中央教育科学研究所教育史研究室：《中华民国教育法规选编（1912—1949）》，江苏教育出版社 1990 年版，第 681—684 页。

　　一方面，在规定无试验检定时，根据小学教员资格及其教育教学经验分别予以初级或高级小学教员检定结果，且初级小学教员无试验检定合格且任职满四年以上有相当成绩者，得受高级小学教员无试验检定，强调检定小学教员资格与经验并重；另一方面，在规定试验检定时，试验检定分为笔试及口试或实习，其中"小学级任教员之试验科目为公民（包括党义）、国语（包括文字口语及注音符号）、算术、自然、卫生、历史、地理、教育概论、小学各科课程标准，小学教材及教学法。但初级小学级任教员之试验，除公民、国语、教育概论外，其余各科目，得酌量减低其程度"，而专科教员试验检定不分初高级，"其试验科目，除请求试验之某种专科（如音乐、体育、美术、劳作等）须试验外，并试验国语、教育概论及受试验科目之小学教材及教学法"。[①]《小学教员检定规程》（1936）所规定的检定程序、资格及试验检定科目等内容在一定程度上比较符合现实国情和教育实情，同时也相对更具合理性与可操作性。

　　1940 年 3 月，《国民教育实施纲领》强调："各省市应于本纲领实施

———————

　　① 中央教育科学研究所教育史研究室：《中华民国教育法规选编（1912—1949）》，江苏教育出版社 1990 年版，第 681—684 页。

后六个月内，举行各县小学教员及民众学校专任教员总登记及检定，检定不及格而其学历尚可胜任者，得分别予以三个月至六个月之短期训练，作为代用教员。"① 而后《乡（镇）中心学校设施要则》（1942）进一步指出："中心学校教员由校长遴选具有修正小学规程第六十二条规定之资格及检定合格者聘任之。人才、经济困难之地方，得依照修正小学规程第六十六条之规定，聘任代用教员。"② 同时《保国民学校设施要则》（1942）也明确提出："国民学校教员，由校长遴选具有修正小学规程第六十二条规定之资格及检定合格者聘任之。人才、经济困难之地方，得依照修正小学规程第六十六条之规定，聘任代用教员。"③ 《乡（镇）中心学校设施要则》（1942）和《保国民学校设施要则》（1942）关于乡、镇、保国民学校在教师资格检定及聘任，以及代用教员的具体政策规定，是民国政府在乡村基础教育发展过程中关于乡村教师管理中资格检定及聘任的直接体现，即是《修正小学规程》（1936）政策引领下的乡、镇、保乡村教师资格检定内容，也使得全国范围内宏观教师管理下乡村教师资格检定予以必要的重要关注，以促进乡村教师管理的规范，进而推进乡村基础教育的改革与发展，提高乡村基础教育质量。

《国民学校法》（1944）强调："国民学校及中心国民学校之教员，由校长遴选合格人员聘任之，应呈请主管教育行政机关备案。前项合格人员不敷时，得遴聘具有相当资格者为代用人员，并应呈请主管教育行政机关备案。"④ 而后教育部于 1945 年 9 月公布《国民学校及中心国民学校规则》，进一步指出："国民学校及中心国民学校教职员之资格，应照左列之规定：（一）凡具有左列资格之一者，得为国民学校及中心国民学校教员。（1）师范学校毕业者。（2）旧制师范学校本科或高级中学师范科或特别师范科毕业者。（3）高等师范学校或专科师范学校

① 中国第二历史档案馆：《中华民国史档案资料汇编》（第五辑第一编）（教育）（一），凤凰出版社（原江苏古籍出版社）1997 年版，第 421—427 页。

② 中国第二历史档案馆：《中华民国史档案资料汇编》（第五辑第一编）（教育）（一），凤凰出版社（原江苏古籍出版社）1997 年版，第 436—438 页。

③ 中国第二历史档案馆：《中华民国史档案资料汇编》（第五辑第一编）（教育）（一），凤凰出版社（原江苏古籍出版社）1997 年版，第 438—441 页。

④ 中国第二历史档案馆：《中华民国史档案资料汇编》（第五辑第一编）（教育）（一），凤凰出版社（原江苏古籍出版社）1997 年版，第 441—443 页。

毕业者。（4）师范学院或大学教育学院教育科系毕业者。（二）国民学校或中心国民学校教员，无本条第一项所列各款资格之一者，应受主管教育行政机关之检定。国民学校及中心国民学校教员检定办法另定之。"① 可见，在政策内容规定上国民学校及中心国民学校关于教员任用资格检定是十分细致和严格的，这也是保障国民教育普及与发展的重要内容之一。

总之，小学教师资格检定是民国乡村教职员政策拟定中在教师方面的重要内容，其在国民政府及其教育等部门制定的若干政策文件中均有诸多体现，并尤以《小学教员检定规程》（1936）的政策内容最具代表性、针对性和细致性。

2. 工作职能优化

基于民国前期正教员、专科正教员和助教员的工作职能界定，1931年4月29日，教育部颁发《乡村小学充实儿童学额办法》，明确强调"乡村小学校长教员，应劝导附近人民速送已届学龄之儿童入学"②，由此，劝导乡村学龄儿童积极主动入学成为乡村小学教员根据政策颁定所须履行的工作职能之一。

1936年7月，教育部颁发《修正小学规程》，在教师工作职能界定方面，进一步说明小学"每学级设级任教员一人，并得酌量情形添设专科教员；但平均每两学级之教员人数，应以三人为度"，且"小学教职员在校时间每日八小时，任课时间每日至多二百四十分钟"，同时"小学教员经校长聘定后，中途如有自请退职情事，须商请校长同意或得有替人后，方得离校"。③

可见，小学教职员根据工作职能所界定的正教员、专科正教员和助教员的称谓在政策规定上已发展为级任教员和专科教员，但其工作职能与正教员和专科正教员的划分并无二致，仅缺少助教员的辅助界定。同

---

① 中国第二历史档案馆：《中华民国史档案资料汇编》（第五辑第一编）（教育）（一），凤凰出版社（原江苏古籍出版社）1997年版，第445—454页。

② 中央教育科学研究所教育史研究室：《中华民国教育法规选编（1912—1949）》，江苏教育出版社1990年版，第217—218页。

③ 中国第二历史档案馆：《中华民国史档案资料汇编》（第五辑第一编）（教育）（一），凤凰出版社（原江苏古籍出版社）1994年版，第540—550页。

时，规定级任教员和专科教员的在校时间和任课时间，且教员经聘定后辞职这一事项上有"须商请同意"或"有替人后"方可离校辞职的政策规定，这在优化小学教员工作职能，关注工作职能效率与责任，对维持与保障小学校正常教育教学工作秩序具有十分重要的规定价值。

　　总之，从民国成立伊始相继颁布教育政策文件中所界定的小学教师工作职能，到民国后期的基础教育普及与发展过程中，关于教师管理在政策内容拟定中虽有本科正教员、专科正教员、助教员、级任教员、专科教员等称谓变化，但在政策内容规定中关于包括乡村小学校教师在内的小学教师基本工作职能的界定，一直都是少有变化，具有政策延续性的。

　　3. 薪俸待遇深化

　　及至大学院和大学区制改革的推行，1928 年 7 月 30 日，大学院颁发《小学教员薪水制度之原则》，小学教员薪水制度原则主要包括订立最低限度薪水、订立根据学历薪金表和订定根据经验加薪数。在订立最低限度薪水方面，原则上以"两倍衣食住（以舒适为度）三事之所费，为最低限度之薪水"；在订立根据学历薪金表方面，原则上"教师之学历有超过规定标准者，得估其所费多给薪水；反之不及规定标准者，得酌量减至最低限度之薪金，假定以初中以上二年为最低度之资格，则此后每一年之学历，当按其在校之费用，给以百分之六之利率"；在订定根据经验加薪数方面，以"教师经验年有增加，薪水亦随之而加，可以劝其久任"为原则。[1] 而后大学院和大学区制改革虽然废止，但《小学教员薪水制度之原则》的核心原则及基本思想精神已被大多教育管理者和工作者所接纳和认可，其原则及精神对以后的小学教员的薪俸待遇标准在政策内容上的拟定与深化仍深有影响。

　　1931 年，《中华民国训政时期约法》指出："学校教职员成绩优良久于其职者，国家应予以奖励及保障。"[2]《修正小学规程》（1936）则规

---

　　①　中央教育科学研究所教育史研究室：《中华民国教育法规选编（1912—1949）》，江苏教育出版社 1990 年版，第 670—671 页。

　　②　中央教育科学研究所教育史研究室：《中华民国教育法规选编（1912—1949）》，江苏教育出版社 1990 年版，第 47 页。

定："小学教职员之俸给，应根据其学历及经验而为差别，但至少应以学校所在地个人生活费之两倍为标准"；"小学教职员俸金以月计者，每年作十二个月计算"；"小学教职员之俸给等级表年功加俸办法，由省市教育行政机关规定呈请教育部备案施行"；"小学教职员养老金及恤金办法，依照国民政府公布之学校教职员养老金及恤金条例办理"；等等。① 《战时各级教育实施方案》（1938）强调"凡小学教师应提高其待遇，俾能维持其最低限度之家庭生活"②。《国民教育实施纲领》（1940）亦规定"保国民学校教员之薪给，至少以学校所在地个人衣食住等生活费之两倍为标准，校长并应酌量提高乡（镇）中心学校教员之薪给，以得与保国民学校校长同额为原则，校长并应酌量提高"③。

《中华民国宪法》（1946）第 165 条规定："国家应保障教育、科学、艺术工作者之生活，并依国民经济之进展，随时提高其待遇。"④ 同时，第 167 条也强调国家对于从事教育久于其职而成绩优良者应予以奖励或补助。可见，注重小学教员薪俸待遇标准的提高，尤其是以学校所在地个人衣食住等生活费两倍为标准，酌量提高小学教员薪给，提倡年功加俸以鼓励长久任职，强调养老金及恤金办法等，已经构成小学教师管理在薪俸待遇标准这项政策规定上的主要内容。

从 1940 年行政院核准公布《小学教员待遇规程》，而后国民政府及其教育等部门亦有《学校教职员退休条例》（1944）、《学校教职员抚恤条例》（1944）、《国民学校教职员任用待遇保障进修办法》（1946）等直接相关小学教员及包括小学教员在内的学校教员在待遇、退休、抚恤、进修等薪俸待遇标准方面的专门性、具体性政策文件相继颁发。

根据《小学教员待遇规程》（1940），全国保国民学校、乡镇中心学校及其他小学幼稚园教员待遇除遵照《修正小学规程》（1936）所规定外

---

① 中国第二历史档案馆：《中华民国史档案资料汇编》（第五辑第一编）（教育）（一），凤凰出版社（原江苏古籍出版社）1994 年版，第 540—550 页。

② 中国第二历史档案馆：《中华民国史档案资料汇编》（第五辑第一编）（教育）（一），凤凰出版社（原江苏古籍出版社）1997 年版，第 28 页。

③ 中国第二历史档案馆：《中华民国史档案资料汇编》（第五辑第一编）（教育）（一），凤凰出版社（原江苏古籍出版社）1997 年版，第 421—427 页。

④ 中央教育科学研究所教育史研究室：《中华民国教育法规选编（1912—1949）》，江苏教育出版社 1990 年版，第 69—70 页。

均依照本规程规定，其具体内容主要包括：一是小学教员薪给，每年均以 12 个月计算，按月十足以国币发给，不得折扣或拖欠，其最低薪额应以当地个人衣食住三者所需生活费之两倍为标准，并根据资历高下、职务繁简、任期久暂和成绩优否等分别增加其薪额。二是小学教员在遇有婚假二星期、丧假一个月、生育假两个月、在一地连续服务满十年休假一年或每年给假二星期、在一地连续服务满十五年每年休假二星期等请假时，仍领原薪。三是小学教员子女，除肄业小学者一律免学费外，肄业中等以上学校者，其标准为"肄业于本县（市）或其服务所在县（市）之县（市）立中等学校者，免其学费；服务在五足年以上者，其子女肄业于公立中等学校，均免其学费；服务在十足年以上者，其子女肄业于公立中等学校，免其学宿费，而肄业于国立专科学校或大学，免其学费；服务在二十足年以上者，其子女肄业于国立或省立专科学校或大学，免其学宿费"①。四是小学教员在一校连续服务满五足年者或服务期满曾受奖励或者有价值著作，志愿升学，经主管教育行政机关核准，得于其考入学校后补助或贷以半数之升学费用。可见，《小学教员待遇规程》（1940）在小学教员薪给标准及增加薪额、领薪休假、子女上学、继续升学等薪俸待遇标准方面均有详细规定，这对包括乡村小学教员在内的全国范围内小学教师在薪俸待遇标准方面的管理均极具规范价值和引导价值。

1944 年 6 月，国民政府公布《学校教职员退休条例》②，详细规定：学校教职员服务 15 年以上年龄已达 60 岁，或服务 25 年以上成绩昭著者可声请退休；年龄已达 65 岁，或心神丧失或身体残疾致不胜职务应即退休。首先，学校教职员服务 15 年以上已达声请退休年龄而声请退休者，或服务 25 年以上成绩昭著而声请退休者，或服务 15 年以上已达退休年龄而应即退休者，或服务 15 年以上心神丧失或身体残废致不胜职务而应即退休者，或因公伤病致心神丧失或身体残废不胜职务而应即退休者（如

---

① 中国第二历史档案馆：《中华民国史档案资料汇编》（第五辑第一编）（教育）（一），凤凰出版社（原江苏古籍出版社）1997 年版，第 427—430 页。

② 中央教育科学研究所教育史研究室：《中华民国教育法规选编（1912—1949）》，江苏教育出版社 1990 年版，第 705—708 页。

服务未满 15 年，其退休金予以满 15 年论）应予以年退休金。其次，学校教职员年退休金数额，专任教职员按其退休时月薪额合成年薪，兼任教员则按其最后三年内年薪平均数，依下述百分比率定之——服务 15 年以上 20 年未满，声请退休者 40%，应即退休者 50%；服务 20 年以上 25 年未满，声请退休者 45%，应即退休者 55%；服务 25 年以上 30 年未满，声请退休者 50%，应即退休者 60%；服务 30 年以上声请退休者 55%，应即退休者 65%；同时服务 15 年以上之教职员因公伤、病致心神丧失或身体残废不胜职务而应即退休者，依前项规定外再加 10%。最后，学校教职员在褫夺公权尚未复权，或领受年退休金后再任有俸薪职务时停止其领受年退休金的权利，同时在死亡，或褫夺公权终身，或背叛中华民国经通缉有案，或丧失中华民国国籍时丧失领受退休金权利。《学校教职员退休条例》（1944）详细规定包括乡村小学教师在内的学校教职员可以予以年退休金的服务资格，并同时规定了声请退休和应即退休两种情况下学校教职员根据不同情形所应予以的退休金额数，以及学校教职员停止和丧失领受退休金权利的具体情形，这是民国政府及其教育等部门针对包括乡村小学教师在内的学校教职员在薪俸待遇标准的退休方面所公布的具体政策内容，其对规范学校教职员退休，以及对学校教职员领取退休金权利予以政策保障，都具有十分重要的政策引导作用。

1944 年 6 月 22 日，国民政府公布《学校教职员抚恤条例》[①]，具体指出学校教职员在有服务 15 年以上病故，或依法领受年退休金中而死亡，或因公死亡（如服务不满 15 年以满 15 年论）等情形时给予遗族年抚恤金，遗族领受抚恤金权利不得扣押、让与或担保。一方面，教职员服务 3 年以上 15 年未满在职病故应给予遗族一次抚恤金；另一方面，遗族年抚恤金数额，专任教职员按其死亡时或退休时月薪额合成年薪，兼任教职员按其最后三年内年薪平均数，依下述百分比率定之——服务 15 年以上 20 年未满者 30%；服务 20 年以上 25 年未满者 35%；服务 25 年以上 30 年未满者 40%；服务 30 年以上者 45%；同时服务 25 年以上教职员因公死亡者，其遗族年抚恤金除依前项规定外，再加 10%。《学校教职

① 中央教育科学研究所教育史研究室：《中华民国教育法规选编（1912—1949）》，江苏教育出版社 1990 年版，第 709—711 页。

员抚恤条例》（1944）针对教师薪俸待遇标准，在政策内容规定上强调教职员遗族具有领受教职员抚恤金的权利，这不仅是民国政府对学校教职员工作的肯定，同时也能使广大人民及教职员深受鼓舞，进而鼓励更多的人参加学校教育教学工作，以调动广大教职员工作的积极性与主动性。

1946年1月5日，教育部公布经行政院核定的《国民学校教职员任用待遇保障进修办法》，并在教职员薪给、俸薪请假、子女肄业、奖励、福利、进修等方面予以明确规定。《国民学校教职员任用待遇保障进修办法》，其具体内容如下。

第一条　本办法依国民学校法第二十三条之规定订定之。

第二条　县市政府及院辖市主管教育行政机关，每学期应举办国民学校及中心国民学校教职员之登记，并于学年开始两个月前公布其姓名、学历，如遇人数过多，得分期公布之。

第三条　凡具有国民学校及中心国民学校规则第十九条所定资格及经检定合格之教职员，均得声请登记。

第四条　凡依本办法登记公布之教职员，均应尽先任用之。

第五条　合格人员不敷时，得遴委合格教导主任或服务未满二年之合格教员为代理校长，遴聘服务未满一年之合格教员为代理教导主任，具有得受国民学年及中心国民学校教员试验检定之资格，或曾受短期师资训练者，为代用教员。

第六条　国民学校教职员应由校长于每年或学期开始一个月前聘任之。初聘以一学期为原则，以后续聘，任期为一学年，聘定后应即呈报主管教育行政机关备案。教职员中途自请退职，须商得校长同意。如有因故解职，应由校长呈报主管教育行政机关备案。

第七条　国民学校教职员之薪给，应由各省、市教育厅、局依照下列各款之规定，斟酌地方情形另订实施办法，呈准教育部备案施行。一、薪给以每年十二个月计算，按月十足发给，不得折扣。二、最低薪津应以当地个人食、衣、住三者所需生活费之三倍为标准，并得比照当地县市级公务人员薪给标准支给。三、最低薪额之外应按照教职员资历高下、服务久暂、职务繁简，分别增加其薪额。四、薪额以发给国币为原则、但得以米麦等主要食粮代替其折算，价格应依市价。

第八条 国民学校教职员遇有下列事项请假时，仍得享受原有待遇。其代课教员之薪津，由校呈请教育行政机关另行支给之。一、本人婚假得给假二星期。二、父母或配偶丧亡得给假一个月。三、女教职员生育得给假六星期。四、在一县市区域内连续服务满十五年者得给休息假一年。五、在一县市区域内连续服务满十五年者每年得给休息假二星期。

第九条 现任国民学校教职员家境清贫者，其子女肄业，各级学校得按其服务年限之久暂，依照下列各款分别免缴各项费用：一、现任教职员之子女肄业于本县市立之中学学校者免其学费；二、教职员服务满五年，其子女肄业于公立中等学校者，免其学宿费；三、教职员服务满十年，其子女肄业于公立中等学校或公立专科以上学校者，免其学宿费；四、教职员服务满十五年，其子女肄业于公立中等学校者，免其学宿膳费；五、教职员服务满二十年，其子女肄业于公立中等学校或公立专科以上学校者，免其学宿膳费。前项声请免费手续，除专科以上学校之免费手续由教育部另行规定外，余均由各省市教育厅局定之。

第十条 国民学校教职员之服务成绩特别优良者，得就下列各项分别予以奖励，其实施办法由各省市教育厅局定之。一、发给奖金或奖状；二、升任简易师范学校或简易师范科及同等程度之学校教员，担任其所特长学科之教学；三、考升专科以上学校，肄业时得补助或贷予半数以上之升学费用。

第十一条 省市主管教育行政机关，应视国民学校及中心国民学校教职员待遇情形及地方教育经济状况，提倡福利事业，如：办理储蓄合作社等。其实施办法由各省市教育厅局定之。

第十二条 国民学校教职员应依法保障，不得随校长或主管教育行政人员之更迭而进退，非有下列情形之一者不得解职：一、违犯刑法证据确凿者；二、行为不检或有不良嗜好者；三、任意旷废职务者；四、成绩不良者；五、身体残废或身有痼疾不能任事者。

第十三条 国民学校教职员非有前条各款情形之一而解职者，得声叙理由，呈请主管教育行政机关或上级教育行政机关查明纠正。

第十四条 国民学校教职员之进修，应随时注意其教导知识技术之增进，道德之修养，体魄之锻炼以及其他学术之研究，并参加下列各种研究进修机关：一、主管教育行政机关举办之假期训练班；二、依照部令组织之各级国民教育研究会；三、师范学院或国立师范学校附设之进修班及函授学校。

第十五条　幼稚园职员之任用、待遇、保障、进修，适用本办法之规定。

第十六条　本办法自公布日施行。[①]

综上所述，国民政府及其教育部门基于包括乡村小学教师在内全国范围内学校教职员在薪俸待遇方面的直接性、专门性政策拟定内容主要包括薪给、子女肄业、俸薪请假、优秀奖励、教师福利、升学进修等，其所涉及内容不仅十分全面，而且极为具体、详细，虽然直接针对乡村小学教师的薪俸待遇的专门性教育政策并没有拟定、公布，但整体性、全面性、详细性的教师薪俸待遇相关政策内容对于规范乡村小学教师薪俸标准，调动其工作积极性与主动性，仍具有十分重要的政策引领价值。

（三）学生规范总览

1. 学籍编制准则

为推进乡村教育以及乡村小学教育的发展，鼓励学生入学，教育部于 1931 年 4 月 29 日还颁发了《乡村小学充实学龄儿童学额办法》，明确指出"乡村小学儿童名额，除有特殊情形，经主管教育行政机构许可者外，每一教室不得少于二十五人，其名额不足者，应设法充足之"，同时"乡村小学应酌设补习班，招收十岁以上失学儿童入学补习"[②]。鼓励乡村学龄儿童和十岁以上失学儿童接受学习，充足乡村小学儿童名额等对于促进乡村基础教育发展也是具有十分重要的支持作用。

1932 年 12 月，《小学法》颁发并明确指出："初级或高级小学学生修

---

① 中央教育科学研究所教育史研究室：《中华民国教育法规选编（1912—1949）》，江苏教育出版社 1990 年版，第 712—715 页。

② 中央教育科学研究所教育史研究室：《中华民国教育法规选编（1912—1949）》，江苏教育出版社 1990 年版，第 217—218 页。

业期满成绩及格，由学校给予毕业证书。"①《修正小学规程》（1936）进一步强调："小学儿童入学年龄为六足岁，但有特别情形者得展缓至九足岁"，且"小学儿童修业期满试验成绩及格，依照小学法第十五条之规定，由学校给予毕业证书"。② 强调小学入学年龄为六足岁，但特别情形可延缓至九足岁，这对于因地制宜地推动基础教育普及与发展，尤其是促进乡村基础教育改革与发展过程中学龄儿童接受一定程度的小学教育，在政策规定与具体实践中具有十分明确的规范与指导价值。同时，由学校给予修业期满且成绩及格的初级或高级小学学生毕业证书，这是学生接受初级或高级小学教育的证明材料，也是在政策规定内容上对学生毕业事项的规范与重视。

1933 年 7 月 14 日，教育部订定《各省市县教育行政机关暨中小学施行升学及职业指导办法大纲》，在小学升学及职业指导方面积极强调小学自五年级起实施升学及职业指导，其实施要点主要包括调查学生家庭职业及经济状况、调查当地社会状况、调查学生普通智力与特殊能力、检查学生体格、考察学生读书兴趣及习惯、调制完善学籍簿、征求家长意见、实施指导等。③ 强调自小学五年级起对小学生实施恰当的升学或职业指导，这既是基于学生全面了解而施以的必要的指导，且十分有助于促进学生科学发展；又是对初高等小学校毕业生升学与职业规划的指导，且十分有利于政府及教育等相关部门宏观引导基础教育发展。

而后，《保国民学校设施要则》（1942）明确规定国民学校设置小学部与民教部，其中小学部"依照初级小学编制，自一年级起至四年级止，设至四个以上之学级，收受保内六足岁至十二足岁之学龄儿童，分别施以四年或二年或一年之国民小学教育，并得附设幼稚园或幼稚班"④。《国民学校法》（1944）则强调："国民学校及中心国民学校学生修业期满，

---

① 中国第二历史档案馆：《中华民国史档案资料汇编》（第五辑第一编）（教育）（一），凤凰出版社（原江苏古籍出版社）1994 年版，第 538—539 页。

② 中国第二历史档案馆：《中华民国史档案资料汇编》（第五辑第一编）（教育）（一），凤凰出版社（原江苏古籍出版社）1994 年版，第 540—550 页。

③ 中国第二历史档案馆：《中华民国史档案资料汇编》（第五辑第一编）（教育）（一），凤凰出版社（原江苏古籍出版社）1994 年版，第 79—83 页。

④ 中国第二历史档案馆：《中华民国史档案资料汇编》（第五辑第一编）（教育）（一），凤凰出版社（原江苏古籍出版社）1997 年版，第 438—441 页。

成绩及格，由学校分别给予毕业证书。"① 《国民学校及中心国民学校规则》（1945）将学生入学与毕业进一步作出具体规定："（一）国民学校及中心国民学校儿童入学年龄为六足岁，失学民众入学年龄为十二足岁。（二）国民学校之儿童因身体或家庭之特殊情形，得请求休学一学期或一年，期满复学。（三）国民学校之儿童，因身体或家庭之特殊情形，经学校调查属实者，得准予转学或退学。（四）国民学校及中心国民学校之儿童或失学民众，经初级或高级修业期满，成绩及格，由学校分别给予毕业证书。"② 《保国民学校设施要则》（1942）、《国民学校法》（1944）和《国民学校及中心国民学校规则》（1945）在学生入学、升学及毕业，甚至是转学或退学等方面均有详细、明确的政策内容规定，这是关于学生学籍等相关教育政策内容的完善，更是民国基础教育发展到一定阶段的成果体现。

综上所述，民国政府及其教育等部门在包括乡村基础教育在内的基础教育发展过程中基于学生入学、升学及毕业等学籍方面的政策内容，主要表现为划分学级强调学龄儿童入学、编制学龄簿及儿童学籍簿；鼓励升学，指导升学，规定小学校尤其是高等小学校学生入学资格；修业期满成绩及格者予以毕业证明且称为初级或高级小学毕业生，指导就业；等等。

2. 学费缴纳细则

《中华民国训政时期约法》（1931）指出："全国公私立学校应设置免费及奖金学额，以奖进品学俱优无力升学之学生。"③ 1931 年 4 月 19 日，《乡村小学充实学额办法》颁发，其中规定："乡村小学为减轻人民负担使子女易于入学起见，得多设免费学额。并得由主管教育行政机关，酌给书籍用品，或购办书籍用品，以供贫苦儿童借用。"④

---

① 中国第二历史档案馆：《中华民国史档案资料汇编》（第五辑第一编）（教育）（一），凤凰出版社（原江苏古籍出版社）1997 年版，第 441—443 页。

② 中国第二历史档案馆：《中华民国史档案资料汇编》（第五辑第一编）（教育）（一），凤凰出版社（原江苏古籍出版社）1997 年版，第 445—454 页。

③ 中央教育科学研究所教育史研究室：《中华民国教育法规选编（1912—1949）》，江苏教育出版社 1990 年版，第 47 页。

④ 中央教育科学研究所教育史研究室：《中华民国教育法规选编（1912—1949）》，江苏教育出版社 1990 年版，第 217—218 页。

《小学法》（1932）则进一步强调："小学不收学费，但得视地方情形酌量征收。在公立小学，每人每学期初级至多不得逾一元，高级至多不得逾二元；在私立小学，每人每学期至多不得逾三元，高级至多不得逾六元。学生无力缴纳学费者，小学校长应酌量情形免除其学费之一部或全部。"[①] 时至1936年，《修正小学规程》颁发并进一步确定小学不收学费，但得视地方情形依照《小学法》呈请主管教育行政机关核准酌量征收之，征收学费小学应设置40%以上的贫寒儿童免费学额，且小学不得以收费免费为编制学级标准，同时小学必需学用品由学校发给，或由学校或地方教育行政机关组织消费合作社以极低廉价格售诸儿童。[②]

可见，在政策内容上规范学费缴纳的同时，设置免费学额，保障品学俱优无力升学学生尤其是乡村小学学生继续学习并完成学业也渐趋被重视，同时在义务教育推行及发展的过程中，"小学不收学费"的政策内容规定也逐渐被关注和认可，但视地方情形分小学初级和高级阶段酌量收取学费的规定也在一定程度上体现着民国基础教育发展的实情还不足以具备不收学费的实施基础。

基于小学不收学费的政策追求，以及当时基本国情和教育发展实情还须酌量收取一定学费的艰难困境，1936年5月6日，教育部公布《各级学校设置免费学额及公费学额规程》，强调各级学校为奖助家境清贫、体格健全、资禀颖异、成绩优良学生，应设置免费学额及公费学额，免费学额即免除学费缴纳，学费主要包括学校所收体育费、图书费、实验费及其他类似费用，公费学额即除免收学费外还应给予最低限度的膳宿、制服和书籍等费用。

根据《各级学校设置免费学额及公费学额规程》（1936），包括乡村小学在内全国范围的所有公私立小学，其免费学额设置规定为小学以不收学费为原则，其因特殊情形征收学费之小学，应设置全校儿童数40%以上免

---

① 中国第二历史档案馆：《中华民国史档案资料汇编》（第五辑第一编）（教育）（一），凤凰出版社（原江苏古籍出版社）1994年版，第538—539页。

② 中国第二历史档案馆：《中华民国史档案资料汇编》（第五辑第一编）（教育）（一），凤凰出版社（原江苏古籍出版社）1994年版，第540—550页。

费学额，1936 年至少应设置 20%，以后应逐年增设，限至 1939 年一律达到 40% 的标准；而公费学额设置规定为公立普通小学及短期小学，1936 年至少应设置全校学生数 4% 的公费学额，以后并应逐年酌量增设。[①] 在小学不收学费的政策追求不能切实实施的条件下，明确免费学额及公费学额，这对于在政策规定与实施上促进和保障更多因学费缴纳问题而将失教育权利的学龄儿童得以享受更多年限和程度的小学教育是十分必要的。

而后，《乡（镇）中心学校设施要则》（1942）明确规定："中心学校小学部不收学费，其必需之学用品，得由学校联合当地合作机关以低价售诸儿童。"[②]《保国民学校设施要则》（1942）指出："国民学校小学部不收学费，其必需之学用品得由学校联合当地合作机关以廉价售诸儿童。"[③]《国民学校法》（1944）也强调："国民学校及中心国民学校，均不得收取学费或杂费。"[④]《国民学校及中心国民学校规则》（1945）则进一步提出："国民学校及中心国民学校均不得收取学费或杂费，其必需之学用品，得由学校发给，或由学校或地方教育行政机关组织消费合作社，照成本价格售诸儿童。"[⑤]

《中华民国宪法》（1946）更以法律规定的形式强调"各级政府应广设奖学金名额，以扶助学行俱优无力升学之学生"[⑥]，以设置奖学金的形式扶助和鼓励因经济限制学行俱优学生升学继续学习。总之，《乡（镇）中心学校设施要则》（1942）、《国民学校及中心国民学校规则》（1945）等政策的相继颁发及它们在学费缴纳方面的相关内容规定，进一步使得"国民学校不收学费"这一政策更加明确且不再有酌量情形收费的文字表

---

① 中国第二历史档案馆：《中华民国史档案资料汇编》（第五辑第一编）（教育）（一），凤凰出版社（原江苏古籍出版社）1994 年版，第 85—88 页。

② 中国第二历史档案馆：《中华民国史档案资料汇编》（第五辑第一编）（教育）（一），凤凰出版社（原江苏古籍出版社）1997 年版，第 436—438 页。

③ 中国第二历史档案馆：《中华民国史档案资料汇编》（第五辑第一编）（教育）（一），凤凰出版社（原江苏古籍出版社）1997 年版，第 438—441 页。

④ 中国第二历史档案馆：《中华民国史档案资料汇编》（第五辑第一编）（教育）（一），凤凰出版社（原江苏古籍出版社）1997 年版，第 441—443 页。

⑤ 中国第二历史档案馆：《中华民国史档案资料汇编》（第五辑第一编）（教育）（一），凤凰出版社（原江苏古籍出版社）1997 年版，第 445—454 页。

⑥ 中央教育科学研究所教育史研究室：《中华民国教育法规选编（1912—1949）》，江苏教育出版社 1990 年版，第 69—70 页。

述，不收学费成为政策制定及以后实施过程中的唯一标准。同时，强调学生必需学用品由学校发给或由学校联合或组织消费合作机构以低价或成本价售诸儿童，也是为学生接受基础教育最大限度地减少教育成本从而促使更多学龄儿童入学的有效策略。

综上所述，民国政府及其教育等部门在基础教育，尤其是乡村基础教育的改革与发展过程中虽然十分重视强迫入学及义务教育的政策规定与实施，但在关于小学学费缴纳的相关政策文本中并不是从民国伊始就明确规定小学不收学费的，而是经历民国初期明确规定国民学校收取学费，尤其是高等小学校在学费规定上亦相对较高；至民国后期逐渐从规定不收学费但须视地方情形酌量收取到直接规定不得收取学费。民国时期基础教育及乡村基础教育发展过程中关于学费缴纳的政策内容细则，既是基础教育普及与发展、义务教育改革与推进的必然产物，同时也是国民政府及其教育等部门在有限基础教育资源的现实条件下基于国情所作出的因势利导必然政策选择。

六 乡村私塾改良办法的颁行

民国政府尤其是南京国民政府一直十分重视私塾改良对国民教育普及和乡村基础教育发展的辅助作用，并将私塾设立许可、塾师资格训练，以及私塾课程实施等私塾改良的主要事项予以相关的政策内容规定。

（一）私塾设立许可

强化私塾设立许可是改良私塾办法所规定的重要政策内容之一。《乡村小学充实儿童学额办法》（1931）指出"乡村小学学额不足时，其附近一公里内，不得另设招收九周岁以上儿童之私塾。其有设塾影响于学校招生时，得由校长呈请主管教育行政机关勒令停闭之"①，可见，私塾的设立是以不影响学校招生为前提的，而当私塾的设立影响学校正常招生且乡村小学可接受并容纳该地域内的学龄儿童入学时，应勒令停闭私塾。

---

① 中央教育科学研究所教育史研究室：《中华民国教育法规选编（1912—1949）》，江苏教育出版社1990年版，第217—218页。

1936 年 5 月 30 日，《教育公报》刊发的《湖北省各县改良私塾暂行办法》指出"凡距公私立小学二里以内或附近所设学校足资容纳当地之学龄儿童者，不得设立私塾"，且强调"塾舍以房屋敞爽，空气流通，阳光充足为适宜"，"私塾设备最低限度应具备下列各项：（一）总理遗像遗嘱，（二）黑板，（三）讲桌讲椅"，同时"关于私塾视察事项，除县督学每学期至少须分赴各塾视察一次外，区教育委员会及联保教育委员会委员并应随时前往各塾视察，予以指导"①。

1937 年，教育部公布《改良私塾办法》，明确规定私塾在不妨碍公私立小学招生的范围内可以招收学龄儿童或年长失学儿童，私塾于每学期开学前须填具"设立私塾表"并请主管行政机关核准设立发给设塾许可证，而许可设立私塾必须以不违背中华民国教育宗旨及其实施方针；塾师文理清通，常识丰富；塾舍宽敞，光线空气充足，并有空场足资学生活动；能遵用教育部审定教科书；收容学龄儿童及失学儿童，不妨碍当地小学学额充实等各项条件为基本原则，同时各行政机关在已许可设塾称改良私塾的基础上，成绩较优的改良私塾可酌改为短期小学、简易小学或代用小学。② 可见，强化私塾设立许可，逐步规范私塾管理，并渐趋缩小改良私塾与小学校之间的物质设备区别与实际教学差距，以求将私塾酌改为短期小学、简易小学或代用小学已经成为私塾设立与改良的最终目的。

（二）塾师资格训练

重视塾师资格训练是改良私塾办法所规定的基本政策内容之一。1935 年 11 月 28 日，天津市教育局案奉教育部所颁行的《实施义务教育暂行办法大纲施行细则》（1935），在处理私塾事项上，强调整理改进以辅助义务教育的推行，特别指出各塾塾师应来教育局登记并予以检定。"检定合格之塾师，即予以相当之训练，以增进其教学能力。其程度低劣

---

① 中国第二历史档案馆：《中华民国史档案资料汇编》（第五辑第一编）（教育）（一），凤凰出版社（原江苏古籍出版社）1994 年版，第 676—677 页。

② 中央教育科学研究所教育史研究室：《中华民国教育法规选编（1912—1949）》，江苏教育出版社 1990 年版，第 317—321 页。

者即停止其设塾"。同时，"曾经训练之塾师，即令将所办私塾依照短期小学或普通小学课程办理，改称改良私塾，其较优者得迳改为短期小学或普通小学"。①

《湖北省各县改良私塾暂行办法》（1936）指出现任塾师及志愿充当塾师必须具备资格之一"甲、曾在简易师范学校或简易师范班毕业者；乙、曾在初级中学毕业或与初级中学毕业资格相等者；丙、曾经塾师检定委员会检定合格、领有证明书、尚未逾有效期间者；丁、曾在塾师训练班毕业，领有成绩证明书者；戊、曾任小学教员二年以上成绩优良者"② 等资格之一，经向该管县政府呈准登记后才可设塾。塾师登记手续主要包括缴验学校毕业证书、或检定及格证明书暨服务证件，以及填具设立私塾登记表。各县还须每年或间年进行塾师检定，并利用每年暑假休假举办各县塾师暑假训练班。各县小学区内小学校长及教师应尽量欢迎及解答来校参观塾师所提教育问题。而后《改良私塾办法》（1937）特别指出各主管机关或相关部门应于寒暑假期或其他时期举行塾师训练班或讲习班，训练或讲习除国语、算术、常识外须特别注重公民训练、科学常识与各科教学法实际研究。塾师训练班或讲习班以委托县市立初级中学或县市立师范学校或规模较大县市立小学举办为主，其训练或讲习总时期至少为三个月，并依塾师就训或讲习便利分期分区举行。可见，重视塾师资格训练，强调塾师资格检定，并同时注重塾师培训，关注塾师素养的保证及其提高在各省、县、市、乡镇改良私塾的过程中通常具备事半功倍的规范价值。

（三）私塾课程实施

关注私塾课程实施是改良私塾办法所规定的根本政策内容之一。《实施义务教育暂行办法大纲》（1935）强调施行义务教育除办理短期小学外改良私塾也是应该实行的重要事项；《实施义务教育暂行办法大纲施行细

---

① 中国第二历史档案馆：《中华民国史档案资料汇编》（第五辑第一编）（教育）（一），凤凰出版社（原江苏古籍出版社）1994 年版，第 670—673 页。

② 中国第二历史档案馆：《中华民国史档案资料汇编》（第五辑第一编）（教育）（一），凤凰出版社（原江苏古籍出版社）1994 年版，第 676—677 页。

则》（1935）进一步指出："改良私塾，限令各地将原有私塾整理改良，一律依照短期小学或普通小学课程办理改称改良私塾，其较优良者得迳改为短期小学或普通小学。"①《湖北省各县改良私塾暂行办法》（1936）亦指出私塾课程应按各塾学童程度及家庭经济状况一律按照短期小学或普通小学课程办理，并酌量情形加授简单课间操，同时于正课外还应特别注重学生园艺及清洁运动以养成劳动习惯。

《改良私塾办法》（1937）正式规定私塾课程分为基本与补充两种，其中"基本课程为：一、国语（包括读书、作文、写字），二、常识（包括社会、自然、卫生），三、算术（包括笔珠与珠算），四、体育。补充课程，得依地方需要，由塾师自定之。前项基本课程所占份量，以百分之六十为原则"。② 同时规定私塾基本课程所用教材图书，如非教育部审定或编辑图书应即纠正。可见，在私塾改良中强调以当时教育部所颁发制定的课程实施方面的相关教育政策文件规范私塾课程实施，已经成为推进私塾改良，推动私塾渐期趋向学校发展的关键所在。

综上所述，民国时期乡村私塾改良办法的颁定，主要以强化私塾设立许可、重视塾师资格训练和规范私塾课程实施为重要政策内容，通过私塾改良以期达到促进教育近现代化过程中乡村基础教育的改良、普及与发展为最终目的。在民国政府及其教育等相关部门所颁定有关改良私塾政策文件中，尤以教育部于1937年6月1日公布的《改良私塾办法》最有全面性、具体性、代表性和导向价值。《改良私塾办法》（1937），具体内容如下。

第一章 总则

第一条 本办法根据实施义务教育暂行办法大纲第五条及施行细则第十条第二项之规定订定之。

第二条 凡私人或私人联合设立之私塾，均应依照本办法改良之。

---

① 中国第二历史档案馆：《中华民国史档案资料汇编》（第五辑第一编）（教育）（一），凤凰出版社（原江苏古籍出版社）1994年版，第624—630页。

② 中央教育科学研究所教育史研究室：《中华民国教育法规选编（1912—1949）》，江苏教育出版社1990年版，第317—321页。

第三条　行政院直辖市及县市教育行政机关为私塾之主管机关，应负责直接监督管理私塾之责。

第四条　私塾之命名，称为某某私塾；其已改良者，称为某某改良私塾。均应制牌悬挂，以示公开。

第五条　私塾在不妨碍公私立小学招生之范围内，得招收学龄儿童或年长失学之儿童，参照短期小学或普通小学课程教学。其有招收年长失学儿童，予以就业准备，补习一科或二科者，得作为补习生。

第六条　私塾学年学期及休假日，得依照修正学校学年学期及休假日期规程办理。但得由主管机关酌量当地情形，另行规定。其每年开学日数，至少须满二百四十日。

第七条　各省市主管教育行政机关，对于改良私塾，应认为推行义务教育之一重要事项，负督促改良之全责；并以改良私塾事项，列为所属教育行政机关办学考成之一。

第八条　县市教育行政机关应秉承省教育行政机关切实办理改良私塾事项。

第二章　设立变更及调查登记

第九条　现有或新设立之私塾，均须于每学期开学前，填具"设立私塾表"，请求主管机关核准设立发给设塾许可证。其表式及许可证式样，由省市教育行政机关制定之。

第十条　主管机关每学期开始前，应将所辖区域内私塾调查登记完毕，核给设塾许可证。县市并应于学期终了前，汇报省教育厅备案。

第十一条　私塾经核准设立后，如有移迁塾址或自行停办情事，应呈报主管机关备案。其业经停办之私塾，应将许可证缴销。

第十二条　主管机关举办私塾调查登记事项，得指派各学区教育委员或中心小学及规模较大之小学校长教员就近办理，并得联络全县市警察与自治机关人员协助办理。

第十三条　许可设立私塾，以具备下列各县条件为原则：（一）不违背中华民国教育宗旨及其实施方针者。（二）塾师文理清通，常识丰富者。（三）塾舍宽敞，光线空气充足，并有空场足资学生活动者。（四）能遵用教育部审定之教科书者。（五）收容学龄儿童及失学儿童，不妨碍当地小学学额之充实者。

第三章　课程与教训管理

第十四条　私塾课程，分为基本的与补充的两种：基本课程为：一、国语（包括读书、作文、写字），二、常识（包括社会、自然、卫生），三、算术（包括笔珠与珠算），四、体育。补充课程，得依地方需要，由塾师自定之。前项基本课程所占份量，以百分之六十为原则。

第十五条　主管机关应依照上项基本课程及补充课程，并斟酌当地情形，订定课程简表，发交各私塾实施。

第十六条　私塾内基本课程所用之教材图书，如非教育部审定或编辑者，主管机关应即纠正之。

第十七条　私塾得视学生之年龄程度及其家庭状况编级教学。教学时须以引起儿童学习之兴趣为主，并须注重理解，不得专重背诵。

第十八条　私塾训育应以部颁小学公民训练标准为标准，须注重积极诱导办法，绝对禁用体罚。平时并须指导儿童作课外活动，以养成儿童运动及守纪律之习惯。

第十九条　塾师平日应指导儿童注重塾内塾外之清洁，卫生日并须施行清洁检查，以养成儿童清洁卫生之习惯。

第四章　塾师训练与辅导研究

第二十条　主管机关应于寒暑假期或相当时期，举行塾师训练班或讲习班。其讲习学科，除国语、算术、常识外，并须注重公民训练、科学常识与各科教学法之实际研究。

第二十一条　塾师训练班或讲习班，应委托县市立初级中学或县市立师范学校或规模较大之县市立小学举办之。其训练或讲习总时期，共计至少为三个月；并得依塾师就训或讲习之便利，分期分区举行。

第二十二条　主管机关平时对于境内私塾，应注意下列事项：（一）介绍进修读物，（二）令塾师参加当地小学研究会，（三）指派塾师在附近小学作艺友，（四）指派塾师参观优良小学。

第二十三条　主管机关视导工作，应列视导私塾一项；其专设有义务教育视导人员者，应以视导私塾为其主要工作之一。

第二十四条　主管机关对于所辖私塾，应随时加以辅导，由主管人员、教育委员、中心小学或优良小学教职员等组织辅导网；其辅导办法，由主管机关订定实施，在县市并应呈报省教育厅备案。

第二十五条　主管机关对于私塾认为有成绩优良或办理合法者，其塾师得酌量免受训练或讲习。

第五章　奖惩及取缔

第二十六条　主管机关对于所辖私塾，除已核准改称改良私塾者外，其成绩较优者得酌改短期小学、简易小学或代用小学。

第二十七条　主管机关对于已核准改称改良私塾及改为短期小学、简易小学或代用小学之私塾，得由义务教育经费项上酌予补助。

第二十八条　主管机关对于所辖区域内私塾有下列各项情形者，应先予以警告或令其改进，其有屡诫不悛者，得取缔之。（一）不遵令登记者。（二）违反三民主义者。（三）塾师身心缺陷或有不良嗜好者。（四）墨守成规不接受改进之指导者。（五）指定在假期训练或讲习而不到者。（六）塾舍简陋妨碍儿童之卫生者。

第六章　附则

第二十九条　本办法于必要时得由教育部修改之。

第三十条　本办法由教育部公布施行。①

---

① 中央教育科学研究所教育史研究室：《中华民国教育法规选编（1912—1949）》，江苏教育出版社 1990 年版，第 317—321 页。

第 五 章

乡村基础教育政策的社会制约
与基本路径

"教育政策是教育政策制定过程的产物。教育政策制定，就是政党、政府等社会实体，根据一定历史时期的社会政治、法律制度和教育现状，提出教育工作的行动依据和行为准则的过程。它是政党、政府开展教育工作的重要环节。通过制定教育政策，使国家的教育目的和任务转变为具体的政策条文，进而指导教育实践，会对整个教育工作产生广泛而深刻的影响。"[1] 在不同时期、不同教育宗旨和方针引导下的乡村基础教育发展路径、方向，以及行政主管部门的重视程度、侧重点等方面都会有着很大的差异和不同。民国时期乡村基础教育政策的制定和实施与当时当地的社会政治、经济、文化和人口等是密不可分的，体现出民国这一特定历史时期教育政策所表达的独特的社会制约性，同时也在教育近现代化进程中涤荡着政策革新与应对和社会发展与变迁的作用与反作用之间体现着的固有的基本路径。

一 乡村基础教育政策的社会制约性

一方面，民国时期乡村基础教育政策的制定和实施是与民国政府当时当地的政治文化等发展走向是分不开的，从鸦片战争中国的国门被打开之后，特别是进入半殖民地半封建社会之后，国际政治和经济格局对我国近

---

① 孙绵涛：《教育政策学》，中国人民大学出版社 2010 年版，第 130 页。

现代化进程中的政治、经济、教育方面的政策选择影响也越来越大，一则英、美、法、德等资本主义国家政治和经济制度的先进性势必成为当时试图打破封建落后局面的民国政府学习的样本；二则资本主义政治经济发展不平衡下国家利益矛盾和冲突不断深化和升级并最终引发了两次世界大战，中国作为两次世界大战的参战国特别是"二战"期间亚洲战场反侵略反殖民的参战国，教育政策文件的议定和实施必然脱离不开战争这一特殊因素的影响与制约。另一方面，20世纪前半叶也是以英、法、美、德、日等国教育发展与改革突飞猛进的重要时期，重视教育的社会功能，尤其是教育的政治、经济、文化和人口功能已然成为西方国家发展并走向现代化过程中最重要的手段之一。民国38年间，也是世界范围内基础教育改革及至教育改革最为频繁和骤变的时期，教育发展作为国家政治、经济和文化发展的先行手段，特别是国民教育实施过程中义务教育的普及，亦已经成为各国提高国民素质和提升国家综合实力的共识。

这一时期，西方列强各国教育文化事业的发展始终走在教育发展的前列，其教育原理、教学理论及至政策、方法、措施、手段等都具有一定历史时期内的先进性和科学性。学习西方先进的教育理论和政策措施越来越被中国近代众多的有识之士所认识，他们以学习者的身份远赴欧美和日本游历、考察或者出任使节，直观学习先进的西方近代教育，以期为祖国教育文化事业的发展积累先进的经验和方法。同时，近代西方各国对中国虎视眈眈的侵略和殖民过程中，在政治、经济和军事的压迫下，选择教育尤其是通过教会学校教育传播西方的政治文化思想已经在事实上成为殖民统治和控制的重要方式之一。需要说明的是，近代西方的教会学校教育本身的宗教性和殖民性虽不被中国有识之士和社会大众所认可，但是其传授的西方近代科学技术知识以及应用的先进教学手段和方法是被民国政府、教育界和各界人士所接受和学习的。

"教育的社会制约性是指教育发展与社会密切相关、受其制约。教育目的、教育制度、教育内容与教育方式，以及教育发展的规模和速度，无一不受到生产力、政治经济制度、文化、科技、人口等因素的影响和制约。教育的社会制约性是教育的根本特性之一。"① 在民国这一我国教

---

① 苏春景：《教育学》，高等教育出版社2010年版，第77页。

育近现代化艰难发展的历史时期，根植于历史的独特性与不可复制性，民国时期乡村基础教育政策的革新与应对体现着独一无二的政治、经济、文化和人口制约性。

（一）政治制约性

"从本质上说，政策的制定实际上是一种政治行为。政策的制定反映了一国政策制定者的意志和利益，政策的制定是为统治阶级治理国家服务的。也就是说，一国的政治状况如何将会对教育政策的制定产生最为重要的影响——影响着国家整体的社会治理结构，当然也会对教育政策的制定产生深刻影响。"[①] 民国时期是中国资产阶级掌握政权，并与封建政权伯仲、与殖民侵略抗争的重要时期。民国初年资产阶级革命派掌握政权，基础教育政策方向选择则完成了从封建落后向革新进步的一次超越性的根本转变。但随着袁世凯倒行逆施以图恢复封建专制统治，教育开始成为封建复古的准备工具和重要手段，基础教育政策方向也必然转向了尊孔复古。民国前期的基础教育政策内容在复古与反复古的斗争中不断变化，并最终由于反复古力量的相对优势，基础教育政策最终走向了积极进步的发展方向。特别需要说明的是，民国时期各种政权势力的冲突和斗争，尤其是以战争方式为最剧烈的表现时，基础教育政策的议定、乡村基础教育政策的议定和实施也必然要把战争因素考虑在内，而战争之后不同政权性质归属下的政策制定组织机关、专家、立法者、利益集团、政党、行政官员等政策制定主体的不同也必然会对教育政策的议定具有明显的导向作用。

具体来说，受政权更迭与战事变化影响，民国成立以后，资产阶级革命派掌权并试图打破封建落后的封建教育体系，临时政府所决策与执行的包括相关乡村基础教育发展在内的教育政策内容大多彰显了资产阶级革命派的进步性。时经袁世凯篡权倒行逆施，相关乡村基础教育政策内容的决策与执行也必然在封建复古的政策环境中体现出浓厚的封建性与落后性，而后至 1916 年袁世凯逝世后北洋军阀政府陷入混战，直系、皖系、奉系军阀混战轮流执政，在军备力量主导政权的社会环境中，从

[①]　孙绵涛：《教育政策学》，中国人民大学出版社 2010 年版，第 132 页。

1916 年至 1927 年这十多年的时间内，民国政府即北洋政府并未特别重视教育、基础教育、乡村基础教育的发展，而这也集中表现为此时期直接或间接关于乡村基础教育改革与发展的政策决策与执行并未得到关注，而其中较为重要的政策文本也仅包括《修正高等小学校施行细则令》（1916）、《教育厅暂行条例》（1917）、《教育厅署组织大纲》（1917）、《县视学规程》（1918）、《全国教育计划书》（1919）、《分期筹办义务教育年限》（1920）、《改革地方教育行政制度案》（1921）、《省区教育行政机关设立参议会议案》（1922）、《学校系统改革案》（1922）、《县教育局规程令》（1923）、《特别市教育局规程令》（1923）、《中小学课程标准纲要》（1923）和《各省县市筹集义务教育经费暂行办法大纲》（1925）等。直到 1927 年南京国民政府成立，及后张学良东北易帜，南京国民政府从形式上了基本完成了全国范围内的统一。在相对稳定的政策环境中，大学区制改革得以推行与实验，而后进一步构建了包括教育行政体系划定与实行、义务教育规划筹定与施行、教育经费保障制定与施行、课程实施规范订定与厉行、教职员与学生管理拟定与规行，以及私塾改良办法颁定与颁行等较为系统、全面、进步的乡村基础教育政策内容体系。此后，又由于抗日战争的全面爆发，全民抗战，反映在教育领域内则为《关于总动员时督导教育工作办法纲领》（1937）、《战时各级教育实施方案纲要》（1938）、《县各级组织纲要》（1939）、《国民教育实施纲领》（1940）、《国民教育法》（1944）、《国民学校法》（1944）等包含教育、基础教育、乡村基础教育政策内容构建的战时政策的制定与推行。随后，1945 年抗日战争胜利后，南京国民政府基于教育、基础教育、乡村基础教育恢复与发展的政策内容则主要体现在《收复区各县市国民学校教员等级甄审训练办法》（1945）、《中华民国宪法》（第十三章第五节教育文化专节）（1946）、《全国实施国民教育第二次五年计划》（1946）、《国民教育设计委员会教导组讨论纲要》（1947）和《基本教育研究实验委员会组织规程》（1948）等复员政策的决策与执行。总之，民国时期乡村基础教育政策决策、执行内容与具体数量，深受政权更迭与战事变化的影响，与南京临时政府成立、袁世凯篡权、北洋政府成立、军阀混战、南京国民政府成立、抗日战争等重要历史事实是紧密相关的。

（二）经济制约性

"马克思主义政治经济学告诉我们，经济基础决定上层建筑。如果说，政策的制定是一种政治行为，那么经济状况对教育政策制定的决定性影响将是不言而喻的。一个国家的总的和现阶段的经济状况如何，都会对教育政策的制定产生直接的影响。"① 一个国家最基本的经济实力是这个国家教育改革发展最根本的物质基础，因为国家对教育经费投入的多寡将是直接制约教育改革发展成功与否的必要瓶颈，再科学完善的教育政策实施也必须建立在必要的经费投入物质基础上才能达到政策改革发展的预期目标。民国时期乡村教育政策的制定与实施过程中，对国民义务教育的重视已然成为政府教育主管部门和社会各界人士的共识，但义务教育修业年限、学校学级、受教育者入学年龄、课程设置、实现方式、分期事项等方方面面的纲领性政策文件的制定，也必须是基于当时当地政府教育经费支出实力的。义务教育经费投入虽不是民国基础教育发展的全部构成，但也是其迅速完善发展的决定性因素，同时必要的和足够的教育经费投入支持也是特定教育政策文件实施并最终成为实践事实可能的根本保障。民国时期乡村基础教育政策实施的最终结果与其教育经费投入是密不可分的，尤其是民国时期多将乡村基础教育发展所需要的经济经费支持下放到县或者县级以下行政单位，使得地方行政单位担负起其乡村基础教育发展的重任，这就由于很多经济衰变、物质贫瘠落后的地方根本无力支撑乡村基础教育发展所需的最基础、最必要的经费投入，加之政策规定上中央财政经费的补充往往都不能得到具体的落实，从而使得民国时期的义务教育改革发展规划很多都不能真正实现。特别是南京国民政府统治后期，国统区经济趋于崩溃、通货膨胀严重、物价飞涨，再加之战争原因使得教育经费投入骤减且不能满足教育政策发展规划的基本要求，这就使得民国后期政府及相关教育部门的很多教育政策文件最终沦为一纸空文。

---

① 孙绵涛：《教育政策学》，中国人民大学出版社 2010 年版，第 133 页。

（三）文化制约性

"教育与文化有着非常特殊的关系，二者之间相辅相成的关系表现得非常明显，所以文化对教育政策制定的影响不可小视。"[1] "一方面，教育道路的选择或者说教育政策的制定，离不开文化与文明的背景。任何教育政策的制定都是在一定的文化背景下展开的，文化传统制约着教育的价值取向"[2]。从1912年中华民国临时政府成立，统治中国近两千年的封建制度最终瓦解，新兴的资产阶级政权开始了中国近现代化进程中的历史统治。虽然先进的资产阶级政权是在推翻落后的封建统治基础上建立起来的，但是根深于中国五千年文明的具有封建性质色彩的一些或与时代发展相背离或与时代发展相契合的传统文化始终都在，并将继续影响着中国社会，民国政权虽然致力于追求民权与民生，重视自由与权利，但是中国封建传统文化中的待人原则、处事方法等精髓部分仍然在民国时期乡村基础教育政策的文本中得以体现。如注重伦理知识及实践，以助长儿童忠孝仁爱信义和平之德性等教育宗旨的提出，是对民族传统文化的深入继承和发展，而一些封建守旧的传统文化中的糟粕落后部分，在封建复古教育思想政策措施的议定和实施中也有相应的文化体现，且以袁世凯复辟期间的基础教育政策内容尤为突出。"另一方面，教育是创造新文化的动力"[3]。"创造新文化是教育重要的、根本性的功能。教育要培养出具有创造新文化能力的人，教育以及它所依赖的文化必须具有开放性，能吸收其他民族的文化为己所用，在信息与能量的交换中促进教育与文化的良性循环，使文化对教育政策制定的影响朝着良性的方向发展。"[4] 民国时期资产阶级政权下具有资产阶级教育性质的乡村教育政策的推行，势必会为其政权统治与发展培养出具有资产阶级先进性的国家建设人才，这些资产阶级文化熏陶下的人才也必然会在国家政治、经济以及文化建设中发挥相应的作用，其中所培养进步的教育人士也将对当

---

[1]　孙绵涛：《教育政策学》，中国人民大学出版社2010年版，第133页。

[2]　孙绵涛：《教育政策学》，中国人民大学出版社2010年版，第134页。

[3]　孙绵涛：《教育政策学》，中国人民大学出版社2010年版，第134页。

[4]　孙绵涛：《教育政策学》，中国人民大学出版社2010年版，第134页。

前教育政策发展的规范化与科学化选择提供力量支持，从而为相关人才的培养营造出良性循环的文化氛围。

（四）人口制约性

"教育的本质是一种培养人的社会活动。所以，世界各国教育都与人有着最为密切的关系。而人口众多是中国的一个基本国情，这是我国制定教育政策时不得不面对的问题。其中人口数量和人口素质是影响教育政策制定的主要因素。"[1] 一方面，"一个国家的人口数量是确定该国教育规模的基础因素"[2]，人口基数的大小尤其是受教育人数的多少直接决定了相同教育政策实施下相同教育经费投入下各级各类学校尤其是初等小学校和高等小学校的发展程度和现实状况。民国时期的受教育人数尤其是乡村基础教育阶段的受教育人数必然成为乡村基础教育推行过程中修业年限、课程选择、教学条件等方面政策选择的根本出发点。受教育人口数量与教育投入的比例、教育规模的发展，以及教育发展过程中所涉及的入学率、升学率和文盲率息息相关。另一方面，"人口素质的高低，更直接决定了教育结构和教育层次的高低，这便需要根据情况的不同，制定不同的教育政策，以满足不同人群的需要"[3]。民国时期各级各类学校的发展，尤其是基础教育发展中国民义务教育的发展与普及，这与民国时期的社会发展需要尤其是人口总体素质不高亟须提高受教育水平是相契合的。一般来说，人口素质的高低在一定程度上直接决定了教育政策制定与实施过程教育结构与教育层次选择上的偏向，诸如民国后期教育政策与战时政策一体化，推行儿童义务教育与失学民众补习教育政教合一的新国民教育政策，不仅是基于战时教育发展的特殊需要，同时也是基于抗日战争时期整个社会对国民素质提高的根本需求。基于教育发展的人口制约性，根据人口数量和人口素质的实际情况，才能制定出真正适合并促进国民发展的教育政策，也才能真正实现教育为国家发展培养人的奠基作用。

---

[1]　孙绵涛：《教育政策学》，中国人民大学出版社 2010 年版，第 134 页。
[2]　孙绵涛：《教育政策学》，中国人民大学出版社 2010 年版，第 134 页。
[3]　孙绵涛：《教育政策学》，中国人民大学出版社 2010 年版，第 134 页。

二 乡村基础教育政策的基本路径

（一）改革学制系统

20 世纪上半期是中国近现代教育史上学制系统确立和发展的关键时期。民国时期乡村基础教育领域的革新与应对政策与同时期的学制系统改革是密切联系的，因为学制系统规定着各级各类学校的任务目标、入学条件、修业年限及其相互关系，从而形成明确清晰的学制系统图。学校教育制度的改革可以说成是各级各类学校教育政策改革、发展及至转轨的最核心内容。

1912 年 9 月，民国政府教育部第一个学校系统令即"壬子学制"正式颁布，随后又陆续颁布了很多在全国临时教育会议上得以讨论修正并通过的诸如《小学校令》《小学校教则及课程表》等法令规程。正是这些法令的奠基充实使得"壬子·癸丑学制"于 1913 年渐成体系并最终综合起来形成一个统一全面的学制系统。虽然"壬子·癸丑学制"只是对清末"壬寅学制"和"癸卯学制"稍加修订且"仿日学制"基本属性和政策主体框架亦未有太大变化，但其在政策规定和事实影响上已经成为民国初期学校系统改革与发展影响较为重要的学制体系。

"壬子·癸丑学制"推行后不久，其学制系统本身的若干缺陷和不足之处开始显露，全国范围内开始形成改革学制系统的共识，从 1915 年全国教育会联合会第一届年会开始，其间袁世凯北洋政府统治时期倒行逆施复古教育先后颁发《国民学校令》《预备学校令》试图改革学制系统，但未及实施并因其逝世而废止，再经由第五、第六届年会，直到 1921 年 10 月第七届全国教育会联合会年会上，以广东省提案为根据，参酌其余九省提案，议定《改革地方教育行政制度案》，形成了 1921 年学制系统草案（史称"辛酉学制"）。此后，围绕"辛酉学制"的讨论逐渐形成全国范围内的学制改革高潮，并最终于 1922 年 9 月通过《学校系统改革案》，且以黎元洪中华民国大总统名义颁行全国。

"1922 年学制"即"壬戌学制"，又称"六三三学制"，既是在新文化运动的推动下，适应学制改革的需要，经过较长时间的酝酿和研究而制定出来的，也是中国近现代教育史上持续时间最长、影响最大的一个学制系统。此后，民国时期的学制系统基本都沿用了 1922 年新学制，遇有新情况新需要时，也仅是在"壬戌学制"的基础上不断进行修订和拓展的，实质内容并没有发生重大变化。其中 1928 年 5 月，大学院在"壬戌学制"的基础上修订《整理中华民国学校系统案》，即"戊辰学制"，以期与时俱进，但仅只有同年 8 月公布的《学校系统表》得以正式公布推行。此后南京国民政府教育部又对当时当地的学制系统作了修改和变动，尤其是 1932 年前后《小学法》《小学课程标准》《小学规程》等相关教育政策法令的颁布，使得民国时期的初等教育方面的学制改革体系基本完善和定型。调整小学学制以增加灵活性和弹性，建立国民教育制度等针对基础教育学制的调整，均是根据国情和发展需要作出的具有针对性的、较为有效的调整措施，从而使得我国基础教育包括乡村基础教育在以后的战争时期仍在持续发展，并在一定程度上完成了我国基础教育学制系统改革的基本框架构建。

综上所述，以 1912 年至 1913 年的"壬子·癸丑学制"、1921 年至 1922 年的"壬戌学制"以及 1932 年前后对学制系统的修订和变动共三个阶段的学校系统方案调整为主线的学制改革，横贯并引领着民国 38 年教育发展的整体历程。"一个制度是否具有可行性，不仅仅在于这个制度形式上是科学的，还必须符合国情、区情，必须有财政支持，还需有辅助性的配套措施。学制改革成功与否，也不在于是否模仿了国外的最先进的学制，而在于是否制定了一个最适合本国国情的学制。"① 乡村基础教育政策作为民国教育政策改革发展的重要内容，始终顺延着民国时期学校系统改革方案的整体方向，学制系统改革在倾向于单轨制、双轨制和中间制的选择中，势必会对基础教育政策改革的方向产生决策性的规划引导作用，因此，不同历史时期学制系统改革的不同选择，也必然引领着包括基础教育发展在内的教育走向不同的发展轨迹。

（二）重视义务教育

民国伊始，1912 年 9 月 3 日教育部公布学校系统令即"壬子学制"，

---

① 黄书光：《中国基础教育改革的历史反思与前瞻》，天津教育出版社 2006 年版，第 43 页。

明确规定小学校四年为义务教育。义务教育作为民国基础教育的重要内容，第一次正式出现在民国初期的教育政策法令中，并从此开启了民国重视义务教育实施与发展的规划历程。随着《小学校令》《小学校教则及课程表》的颁发，充实了"壬子·癸丑学制"的纲领性文件内容，初等小学校四年为义务教育，且法定入学年龄为 6 周岁，作为民国初期最为进步性和合理性且影响较为重大的学制体系，初等小学校四年为义务教育的明确规定使得实施义务教育成为民国教育发展无法回避的充要条件。随后 1914 年 12 月教育部拟定《整理教育方案》共 30 条，强调"确定义务教育年限，明白宣示，使地方知建学为对于国家之责任"① 确定初等小学校四年为义务教育，突出了实施义务教育的重要性与必要性。

1915 年，袁世凯《特定教育纲要》的颁布，虽然为封建腐朽教育思想的复苏提供了可能，但其总纲中仍然明确规定着实行义务教育，宜规划分年筹备办法，务使克期成功以谋教育之普及。同年 5 月 3 日《义务教育实行程序》31 条得以批奉，义务教育作为民国基础教育的重要组成部分，且拟定分两期办理。1919 年 3 月，教育部公布《全国教育计划书》，在描述普通教育章节时明确规定国库补助各省区初等教育费，且义务教育应分年计划进行，以期十年以后渐图普及。1922 年中国近现代教育史上持续时间最长且影响最大的学制即"壬戌学制"，在义务教育方面做了年限暂为四年之准但各地方至适当时期得延长之的明确规定。

1920 年 4 月 2 日，教育部拟定《分期筹办义务教育年限》，订定分期筹办义务教育年限，并以八年为全国一律普及之期，全面制定 1921—1928 年全国义务教育分期发展的具体规划。1931 年 6 月 1 日，国民政府公布的《中华民国训政时期约法》明确规定已达学龄之儿童应一律受义务教育，其详以法律定之；而未受义务教育之人民，应一律受成年补习教育，其详以法律定之。1935 年 6 月 1 日，行政院抄发《实施义务教育暂行办法大纲》11 条和《义务教育经费支配办法大纲训令》，其目的在于使得全国学龄儿童（指六岁至十二岁之儿童而言）于十年期限内逐渐由受一年制、二年制达于四年制之义务教育，且义务教育的实施，应注

---

① 朱有瓛主编：《中国近代学制史料》（第三辑）（上册），华东师范大学出版社 1990 年版，第 30 页。

重生活之教育并从 1935 年 8 月至 1944 年 8 月八年时间内分三期进行。1935 年 6 月 20 日，行政院批奉《实施义务教育暂行办法大纲施行细则》指令，在教育部《实施义务教育暂行办法大纲施行细则》中规定全国学龄儿童除入普通小学者外，在实施义务教育第一期内［即民国二十四年八月至二十九年七月（1935.8—1940.7）］应依本细则受一年短期小学教育，在第二期内［即民国二十九年八月至民国三十三年七月（1940.8—1944.7）］应依本细则受二年短期小学教育。为了推动义务教育的发展与普及，在此后的一段时期内，教育部相继颁发了《实施义务教育一年制短期小学暂行规程》（1935）、《一年制短期小学暂行课程标准》（1935）、《二年制短期小学暂行规程及课程标准总纲》（1937）、《实施二部制教学办法》（1937）、《巡回教学办法》（1937）及《学龄儿童强迫入学暂行办法》（1937）等相关教育政策文件。同时，根据《县各级组织纲要》，1940 年 3 月 21 日，教育部订定《国民教育实施纲领》：国民教育之普及以五年为期，自民国二十九年八月起至民国三十四年七月止（1940.8—1945.7），亦分三期进行。

直至抗日战争胜利后，国民政府在战后"教育复员"工作引领下，提出了全面普及国民教育的拓展方案。要求未实施国民教育的收复区省份，从 1946 年 1 月起拟订"第一次实施国民教育五年计划"，要求后方已实施国民教育的 19 省市，从 1946 年 1 月起，贯彻《全国实施国民教育第二次五年计划》，以充实国民学校和中心国民学校为中心工作，务求学校充实，师资健全，经费稳定，各省失学儿童和失学民众都能接受义务教育或补习教育，即已完成一保一国民学校，一乡镇一中心国民学校，已受教育之学龄儿童与失学民众已达到第一次五年计划之规定标准者，全部学龄儿童及失学民众受相当之义务教育与补习教育，同时国民学校一律办高级班，使一般学龄儿童均受六年之义务教育。《全国实施国民教育第二次五年计划》使得儿童义务教育与失学民众的补习教育融为一体，较大地增加了国民接受教育的机会。此外，1947 年 1 月 1 日，国民政府公布《中华民国宪法》，其第十三章第五节教育文化专节叙述到国民受教育机会一律平等，六岁至十二岁之学龄儿童，一律受基本教育，免纳学费。其贫苦者，由政府供给书籍。已逾学龄未受基本教育之国民，一律受补习教育，免纳学费，其书籍亦由政府供给，可见免费义务教育规定已经具有法律效力。

综上所述，从民国伊始的 1912 年至民国行将结束的 1947 年，民国政府在推行乡村基础教育发展的过程中，关于国民义务教育方面教育政策文件非常多，且始终是乡村基础教育发展过程中最为重要的重点组成部分，几近可以被看成是国民义务教育发展与普及的成果将直接决定着民国时期乡村基础教育发展与普及的成效，民国时期对义务教育的发轫、筹定、重视、试行与发展，构成了中国近现代乡村基础教育发展的核心内容。

（三）强化政治功能

教育的政治功能，以维护统治阶级的利益和需要为出发点，民国时期乡村基础教育政策的改革与发展，无不可免地成为其维护政府统治、进行思想控制的有效手段。强化政治功能，加强思想控制，维护社会稳定，一直是民国时期乡村基础教育政策方案设计与内容决策的重要出发点。

民国政府的教育意图主要是通过相关教育政策内容的决策、颁布、执行等具体活动体现出来，并主要体现为具体教育政策内容的决策与执行过程中所包含的社会功能，充分发挥教育的政治、经济、文化和人口功能，强化教育的政治功能，以促进国家及地区综合国力提升和国民素质提高，已经成为民国政府发展教育、基础教育以及乡村基础教育的重要功能之一。

1915 年 1 月，袁世凯颁定"教育要旨"，提出国民教育的"爱国（诚心爱国勿破坏）、尚武、崇实、法孔孟、重自治、戒贪争和戒躁进"等 7 项要旨。七项教育宗旨下国民教育的尊孔复古潮流成为袁世凯倒行逆施试图恢复封建专制统治的重要手段之一。1927 年 7 月，继蒋介石在五四运动纪念大会上提出"党化教育"以后，南京国民政府教育行政委员会正式通过了《国民政府教育政策方针草案》，决议在各级各类学校实施"党化教育"，即把教育方针建立在国民党的根本政策之下，按照党义内容和政策精神改组学校课程，以培养能够为政党统治服务的专门人才，从而达到教育为政治统治服务的目的。由于"党化教育"过于突出教育的政治目的，在各方面的压力下，中华民国大学院于 1928 年 5 月召开第一次全国教育会议决定以"三民主义教育"取代"党化教育"一词，且通过《三民主义教育宗旨说明书》，从而使得各级各类学校和相关教育机关的各种活动最终都以实现三民主义为教育目的。此后国民政府又相继颁发了《各级学校增加党义课程暂行条例》《中华民国教育宗旨及其实施方针》《三民主义教育实施原则》《中华民国训政时期约法》等有关三民主义教育内容的政策文件。

同时，为了强化教育的政治功能，加强对各级各类学校的严格管理，维护国民党政府的政治统治及其对国民思想控制的目的，国民党政府还实行了"高压"的训育制度。其中，国民党于1933年3月23日召开中常会并通过《小学特种训育纲领》，其以三民主义教育原则为初等教育原则依据，以期陶融儿童高尚的德性和善良的行为，确信三民主义，拥护中国国民党。1938年教育部颁发《青年训练大纲》，且从目标、实施要点以及训练要项三个方向详尽论述人生观、民族观、国家观和世界观等。

1939年9月25日，教育部颁发《训育纲要》：训育应根据三民主义与人生标准教育学生，在初等、中等学校中进行以"管、教、养、卫"为目标的封建性的训育制度。直至1942年10月8日，教育部最终公布《小学训育标准》，从目标、愿词及守则、训练要项、实施方法要点共四个方面进行概述，并主要从忠勇、孝顺、仁爱、信义、和平、礼节、服从、勤俭、整洁、助人、学问、有恒等训练要目出发，提出小学训育实施的原则、程序、方法。1945年10月16日，教育部公布《训育委员会组织条例》，教育部设立训育委员会，并明确训育的研究、督导、考核、培养及指导任务。

总之，强化乡村基础教育政策的政治功能，通过对乡村基础教育发展过程中具体行政体系划定、经费管理制定、课程实施规范订定、教职员管理与学生规范等政策内容的决策与执行，向受教育者灌输一定的政治、道德思想，以形成一定的思想意识和精神品质，从而达到维护政治统治和思想控制的教育目的，强化政治功能即通过培养一定社会所需要的合格公民和政治人才去实现国民教育的政治作用，进而充分体现政府推进乡村基础教育事业发展的主要意图。

(四) 兼顾多元需求

自古以来，我国幅员辽阔，各省、道（府）、县政治、经济、文化、人口发展情形各有不同，且其乡村教育发展实际基础亦有所差异。民国时期乡村基础教育政策制定与颁发，更需要因时、因地制宜，注重需求，细化内容，以多元性、针对性、具体性、可操作性的基础教育措施，兼顾各省、市、县、乡及至村等不同发展实情下的教育发展多元需求，避免"一刀切"，才能更好地发挥政策效力，争取乡村基础教育政策制定目标的实现。兼顾多元需求，具体表现如下。

在乡村基础教育行政体系划定与实行过程中，在乡村教育行政机构设置与沿革中，从民国成立之初裁撤各县清末所设置劝学所，到因县级教育行政混乱不定，于1913年通咨各省一律暂留劝学所一职，时经《劝学所规程》（1915）公布，劝学所得以延续，后经全国学制会议，改劝学所为教育局；在恢复旧时劝学所办理县属教育行政事宜的同时，《地方学事通则》（1915）和《学务委员会章程》（1915）相继颁布，创建学务委员会也同时成为办理自治地方（自治区）教育行政事务的重要教育基层行政设置；及至民国后期《县政府裁局改科暂行规程》（1935）颁布，在教育局的裁撤中不仅县、市教育行政事实上且在政策设计与规定中教育局与教育科得以并存，并最终因裁局改科后地方教育行政弊端日益凸显而酌量恢复设置教育局，且先行恢复设置县教育局。在乡村义务教育规划筹定与试行过程中，短期小学、简易小学、改良私塾、二部制以及义务教育随习班等设学方法的多样化衍生；根据区域辽阔和人口稠密等实际情况乡、镇、保国民学校单独设立，或就二保或三保联合设立等学校学级的分布扩充；根据当地实际情形及学龄或失学儿童身心发育情况施以预定年限内一年制、两年制或四年制最低修业限度的义务教育或失学民众补习教育；根据全国各省市实际情形规划或计划相应期限不同分期时间段内国民教育发展分类、内容、程序与应办详情等分期事项的设计与调适，且学龄儿童义务教育与失学民众补习教育都在分期事项中有所考虑和体现。在乡村基础教育经费保障制定与施行过程中，在教育经费筹集方面基本形成以各乡、镇、保地方自筹为原则，同时中央、省、县（市）政府根据具体实情予以核实补助，其中保国民学校及乡镇中心学校基金筹集办法以劝勉当地寺庙、祠会等拨捐财产，经营公有生产事业，公耕田地，分工生产，收集出售天然物品，征集买卖双方共同认捐之手续费，征集劳动服务者捐助其所得之酬金或奖金，由居民依其富力自认捐款和劝募等构成；在经费支配方面主要由学校办公及设备扩充费，教职员薪俸及福利，图书、仪器、运动器具、教具等设备费及卫生费，实验、研究、文具、水电、薪炭等消耗费，参观、旅行、保险等特别费和预备费等构成。

在乡村课程实施规范订定与厉行过程中，在课程科目设置上视地方情形加设图画、手工、唱歌一科或数科，女子还应在三、四学年加课裁缝且详细规定各科每学年每周教授时数［如《普通教育暂行课程标准》（1912）］，以对于男女学生应注意其特性及将来生活施以适当教育［如《国民学校令施行细则》（1916）］，至"壬戌学制"推行下小学课程须于较高年级斟酌地方情形做好增置职业教育；在教科书审查上教科图书分教员用与学生用两种，且将应行审查教科图书分为本国语文、外国语文、社会科学、自然科学、职业各科和技艺各科六类［《暂行教科图书审查办法》（1929）］，国民学校各科教材由国定本教科书和审定制课本组成，同时关注地方性教材及补充读物核定，尤其是乡土教材的编辑与审定。在乡村教职员与学生管理的拟定与规行过程中，在校长任用上乡（镇）中心学校及保国民学校原则上经选荐、任用、备案等程序设校长一人，负责主持全校校务，但在人才、经费困难地方，校长可暂兼任乡（镇）长或副乡（镇）长、保长或副保长，而乡（镇）长或副乡（镇）长、保长或副保长具有小学校长资格者亦可暂兼校长［如《国民学校法》（1944）］；在教师任用资格检定上分为无试验检定和试验检定两种，并详细规定检定程序、检定资格和试验检定科目等，其中无试验检定每学期开始前举行，试验检定至少每三年举行一次，分为笔试及口试或实习［如《小学教员检定规程》（1936）］；在学生学费缴纳上基于小学不收学费的教育追求但因教育发展实情还须酌量收取一定的学费，但各级学校为奖助家境清贫、体格健全、资禀颖异、成绩优良学生，应设置免费学额及公费学额，免费学额设置规定为小学以不收学费为原则，但因特殊情形征收学费之小学，应设置全校儿童数40%以上免费学额，1936年至少应设置20%，以后应逐年增设，限至1939年一律达到40%的标准［如

《各级学校设置免费学额及公费学额规程》（1936）]。在乡村私塾改良办法的颁定与颁行过程中，强化私塾设立许可，逐步规范私塾管理，重视塾师资格训练，关注私塾课程实施，缩小改良私塾与小学校间的区别与差距，将私塾逐渐改良为短期小学、简易小学或代用小学，在乡村基础教育拓展与渐进中重视传统私塾改良和以发展新式学校教育为主成为民国政府及其教育部门基于乡村基础教育现状所作出的多元决策之一。

总之，民国时期乡村基础教育政策在教育行政、义务教育、教育经费、课程实施、教职员与学生管理、私塾改良等方面的方案设计与内容选择，既是一切从实际出发兼顾政治、经济等不同发展水平下各省、市、县、乡及至村基础教育发展的多元需求，也是紧随时代更迭与发展的教育近现代化进程中乡村基础教育因时因地制宜走向针对性与合理性的政策革新与应对。

第 六 章

乡村基础教育政策的内在逻辑
与现实启示

"从教育制度自身的发展逻辑来看，中国教育近代化的主题，是通过学习外国先进的制度和经验，建立一个适合中国国情的近代化的教育体系。作为中国教育近代化历程中的一个重要阶段，中华民国时期（1912—1949）的教育制度实现了两个重要的转变：一是从日本模式到美国模式的转变，二是从以引进外国教育制度为主到与中国实际相结合而建立有自己特点的教育制度的转变。"[①] 民国时期乡村基础教育政策的革新与应对，在教育制度发展逻辑与重要转变的引领下，进一步遵循特定的彰显整体性与系统性、秉承原则性与灵活性、坚持基础性与义务性、渐趋规范化与法制化和融通国际化与本土化的内在逻辑。在社会制约性、基本路径和内在逻辑的基础认识与系统分析中，力求深度审思民国时期乡村基础教育政策，鉴往知来，进一步总结民国时期乡村基础教育政策革新与应对对我国当前教育发展尤其是乡村基础教育改革与发展的现实启示，从而积极探索民国时期乡村基础教育政策研究的当代关照价值与启示。

一 革新与应对：教育政策发展的内在逻辑

（一）彰显整体性与系统性

1912 年民国初建，教育部甫立，打破清末封建落后的乡村教育体系，

---

① 于述胜：《论民国时期教育制度的评价尺度及其发展逻辑》，《华东师范大学学报》（教育科学版）1999 年第 3 期。

试图建立符合资产阶级革命派政权发展需要的具有资产阶级性质的教育体系，成为民国教育行政主管部门的首要工作。颁布新的学校系统令，不断议定和充实教育政策与法规内容，学堂一律改称学校，初等小学校实行义务教育，制定新的课程标准，充实着"壬子学制"并最终完善成为"壬子·癸丑学制"。民国初期的资产阶级教育体系在政权伊始的理想化追求中仓促出台，时经1915年封建复古教育的回溯，在经历过新文化运动对旧文化和旧教育的深度批判后，中国教育界内教育思想观念已经渐趋转变为追求资产阶级新教育政策的确立和发展。乡村基础教育政策在新教育政策方针的指引下，在基于民国初期教育体系的框架调整下，随着民国后期《实施三民主义乡村教育案》（1930）、《乡村小学充实儿童学额办法》（1931）、《小学法》（1932）、《小学规程》（1933）、《小学课程标准》（1932）、《小学特种训育纲领》（1933）、《中小学学生毕业会考暂行规程》（1932）、《调查学龄儿童办法》（1935）、《实施义务教育暂行办法大纲》（1935）、《义务教育经费支配办法大纲训令》（1935）、《全国教育会议关于义务教育议决案》（1935）、《实施义务教育一年制短期小学暂行规程》（1935）、《修正小学课程标准》（1936）、《修正小学规程》（1936）、《二年制短期小学暂行规程及课程标准总纲》（1937）、《学龄儿童强迫入学暂行办法》（1937）、《实施巡回教学办法》（1937）、《国民教育实施纲领》（1940）、《保国民学校及乡镇中心学校基金筹集办法》（1940）、《乡（镇）中心学校设施要则》（1942）、《国民学校法》（1944）、《全国实施国民教育第二次五年计划》（1946）等直接或间接相关乡村基础教育的政策文件的颁发、实施和推行，民国时期乡村基础教育政策在政策方案设计与内容选择层面上，具体且深入最基层的行政规划区域，以便教育管理的便利与灵活。在教育宗旨实行上，明确至三民主义为国民教育宗旨，以便引导教育发展方向和路径轨迹。在行政体系设置上，全面至教育部、厅与局及督导督学等，以便自上而下有力领导全国范围内的教育改革与实践探索。在义务教育规划上，详尽至修业年限、学校学级、设学方法和分期事项等，以便提升国民素质和人才培养。在教育经费保障上，具体至经费筹集与经费支配标准等，以便巩固教育投入办好教育。在课程实施规范上，系统至教科书审查、课程计划、课程标准等，以便指导课程实践保证教育质量。在教职员与学生管理上，突出至校长任用、教师任用资格与薪俸待遇和学生学籍等，以便深化教育教学改革促进学生健康成长。在私塾改良办法上，专门至设立许可、塾师训练等，以便优化教育资源推进教育近现代进程。在资产阶级教育性质未变的前提下，民国时期乡村基础教育政策的框架日趋走向完善和成熟，彰显整体性与系统性（详见表 6 - 1），渐成体系，并在推动乡村基础教育发展上发挥着越来越重要的引领和促进作用。

表 6 - 1　　　　　　民国时期乡村基础教育政策体系具体详情

时间		具体详情
1912—1927.4	1912.1—1916.6	《普通教育暂行办法》（1912）、《普通教育暂行课程标准》（1912）、《学校系统令》（1912）、《小学校令》（1912）、《小学校教则及课程表》（1912）、《强迫教育办法》（1913）、《半日学校章程》（1914）、《教育部官制》（1914）、《整理教育方案草案》（1914）、《颁定教育要旨》（1915）、《特定教育纲要》（1915）、《义务教育实施程序》（1915）、《地方学事通则》（1915）、《国民学校令》（1915）、《预备学校令》（1915）、《劝学所规程》（1915）、《学务委员会规程》（1915）、《国民学校令施行细则令》（1916）、《高等小学校令施行细则令》（1916）、《劝学所规程施行细则》（1916）和《学务委员会规程施行细则》（1916）等
	1916.7—1927.4	《修正高等小学校施行细则令》（1916）、《教育厅暂行条例》（1917）、《教育厅署组织大纲》（1917）、《县视学规程》（1918）、《全国教育计划书》（1919）、《分期筹办义务教育年限》（1920）、《改革地方教育行政制度案》（1921）、《省区教育行政机关设立参议会议案》（1922）、《学校系统改革案》（1922）、《县教育局规程令》（1923）、《特别市教育局规程令》（1923）、《中小学课程标准纲要》（1923）和《各省县市筹集义务教育经费暂行办法大纲》（1925）等

续表

时间	具体详情	
1927.5—1949	1927.5—1937.7	《大学区组织条例》（1927）、《国民政府教育方针草案》（1927）、《修正大学区组织条例》（1928）、《三民主义教育宗旨说明书》（1928）、《整理中华民国学校系统案》（1928）、《修正中华民国大学院组织法》（1928）、《各级学校增加党义课程暂行条例》（1928）、《县组织法》（1928）、《中华民国教育宗旨及其实施方针》（1929）、《改进初等教育计划》（1929）、《实施义务教育初步计划》（1929）、《厉行国民义务教育与成人补习教育案》（1930）、《改进全国教育方案》（1930）、《实施三民主义乡村教育案》（1930）、《乡村小学充实儿童学额办法》（1931）、《地方教育经费保障办法训令》（1931）、《中华民国训政时期约法》（1931）、《确定教育实施之趋向案》（1931）、《三民主义教育实施原则》（1931）、《中小学学生毕业会考暂行规程》（1932）、《短期义务教育实施办法》（1932）、《小学法》（1932）、《小学课程标准》（1932）、《关于整顿学校教育造就适用人才案》（1932）、《小学公民训练标准》（1933）、《小学规程》（1933）、《小学特种训育纲领》（1933）、《各省市县教育行政机关暨中小学施行升学及就业指导办法大纲》（1933）、《扩充小学之经济法》（1933）、《实施义务教育标本兼治办法案》（1934）、《实施义务教育暂行办法大纲》（1935）、《义务教育经费支配办法大纲训令》（1935）、《实施义务教育暂行办法大纲实施细则》（1935）、《调查学龄儿童办法》（1935）、《实施义务教育一年制短期小学暂行规程》（1935）、《一年制短期小学暂行课程标准令》（1935）、《各县市等筹集义务教育经费暂行办法大纲》（1935）、《短期小学实验办法》（1935）、《全国教育会议关于义务教育决议案》（1935）、《全国义务教育委员会组织规程令》（1935）、《市县划分小学区办法》（1935）、《各省县市等筹集义务教育经费暂行办法大纲》（1935）、《修正小学课程标准》（1936）、《修正小学规程》（1936）、《中华民国宪法草案》（1936）、

时间	具体详情	
1927.5—1949	1927.5—1937.7	《关于修正小学规程尤应注意各点致各省市教育厅局的训令》（1936）、《教育部公布各级学校设置免费学额及公费学额规程》（1936）、《县政府裁局改科暂行章程》（1937）、《二年制短期小学暂行规程及课程标准总纲训令》（1937）、《实施二部制教学办法》（1937）、《巡回教学办法》（1937）、《改良私塾办法》（1937）、《县市义务教育视导员规程》（1937）和《学龄儿童强迫入学暂行办法》（1937）等
	1937.8—1945.8	《关于总动员时督导教育工作办法纲领》（1937）、《战时各级教育实施方案纲要》（1938）、《小学增设儿童义务随习班办法》（1938）、《训育纲要》（1939）、《县各级组织纲要》（1939）、《国民教育实施纲领》（1940）、《小学教员待遇规程》（1940）、《保国民学校及乡镇中心小学基金筹集办法》（1940）、《训令办理县各级教育行政应行注意事项》（1940）、《保国民学校设施要则》（1942）、《乡（镇）中心学校设施要则》（1942）、《乡镇中心学校保国民学校校长在可能范围内应尽量改为专任案》（1942）、《小学训育标准》（1942）、《国民教育法》（1944）、《国民学校法》（1944）、《学龄儿童及失学民众强迫入学办法》（1944）、《强迫入学条例》（1944）、《国民学校及中心国民学校规则》（1945）和《训育委员会组织条例》（1945）等
	1945.09—1949	《收复区各县市国民学校教员等级甄审训练办法》（1945）、《中华民国宪法》（第十三章第五节教育文化专节）（1946）、《全国实施国民教育第二次五年计划》（1946）、《国民教育设计委员会教导组讨论纲要》（1947）和《基本教育研究实验委员会组织规程》（1948）等

材料来源：①中国第二历史档案馆：《中华民国史档案资料汇编》，凤凰出版社（原江苏古籍出版社）1991—2000 年版。②中央教育科学研究所教育史研究室：《中华民国教育法规选编（1912—1949）》，江苏教育出版社 1990 年版。

（二）秉承原则性与灵活性

"政策方案的设计既要考虑到确立严格的具有权威性的政策规范，同时又要给政策留有余地，使之具有适当的可以调节的弹性"，且"政策方案有了一定的弹性，有利于在政策实施过程中根据变化着的教育状况采取适度灵活的对策与措施，并使政策具有自我调节的功能"。① 在民国这一教育近现代化进程的特殊时期，民国时期乡村基础教育政策的方案设计与内容选择，不仅体现着较为先进的近现代化特征，同时也依托于乡村基础教育发展实情，秉承并体现着因时因地制宜的原则性与灵活性。

一方面，在乡村教育行政机构教育局创设中，《县教育局规程》（1923）和《特别市教育局规程》（1923）都明确指出县设教育局，废止劝学所，同时也具体规定："其人员名额则由该县教育事务繁简酌定""得视县教育行政酌量定之""得视地方情形自定""由各县视地方情形自定"等；在筹备和设计义务教育发展进程的分期事项中，在强调规划分期、发展任务及应办事项内容的整体导向上，也有如《分期筹办义务教育年限》（1920）特别指出："本此期限内，除山西江苏两省前已订定办法报部有案外，其余各省区，均应依此标准，切实规划，订定施行程序，于本年内将所定完全计划及第一期设施事项，先行报部核定。其在学务发达，财力充裕各地方，自可缩短年限，先期办竣。即或限于财力，一时不及赶办者，亦应参照施行程序，不得过于迟缓"②，还有如《实施义务教育暂行办法大纲施行细则》（1935）在强调为供给儿童受一年之义务教育应广设短期小学、改良私塾和试行巡回教育的同时也明确指出："各省市为推行义务教育之便利，除上列各项办法外，并得采用其他适宜之方法"等；在乡村基础教育经费筹集探索中，乡、镇、保国民学校的设立与开展以各乡、镇、保地方自筹为主，同时根据适宜情形辅以中央财政补助和各省市拨款补助，如《国民教育实施纲领》（1940）、《乡

---

① 张乐天：《教育政策法规的理论与实践》，华东师范大学出版社 2015 年版，第 62—63 页。

② 朱有瓛主编：《中国近代学制史料》（第三辑）（上册），华东师范大学出版社 1990 年版，第 328 页。

（镇）中心学校设施要则》（1942）详细强调："由保自行筹集，其余经费由县（市）政府支给之""不足时应由县市经费项下支给之""其不能自筹者，由县市政府统筹之"等。

另一方面，在乡村课程标准厉行与延新中，课程标准即体现国家对基础教育课程科目、每周教学时间的基本规范和要求，又有如《小学课程标准总纲》（1932），在各科目及教学时间总数细致规定基础上还分别指出："各科目可依各地方情形酌量分合""可依各地方情形每周增多或减少90分钟""且各种活动时间可依各地方情形斟酌规定，活动事项则依各学校范围性质分别设置"等；在乡村教师薪俸待遇确定与深化的教师管理过程中，在确定并注重小学教员薪俸待遇标准提高的基础上，也有如《国民教育实施纲领》（1940）指出保国民学校教职员薪给，应"至少以学校所在地个人衣食住等生活费之两倍为标准"，酌量提高，同时《小学教员待遇规程》（1940）也有说明小学教员薪给按月十足以国币发放，不可折扣或拖欠，且"其最低薪额应以当地个人衣食住三者所需生活费之两倍为标准"等；在推进私塾改良以辅助、促进国民教育普及和乡村基础教育发展时，在强调设塾许可与改良发展的严格要求与管理原则时，也有特别指出如："并斟酌当地情形，订定课程简表，发给各私塾实施"，且私塾补充课程可以"得依地方需要，由塾师自定之"等。

总之，"执行教育政策在坚持原则性的前提下，之所以还要坚持必要的灵活性，这是因为政策实施的时空范围多种多样，政策所具有的普遍的甚或全局性的指导意义必须与此时此地的具体实际结合起来"，"这种坚持原则的灵活性，也意味着是一种创造性与创新性"[1]，同时也是强调"在不违背政策原则精神和保持政策方向的前提下，坚持从实际出发采取灵活多样的方式方法，同时因地制宜，使政策目标得到实现"[2]。秉承原则性与灵活性，民国时期乡村基础教育政策在教育行政体系、义务教育规划、教育经费保障、课程实施规范、教职员与学生管理和私塾改良办法等政策设计与内容构成中在坚持政策革新与调整原则性导向的同时，

---

① 张乐天：《教育政策法规的理论与实践》，华东师范大学出版社2015年版，第78—79页。

② 陈振明：《政策科学》，中国人民大学出版社1998年版，第291页。

基于不同地区政策实施的具体实际，以灵活多样的方式方法彰显灵活性的补充应用，从而更好地促进乡村基础教育政策的规划与推行，原则性与灵活性相得益彰。

（三）坚持基础性与义务性

民国时期十分重视国民教育，并始终把发展乡村教育作为国家发展、民族复兴最为有效的手段之一，强调只有重视乡村教育，重视乡村义务教育的发展，才能完成整个教育发展规划的最基本、最重要的内容。基于民国时期乡村区划作为整个行政区划范围内大部分构成的现实国情，乡村基础教育必然成为国民教育最重要的组成部分，而乡村义务教育的实施和发展状况将最终成为乡村基础教育发展的基石。始终把发展乡村义务教育放在国民教育发展的首要战略地位，坚持基础性与义务性，这不仅需要理论上的正确认识和科学判断，同时也需要国家政府在具体教育实践中给予乡村教育实质性的政策帮助和支持。政府对于乡村义务教育发展的政策性帮助和支持，相关政策、法规的制定将成为乡村义务教育科学且稳定发展的原动力。政策制度上的保证是乡村义务教育发展过程中所需要的一切人力、物力和财力保证的根本。民国时期尤其重视乡村义务教育的发展，在民国政权的 38 年间，民国政府行政院和教育部针对乡村义务教育的普及和发展制定了若干政策法规文件，诸如《强迫教育办法》（1913）、《义务教育施行程序》（1915）、《分期筹办义务教育年限》（1920）、《乡村小学充实儿童学额办法》（1931）、《实施义务教育暂行办法大纲施行细则》（1935）、《实施义务教育一年制短期小学暂行规程》（1935）、《短期小学实验办法》（1935）、《调查学龄儿童办法》（1935）、《二年制短期小学暂行规程》（1937）、《二年制短期小学课程标准总纲》（1937）、《学龄儿童强迫入学暂行办法》（1937）、《强迫入学条例》（1944）等专门保障义务教育实施和普及的相关教育政策文件。同时也包括《整理教育方案》（1914）、《全国教育计划书》（1919）、《实施三民主义乡村教育案》（1930）、《关于整顿学校教育造就适用人才案》（1932）、《国民教育实施纲领》（1940）、《国民学校法》（1944）等全面规划国民教育发展中包含义务教育尤其是乡村义务教育内容的相关教育政策文件。需要特别强调的是，为了大力发展乡村义务教育，努力保障乡村基础教育尤其是乡村义务教育发展过程中所必须的财政投入，以期避免乡村义务教育在正常的发展过程中由于资金限制所带来的物质（比如校舍配置、必要的教学设备以及图书参考资料，等等）缺乏而陷入发展困境，《各省县市筹集义务教育经费暂行办法大纲》（1925）、《义务教育经费支配办法大纲训令》（1935）、《保国民学校及乡镇中心学校基金筹集办法》（1940）等直接或间接相关义务教育经费投入方面的教育政策文件的颁发对于保障乡村义务教育的实施和普及更是尤为重要。

（四）渐趋规范化与法治化

民国时期体现资本主义性质的乡村基础教育政策法规下所构建的教育体系，是与中国两千多年积淀下的封建传统教育完全不同的教育理论体系和发展模式。民国之初，基于新建立的资产阶级政权激进并追求新的学校教育制度，《普通教育暂行办法》（1912）、《普通教育暂行课程标准》（1912）、《小学校令》（1912）、《小学校教则及课程表》（1912）、《强迫教育办法》（1913）、《整理教育方案》（1914）等各类直接或间接相关乡村基础教育发轫与渐进的各项教育政策措施相继出台，使得民初乡村基础教育的规范式科学化发展过程突飞猛进。随着袁世凯倒行逆施试图复辟帝制，《颁定教育宗旨令》（1915）、《特定教育纲要》（1915）、《义务教育施行程序》（1915）、《国民学校令》（1915）、《国民学校令施行细则》（1916）等带有封建尊孔复古性质的"落后"教育政策文件的颁发，使得刚刚建立起来的"先进"教育政策体系受到几近毁灭性的打击。"由于传统教育观念的根深蒂固，现代教育的任何推进都处处受其掣肘"①，尤其是在以彻底批判旧文化旧教育的新文化运动开始之前，民主进步的教育思想与教育实践必然在与封建落后的教育思想与教育实践的往复斗争始终贯穿在基础教育政策发展的科学化进程中，且其科学化进程可以说是举步维艰。但同时乡村基础教育政策逐渐走向科学化的构建过程中，也正是由于这种不断的矛盾冲突促进或加速着教育政策革新与应对的规范式和法治式科学发展。

---

① 黄书光：《中国基础教育改革的历史反思与前瞻》，天津教育出版社 2006 年版，第 11 页。

同时，民国时期基于乡村基础教育发展的相关政策亦逐渐向整体规范式的政策文本与具体专门式的政策文本并重的方向发展，整体化与专门化并行。如《小学法》（1932）、《小学规程》（1933）与《小学课程标准》（1932）、《小学特种训育纲领》（1933）、《小学公民训练标准》（1933）等；《实施义务教育暂行办法大纲》（1935）、《实施义务教育暂行办法大纲实施细则》（1935）与《调查学龄儿童办法》（1935）、《实施义务教育一年制短期小学暂行规程》（1935）、《一年制短期小学暂行课程标准令》（1935）、《各县市等筹集义务教育经费暂行办法大纲》（1935）、《短期小学实验办法》（1935）等；《战时各级教育实施方案纲要》（1938）、《县各级组织纲要》（1939）、《国民教育实施纲领》（1940）与《小学教员待遇规程》（1940）、《保国民学校及乡镇中心小学基金筹集办法》（1940）、《训令办理县各级教育行政应行注意事项》（1940）、《保国民学校设施要则》（1942）、《乡（镇）中心学校设施要则》（1942）、《乡镇中心学校保国民学校校长在可能范围内应尽量改为专任案》（1942）、《小学训育标准》（1942）等。总之，民国时期尤其是民国后期实行的这些教育政策与相关法规的制定，在整体与专门之间渐趋规范化和法治化。

民国时期乡村基础教育政策体系的发展过程经由民初的仓促出台，在复古和反复古教育循环往复的斗争中不断充实和完善，到民国后期已开始逐渐融入民国社会的发展之中，并逐渐适应近现代教育的发展要求。20世纪20年代以后，尤其是南京国民政府成立之后，民国基础教育政策改革的历程中更加倾向于教育政策的规范化发展。"一方面，政府接连出台了一系列加强教育管理、建设的法令法规，使新式学校教育体系建立后一直没有理顺的一些问题的解决有了法律依据；另一方面，政府制定了一系列有利于教育质量提高的制度，如教科书审查制度、毕业会考制度、教师资格制度、训育制度等。"① 民国时期尤其是民国后期实行的这些教育政策（包括相关法律、法规等），其规范化和法治化发展方向下的科学化过程，"结束了清末民初新式学校教育体系建立以来新旧教育冲突

---

① 黄书光：《中国基础教育改革的历史反思与前瞻》，天津教育出版社2006年版，第10页。

的混乱局面，一定程度上有利于教育秩序的稳定和教育质量的提高"①。虽然这些包括乡村基础教育政策在内的基础教育政策措施的实施和推广也是国民政府试图通过加强教育控制以维护其政权统治的重要手段，但民国时期教育政策制定和发展过程中规范、法治的科学化选择对于民国时期乡村基础教育的发展所起的积极作用是不言而喻的。

（五）融通国际化与本土化

"中国现代基础教育体系的创建启动于西学东渐后西方教育制度对中国传统教育的冲击，并经洋务教育运动等教育改良的实践，最终在清末新政中正式诞生。由于这套体系是对国外教育体系的模仿，因为它与中国本土实际情况有着很大差距，这使中国现代基础教育体系的构建、完善经历了一个漫长的本土适应过程。"② 就学制来说，清末"壬寅学制"和"癸卯学制"虽奠定了中国近代教育发展的雏形，但仍无法逃离学制系统的封建性和落后性。民国时期，在改革学制系统基本路径的发展轨迹下，模仿西方国家教育政策法规，必然会成为民国政府发展乡村基础教育模式的必然选择。

民国初年，为了彻底颠覆清末封建落后的学校教育制度，制定新的适合民国需要的资产阶级性质的学制系统迫在眉睫。中国资产阶级政权掌控下的第一个学制即"壬子·癸丑学制"顺势而生。"壬子·癸丑学制"是仿日学制，基本上沿袭了仿自德、法的日本模式，几乎脱离了民国前期的现实国情，学制体系缺乏弹性且过于整齐划一，从而限制了各级各类学校依据地方情形灵活发展。由于"壬子·癸丑学制"自身问题和缺陷在理论上和实践中的暴露，各地纷纷呼吁重新制定学制，并最终在全国教育会联合会的促进下，经过长期广泛的理论探讨和实践经验的总结，新的学制系统草案即"壬戌学制"最终于1922年正式出台。虽然"壬戌学制"仍是仿美的学制，但其是经过较长时间的酝酿和研究制定出来的。至此，中国的学制系统改革走向了模仿基础之上的探索阶段，民

---

① 黄书光：《中国基础教育改革的历史反思与前瞻》，天津教育出版社2006年版，第10页。

② 黄书光：《中国基础教育改革的历史反思与前瞻》，天津教育出版社2006年版，第5页。

国时期乡村教育政策也在以学制系统改革为主线的路径选择和探索中走向科学化和完善化。

南京国民政府成立之后，在"壬戌学制"的基础上根据教育改革发展的实际需要先后出台了一系列法令法规（如《小学法》《小学规程》等），对 1922 年学制进行了必要的调整和修订。调整小学学制，使之更符合我国的现实国情更具灵活性和弹性；建立国民教育制度，更有利于义务教育的推行，在不同程度上推动了民国时期乡村基础教育的发展。总体来说，民国时期是中国包括乡村基础教育在内的基础教育从模仿到探索直至创新的本土化发展时期，民国政府在对国外先进的教育理念、教育模式、教育政策等方面吸收和借鉴的同时，也越来越认识到中国教育改革发展的本土化要求，更加突出和认识到中国意识和时代意识，从而使得中国乡村基础教育政策的改革发展进入本土化适应的轨道，进而完成民国时期以乡村基础教育为重心构成的基础教育基本框架选择上的科学构建。

二　观照与审思：教育政策发展的现实启示

向后看，是为了更好地向前走。"民国教育作为中国教育早期现代化的一个重要历史阶段，它是我们的'昨天'。实际上我们今天遇到的、讨论的、感到困惑的许多教育问题，也都是民国时期的人们曾经遇到过、讨论过、感到困惑的问题。所以，对民国教育的研究，能为我们处理和解决这些问题提供有益的借鉴。"① 深度审思民国时期乡村基础教育政策，全面厘清和明确认识民国时期乡村基础教育政策全貌，以史鉴今，启迪思绪，找寻民国时期乡村基础教育政策革新与推行对我国当前教育发展尤其是乡村基础教育改革与发展的现实启示，从而积极探索民国时期乡村基础教育政策研究的当代关照价值，对开拓未来，推进我国教育现代化、高质量发展，具有十分重要的现实意义。

---

① 熊贤君：《民国义务教育研究》，湖南教育出版社 2018 年版，前言第 6 页。

（一）重视乡村义务教育发展

民国时期十分重视国民教育，并始终把发展乡村教育作为国家发展、民族复兴最为有效的手段之一。只有重视乡村教育，重视乡村义务教育的发展，才能完成整个教育发展规划的最基本、最重要的内容。重视乡村义务教育的发展，这不仅需要理论上的正确认识和科学判断，同时也需要国家政府在具体教育实践中给予乡村教育实质性的政策帮助和支持。民国政府时期，其行政院和教育部，始终把发展乡村义务教育放在国民教育发展的首要战略地位，对乡村义务教育的普及和发展专门制定了诸多的教育政策文件，为乡村义务教育发展过程所需要的必要人力、物力和财力提供了政策保证。重视乡村义务教育的发展，无论是对20世纪上半叶的民国政府来说，还是对于21世纪当前的我国政府及相关教育部门来说，都具有同样重要的现实意义。当今世界，发展教育已经成为提高人民生活水平、增强国家综合国力的共同认识。众所周知，农业、农村、农民问题一直是当前我国现代化进程中的焦点和难点问题，也是我们实现民族复兴的中心问题。乡村教育是教育领域的"三农"问题，教育"三农"问题关系着教育发展的全局，振兴乡村教育也是乡村振兴的基础工作，可见要做好我国的教育工作就必须要做好乡村教育工作，而做好乡村教育工作就必须先做好乡村基础教育工作。乡村义务教育是乡村基础教育发展的最为重要的甚至是近乎全部的核心内容，重视乡村义务教育的发展，已经成为我国教育发展的最基本和最重要组成部分。

重视乡村义务教育的发展，把乡村义务教育的发展放在战略位置，这就需要国家政府在政策制定和教育实践中给予乡村义务教育实质性的帮助和支持。

1. 保障乡村义务教育发展经费投入

国家重视乡村义务教育的发展，就必须保障乡村义务教育发展的财政经费投入，以避免因资金短缺而影响或阻碍乡村义务教育的正常有序发展。民国时期义务教育经费的筹措问题，始终是义务教育工作者和推行者十分关注的重要议题。《各省县市筹集义务教育经费暂行办法大纲》（1925）、《义务教育经费支配办法大纲训令》（1935）和《保国民学校及乡镇中心学校基金筹集办法》（1940）等，直接或间接相关义务教育财政经费投入的教育政策措施的颁行，均试图在民国政府教育法律法规政策的规定的范围内，"开源、节流并整理"①，保障发展乡村义务教育过程中所需的义务教育经费投入充足、且稳定永久，从而使得民国时期各个政权统治时期的中央或地方政府、教育行政部门共同担负起乡村义务教育发展所需要承担的资金筹措和投入责任。

2. 保证乡村义务教育政策灵活变通

发展乡村义务教育，不仅需要财政经费上的充分支持，同时也需要政府及教育主管部门在教育政策措施上的大力支持，而相关乡村义务教育政策制定上所应具有的灵活性和变通性，也将是乡村义务教育实现施行目标效果的必要条件。因为"中国近代推行义务教育的基础很薄弱，条件很不成熟，这逼迫义务教育的推行者对其举措采取变通方法，从实际出发，因陋就简，实事求是，务求实效"②，"所以，与其说全国推行义务教育'齐步走'，全国一体实现义务教育宏伟目标，不如说延迟义务教育实施之期，降低义务教育文化水准，贻误中华民族的千秋大业"③。民国时期尤其是南京国民政府统治时期，《实施义务教育一年制短期小学暂行规程》（1935）、《一年制短期小学暂行课程标准》（1935）、《短期小学实验办法》（1935）、《二年制短期小学暂行规程及课程标准总纲》（1937）、《实施二部制教学办法》（1937）、《巡回教学办法》（1937）等一系列直接或间接相关乡村义务教育政策措施的相继出台，使得乡村义务教育政策的实施和推广更可因时因地制宜。同时，民国后期1946年教育部公布的《全国实施国民教育第二次五年计划》更将未实施国民教育的收复区省份和后方已实施国民教育的19省市分开制定不同的义务教育发展规划，灵活性和变通性由此凸显。

---

① 熊贤君：《千秋基业——中国近代义务教育研究》，华中师范大学出版社1998年版，第219页。

② 熊贤君：《千秋基业——中国近代义务教育研究》，华中师范大学出版社1998年版，第253页。

③ 熊贤君：《千秋基业——中国近代义务教育研究》，华中师范大学出版社1998年版，第254页。

（二）整合教育政策主体价值一致性

"教育政策、法规的制定和执行都是具有一定价值观念的主体的活动。教育政策、法规的活动主体在处理各种教育发展要素之间的关系时，需要面对各种利益相关者有差异的利益诉求、比较各种事物和教育活动的价值并作出一定的政策选择。"① 教育政策主体与执行主体往往因其构成不同，而体现其所代表价值主体的立场、判断、选择与合理性。在民国这一特定政治、经济、文化和人口等社会因素影响下，体现制定主体价值表现的政府的教育意图、教育者的理想与代表执行主体价值主张的乡村的现实需要、乡民的教育诉求，在教育近现代化的革新与应对中以乡绅、乡民和乡村基础教育发展的融合与冲突，乡村学校和私塾改良的兼容与矛盾等价值共生与博弈的内容和形式彰显出来。理想与现实之间，体现制定主体价值利益的政策设计与表现执行主体价值利益的政策实践之间，新旧教育的冲突，乡村私塾的固有文化霸主地位；政策规划目标与执行实践结果的现实差距中乡村基础教育政策沦为"空文"的尴尬与无奈；乡村教育"离农"与"为农"的争论，精英离乡，乡村学校"去农化"效应，以及在价值共生与博弈中衍生的乡村教育危机与社会危机。

"教育是人类社会中最具有'价值'的社会实践活动，教育价值的实现离不开教育政策、法规的指引与保障，这也要求教育、法规建立在合理的价值基础上。"② 通常而言，整合乡村基础教育政策制定主体与执行主体价值一致性，全面考量教育政策主体的多元利益诉求，减少矛盾与冲突，对于当前我国乡村基础教育政策体系的改革、发展与完善都大有裨益。一方面，对于乡村基础教育政策制定主体来说，教育决策者如相关教育行政部门和专家学者或团队要成为研究型的决策者，即要以科学的精神、态度、方法和程序进行乡村教育政策方案设计和内容选择，同时也要做好教育调研，全面了解教育舆情和社会大众及其家庭子女的实际教育需求，鼓励执行主体如教师、家长、学生等积极建言献策，吸取多方意见参与教育政策方案设计或教育决策，建立健全公民有序参与决

---

① 张乐天：《教育政策法规的理论与实践》，华东师范大学出版社 2015 年版，第 45 页。
② 张乐天：《教育政策法规的理论与实践》，华东师范大学出版社 2015 年版，第 45 页。

策的协商机制，找寻乡村基础教育政策制定主体与执行主体的价值契合点，加强政策宣传，提高执行主体的政策认同感。另一方面，对于乡村基础教育政策执行主体来说，教育政策执行者即教育实践者，要积极进行相关乡村基础教育政策的全面学习，加强对政策的深刻反思和准确理解，以最新教育教学理念指引乡村基础教育政策改革脚踏实地的实践，从遵照执行到主动实施。同时，相关学校、教师、家长和学生也应不断提升政策意识、政策素养与执行水平，政策执行与政策研究并行，关注教育政策研究并使其成就专业自主，从而在乡村基础教育政策的完善与实施中能够结合实际需要和教育实情发挥应有的灵活性与创造性。整合乡村基础教育政策制定与执行主体价值一致性，不仅有助于我们审思乡村基础教育政策的方案设计与内容选择的合理性、必要性与重要性，即相关乡村基础教育政策构成是否建立在正当、合理的价值阐释之上，而且更利于引导我们全面考量乡村基础教育政策制定过程中各种利益相关者的价值诉求可能对教育政策革新的最终结果所产生的影响。

（三）提高国民接受基础教育参与度

民国时期乡村基础教育政策的不断规范和完善，在政策层面上具体保障了国民基础教育普及和发展的可能性。民国时期乡村基础教育虽然也得到了很大程度的发展，尤其是个别省市县，如广西和江苏省属范围内基础教育得到了实质性发展，但全国范围内的很多地区乡村基础教育的发展状况并不理想，很多全民教育规划及至义务教育分期计划等最终都未真正实施和完成。民国时期乡村义务教育实施和完成的现实情况必然是与当时当地的社会政治经济国情密切相关的，但是推行义务教育，尤其是乡村义务教育，"既是关系国家前途命运的大事，就必须全民参与，这种参与的程度越高，义务教育的效率也就越高。否则，义务教育仅仅是政府行为，失去了人民群众的理解和支持，仅为政府一厢情愿，其效果是不言而喻的"①。可见，提高国民接受基础教育的参与度已然成为乡村基础教育政策实施和推广过程中影响实际效果的最直接要素之一，

---

① 熊贤君：《千秋基业——中国近代义务教育研究》，华中师范大学出版社 1998 年版，第251 页。

只有充分调动广大人民群众接受基础教育的积极性，并得到广大农民群众的大力支持，规范化、合理化和科学化的乡村基础教育政策才能有成为现实的可能性。

当前我国在九年义务教育推行过程中，加强家庭学校社会合作，降低偏远落后地区学龄儿童流失率和辍学率，从根本上促使国民即受教育者及其家庭认识到接受和普及义务教育的重要性及其对受教育者自身成长发展的关键作用，提高国民与政府配合度，也是非常重要的。总之，为使义务教育的推行收到良好的效果，就必须全面提高国民的参与程度，广泛深入地开展乡村义务教育宣传活动，调动广大农民群众尤其是义务教育阶段青少年受教育者及其家庭接受教育积极性，同时切实考虑广大农民群众的现实利益要求，自觉维护广大农民群众的合法利益，促使广大人民群众充分认识推行基础教育的必要性和紧迫性，并充分尊重广大农民群众的主体地位，发挥广大农民群众的主体作用，使广大农民群众成为乡村基础教育活动过程中的主要力量，全面提高人民参与乡村基础教育的参与度，依法履行国民接受教育的权利和义务。开展乡村教育固然需要国家政策措施的大力保障，但政策措施所期望完成的理想化实施结果则更需要的是广大农民群众主体作用的发挥，因为只有把广大农民群众的积极性充分调动起来了，提高国民接受基础教育的参与度，在保障入学率的同时降低学龄儿童的流失率和辍学率，乡村基础教育的发展才会有巨大的力量源泉支持，乡村基础教育政策的实施目标才能真正成为现实。

（四）确保乡村基础教育政策体系科学化

"同清末相比，民国时期无论在学校制度、教育规模、课程设置、学科标准、教育质量等各方面，都有较大的进步，并大体完成了从闭关锁国的中世纪'原生态'，向同国际接轨的开放型、多元化'新生代'过度。"[1] 民国政府在其掌握政权的 38 年间公布了一系列教育政策、法规、法令等，教育政策体系门类齐全、内容丰富，教育立法日臻完善。乡村基础教育政策框架体系法治化、规范化下的科学化选择，各项相关规定、

---

[1]　李华兴：《民国教育史》，上海教育出版社 1997 年版，第 804 页。

标准、要求趋于统一，对于推进民国时期的乡村基础教育政策步入规范、统一、科学管理的发展轨迹，从而使得民国时期乡村基础教育的发展地位得到了空前的重视和加强，这对于促进乡村基础教育质量的提高有着积极意义。以国民政府统治时期发展义务教育为例，1929 年 6 月，国民党三届二中全会讨论普及教育案，议定厉行国民义务教育及成人补习教育相结合的国民教育制度，此后国民政府根据厉行国民义务教育的决定，在《中华民国训政时期约法》（1931）的引导下，先后公布了《实施义务教育初步计划草案》(1935)、《实施义务教育暂行办法大纲施行细则》(1935) 等政策法规，并陆续颁布一系列与之相配套的、具体的相关于乡村义务教育的政策。"这些法规分别就有关义务教育的总则、设施、组织机构、施行程序、分期实施计划、经费、师资、课程、教材、教法、视导、评估、年限、惩罚等项作了较为周密的规定"[1]，从而使得乡村义务教育政策体系在法治化和规范化的发展过程中更加科学化，对于民国时期乡村义务教育的提倡与推行起到了重要的推动作用。当前，教育发展面临的形势日趋复杂多变，各种关系纵横交错，确保乡村基础教育政策体系科学化，逐渐形成科学的乡村基础教育政策体系，这已经成为提高基础教育政策效能的必由之路。"运用科学的理论方法，根据教育发展的客观背景和自身规律，科学预测教育发展的趋势，调整政策措施，争取主动，能够有效提高其效能，促进教育政策不断完善。"[2] 乡村基础教育政策体系的科学化过程就是乡村基础教育政策体系不断发展和完善的过程。确保乡村基础教育政策体系的科学化，对于推动乡村基础教育的正常、稳定和科学的发展至关重要。

（五）强调乡村基础教育政策制定本土化

民国时期是中国包括乡村基础教育在内的基础教育从模仿到探索以期创新的本土化发展时期。突出中国意识和时代意识，强调乡村基础教育政策制定本土化。在学习、模仿、借鉴西方先进的乡村基础教育经验的基础上，探索适合本国政治、经济、文化和人口现实国情的本土化教

---

① 宋恩荣：《近代中国教育改革》，教育科学出版社 1994 年版，第 215 页。
② 孙绵涛：《教育政策学》，中国人民大学出版社 2010 年版，第 11 页。

育政策体系对基础教育的发展至关重要。20 世纪以来，"中国 20 年代的教育改革，有条件追随世界的潮流，吸收人类文明的最新成果，博彩各国教育之长，为我所用，改造已不适应国内国际形势的中国教育，为中国的富强独立做出新的贡献"①。民国时期三次相对重要的学制系统改革（如"壬子·癸丑学制"、"壬戌学制"和"戊辰学制"），其本质就是教育政策制定的本土化过程，是突破西方基础教育发展模式对民国乡村基础教育政策的制定模式，形成具有中国特色的本土化模式，对于推动当时当地乡村基础教育的实施与进步具有决定性的关键作用。对我国当前乡村基础教育政策的制定、乡村基础教育的发展来说，制定教育政策、乡村基础教育政策一定要适应我国当前的政治、经济、文化和人口国情，因地制宜，一切从实际出发，必须要适应当地具体的政治、经济、文化和人口实情。教育政策措施的制定要符合当前政治、经济、文化的现实分析，根源于乡村现状分析上的乡村基础教育政策制定尤为重要，这是因为政治、经济、文化和人口因素将影响和制约教育发展特别是乡村基础教育发展中教育目的、教育结构、教育内容、教育手段、教育管理体制、教育组织结构等方方面面的选择和决策。重视政治、经济、文化和人口要素对教育发展、基础教育发展、乡村基础教育发展的影响，强调教育与社会作用与反作用之间相对独立性的遵循，以广阔的视野全面审视教育，强调教育政策、基础教育政策、乡村基础教育政策制定的本土化，将会直接推动我国教育、基础教育、乡村基础教育更为健康、更为科学地向前发展。

---

① 宋恩荣：《近代中国教育改革》，教育科学出版社 1994 年版，第 201 页。

结　　语

在民国风雨动荡的 38 年中，乡村基础教育政策的改革与发展，是中国教育近现代化进程中上承清末下启新中国乡村基础教育政策构成中尤为关键的内容。

在教育近现代化进程中，民国时期乡村基础教育政策的革新与应对，正是根植于国内外教育环境的影响下，积极参考和借鉴了日本、美国等国乡村基础教育发展的经验，并在清末基础教育政策破旧立新的基础上应运形成和发展的。从 1912 年 1 月 1 日中华民国成立伊始，时经南京临时政府的短暂过渡，北洋政府统治下袁世凯尊孔复古、军阀混战与轮流执政，以及东北易帜后南京国民政府在形式上统一全国开始执政，民国政府及其教育等相关部门直接或间接基于乡村基础教育改革与发展的系列政策文件相继制定和颁行，主要体现为乡村教育行政体系的划定与实行、乡村义务教育规划的筹定与试行、乡村教育经费保障的制定与施行、乡村课程实施规范的订定与厉行、乡村教职员与学生管理的拟定与规行、乡村私塾改良办法的颁定与颁行共六个方面的具体政策构成。

具体来说，在民国时期乡村基础教育政策的发轫确定与革新演进和拓展推行与调整渐进的过程中，由上层教育行政体系构建与形制（教育部、省教育厅），乡村教育行政机构设置与沿革（劝学所、学务委员会、教育局）和视学督学规程建设与完善，促成了教育行政体系的划定与实行；从强迫教育诉求与重申，至修业年限明确与法治，至学校学级分布与扩充，再至分期事项设计与调适，以及设学方法的衍生，形成了义务教育规划的筹定与试行；包括经费筹集初拟与探索（筹集原则、筹集途径、筹集来源、筹集方法）和经费支配概目与标准，组成了教育经费保障的制定与施行；从教科书审查确立与厘新，至课程标准与课程计划体现与延新，以及训育强化的表达，达成了课程实施规范的订定与厉行；由校长任用要求与综理，教师管理定位与概述（任用资格检定与细化、工作职能界定与优化、薪俸待遇确定与深化）和学生规范形成与总览（学籍编制要则与准则、学费缴纳原则与细则），集成了乡村教职员与学生管理的拟定与规行；从改良论证基础、改良过程表现到私塾设立许可、塾师资格训练、塾师课程实施的私塾改良办法颁发与颁行；共同构建了民国时期乡村基础教育政策革新与应对的历史全貌，也在教育近现代化进程中涤荡着历史螺旋式循环往复间政策革新与应对所遵循着的固有的兼具独特性与不可复制性的基本路径与内在逻辑。

　　社会各要素对教育、教育政策的影响与制约表现为教育的社会制约性，源于乡村基础教育政策的政治、经济、文化和人口制约性，不难发现，民国时期乡村基础教育政策的方案设计与内容选择体现着改革学制系统、重视义务教育、强化政治功能、兼顾多元需求的基本路径，遵循着彰显整体性与系统性、秉承原则性与灵活性、坚持基础性与义务性、渐趋规范化与法治化和融通国际化与本土化的内在逻辑。向后看，是为了更好地向前走，关照当前乡村教育改革与发展，审思民国时期乡村基础教育政策革新与应对，总结民国时期乡村基础教育政策的基本路径，剖析民国时期乡村基础教育政策的内在逻辑，进而得到重视乡村义务教育发展、整合教育政策主体价值一致性、提高国民接受基础教育参与度、确保乡村基础教育政策体系科学化、强调乡村基础教育政策制定本土化的现实启示，这具有提纲挈领的借鉴性与引导性学术研究意义。

参考文献

资料汇编类

陈学恂、田正平：《中国教育史研究（近代分卷）》，华东师范大学出版社 2009 年版。

陈学恂、高奇：《中国教育史研究》（现代分卷），华东师范大学出版社 2009 年版。

陈学恂主编：《中国近代教育史教学参考资料》（中、下册），人民教育出版社 1987 年版。

戴克敦等：《民国老课文》（第一、二、三辑），辽宁教育出版社 2011 年版。

杜成宪：《民国乡村教育文献丛刊》（全 28 册），国家图书馆出版社 2014 年版。

杜学元：《民国乡村教育文献丛刊续编》（共 34 册），国家图书馆出版社 2017 年版。

费正清：《剑桥中华民国史》（1912—1949 年上卷），中国社会科学出版社 1994 年版。

费正清、费维恺：《剑桥中华民国史》（1912—1949 年下卷），中国社会科学出版社 1994 年版。

顾明远：《教育大辞典（增订合编本）》（上、下），上海教育出版社 1998 年版。

何东昌：《中华人民共和国重要教育文献（1949—1997）》，海口出版社 1998 年版。

黄宗智：《中国乡村研究》（第五辑），福建教育出版社 2007 年版。

教育部：《第一次中国教育年鉴》，开明书店 1934 年版。

教育部教育年鉴编纂委员会：《第二次中国教育年鉴》，商务印书馆 1948 年版。

李桂林、戚名琇、钱曼倩：《中国近代教育史资料汇编（普通教育）》，上海教育出版社 2007 年版。

李国钧、王炳照：《中国教育制度通史》（第七卷），山东教育出版社 2000 年版。

李文海：《民国时期社会调查丛编（二编）》（乡村社会卷），福建教育出版社 2009 年版。

李文海：《民国时期社会调查丛编》（文教事业卷），福建教育出版社 2003 年版。

毛礼锐、沈灌群：《中国教育通史》（第四、五卷），山东教育出版社 1988 年版。

民国丛书续编编辑委员会：《申报年鉴（第一编）》，上海书店出版社 2012 年版。

石鸥、吴小鸥：《百年中国教科书图说（1897—1949）》，湖南教育出版社 2009 年版。

舒新城：《近代中国教育史料》，中华书局 1928 年版。

舒新城：《中国近代教育史资料》（上、中、下册），人民教育出版社 1981 年版。

舒新城：《近代中国教育史料》，中国人民大学出版社 2012 年版。

王炳照、阎国华：《中国教育思想通史》（第六、七卷），湖南教育出版社 1996 年版。

王强：《民国乡村教育文献丛编》（全 72 册），四川大学出版社 2015 年版。

殷梦霞、李强：《民国统计资料四种》（第十四册），国家图书馆出版社 2010 年版。

中国第二历史档案馆：《中华民国史档案资料汇编》（第一、二辑），凤凰出版社（原江苏古籍出版社）1991 年版。

中国第二历史档案馆：《中华民国史档案资料汇编》（第三辑）（教育），凤凰出版社（原江苏古籍出版社）1991 年版。

中国第二历史档案馆:《中华民国史档案资料汇编》(第四辑)(二),凤凰出版社(原江苏古籍出版社)1991年版。

中国第二历史档案馆:《中华民国史档案资料汇编》(第五辑第一编)(教育)(一),凤凰出版社(原江苏古籍出版社)1994年版。

中国第二历史档案馆:《中华民国史档案资料汇编》(第五辑第一编)(教育)(二),凤凰出版社(原江苏古籍出版社)1994年版。

中国第二历史档案馆:《中华民国史档案资料汇编》(第五辑第一编)(教育)(一),凤凰出版社(原江苏古籍出版社)1997年版。

中国第二历史档案馆:《中华民国史档案资料汇编》(第五辑第二编)(教育)(二),凤凰出版社(原江苏古籍出版社)1997年版。

中国第二历史档案馆:《中华民国史档案资料汇编》(第五辑第三编)(教育)(二),凤凰出版社(原江苏古籍出版社)2000年版。

中国第二历史档案馆:《中华民国史档案资料汇编》(第五辑第三编)(教育)(一),凤凰出版社(原江苏古籍出版社)2000年版。

中国第二历史档案馆:《中华民国史史料长编》,南京大学出版社1993年版。

中国社会科学院近代史研究所中华民国史研究室:《中华民国史》,中华书局2011年版。

中华大百科全书编委会:《中华大百科全书(第二版)》(第10册),中华大百科全书出版社2009年版。

中央教育科学研究所教育史研究室:《中华民国教育法规选编(1912—1949)》,江苏教育出版社1990年版。

朱有瓛主编:《中国近代学制史料》(第三辑)(上册),华东师范大学出版社1990年版。

著作类

[美]弗朗西斯·C.福勒:《教育政策学导论》,许庆豫译,袁振国审校,江苏教育出版社2007年版。

[美]李·J.阿尔斯通等:《制度变革的经验研究》,罗仲伟译,经济科学出版社2003年版。

[美]乔伊斯·阿普尔比、林恩·亨特、玛格丽特·雅尔布:《历史的真

相》，刘北成、薛绚译，中央编译出版社 1998 年版。

［美］韦恩·C. 布斯等：《研究是一门艺术》，陈美霞等译，新华出版社 2009 年版。

［美］威廉·N. 邓恩：《公共政策分析导论（第二版）》，谢明、杜子芳 等译，中国人民大学出版社 2010 年版。

［美］约翰·L. 坎贝尔：《制度变迁与全球化》，姚伟译，上海人民出版 社 2010 年版。

［美］珍妮·H. 巴兰坦：《教育社会学：一种系统分析法（第五版）》， 朱志勇等译，江苏教育出版社 2005 年版。

［美］珍妮·H. 巴兰坦等：《教育社会学——系统的分析（第 6 版）》， 熊耕等译，中国人民大学出版社 2011 年版。

［瑞士］查尔斯·赫梅尔：《今日的教育为了明日的世界》，王静等译，中 国对外翻译出版公司 1983 年版。

［以］英博等：《教育政策基础》，史明洁等译，教育科学出版社 2003 年版。

［英］安东尼·韦斯顿：《论证是一门学问》，卿松竹译，新华出版社 2011 年版。

［英］罗德里克·弗拉德：《计量史学方法导论》，王小宽译，上海译文出 版社 1991 年版。

白光耀：《中国近代学校教育》，北京科学技术出版社 1995 年版。

别必亮：《传承与创新：近代华侨教育研究》，河北教育出版社 2001 年版。

蔡连玉：《教育政策与法律》，高等教育出版社 2012 年版。

陈景磐：《中国近代教育史（第三版）》，吕达、刘立德修订，人民教育出 版社 2004 年版。

陈青之：《中国教育史》，东方出版社 2008 年版。

陈侠：《近代中国小学课程演变史》，福建教育出版社 2007 年版。

陈翊林：《最近三十年中国教育史》，太平洋书店 1930 年版。

陈兆庆：《中国农村教育概论》，商务印书馆 1937 年版。

程虹：《制度变迁的一个周期——一个一般理论及其对中国改革的研究》， 人民出版社 2000 年版。

褚宏启:《教育政策学》,北京师范大学出版社 2011 年版。

崔玉婷:《近代中国乡村教育的不同路向:邹平教育模式与延安教育模式比较研究》,教育科学出版社 2011 年版。

单丽雪:《黑龙江省教育史》,黑龙江人民出版社 2004 年版。

邓曲恒:《教育、收入增长与教育收入——中国农村的经验分析》,上海人民出版社 2009 年版。

董宝良、周洪宇:《中国近现代教育思潮与流派》,人民教育出版社 1997 年版。

董孟怀等:《百年教育回眸》,中国经济出版社 2000 年版。

杜成宪、丁钢:《20 世纪中国教育的现代化研究》,上海教育出版社 2004 年版。

杜维运:《史学方法论》,北京大学出版社 2006 年版。

范国睿等:《教育政策的理论与实践》,上海教育出版社 2011 年版。

费孝通:《江村经济》,上海人民出版社 2006 年版。

费孝通:《乡土中国》,人民出版社 2012 年版。

冯开文:《中国民国教育史》,人民出版社 1994 年版。

复旦大学历史学系:《近代中国的乡村社会》,上海出版社 2005 年版。

甘豫源:《乡村教育(第五版)》,中华书局 1936 年版。

葛留青、张占国:《中国民国文学史》,人民出版社 1994 年版。

古梅:《乡村教育》,商务印书馆 1935 年版。

顾明远、梁忠义:《世界教育大系(初等教育)》,吉林教育出版社 2000 年版。

关晓红:《晚清学部研究》,广东教育出版社 2000 年版。

广少奎:《重振与衰变——南京国民政府教育部研究》,山东教育出版社 2008 年版。

郭法奇:《教育史研究寻求一种更好的解释》,中国社会科学出版社 2012 年版。

郭飞平:《中国民国经济史》,人民出版社 1994 年版。

国家行政学院:《基础教育新视点》,教育科学出版社 2003 年版。

何艾生、梁成瑞:《中国民国科技史》,人民出版社 1994 年版。

贺金林:《抗战胜利后国民政府教育复员研究》,社会科学文献出版社

2010 年版。

洪京陵、杨雨青：《中国小通史·民国》，中国青年出版社 1995 年版。

胡奇光：《中国小学史》，上海人民出版社 2005 年版。

黄明东：《教育政策与法律》，武汉大学出版社 2007 年版。

黄书光：《文化差异与价值整合——百年中国基础教育改革进程中的思想激荡》，教育科学出版社 2011 年版。

黄书光：《中国基础教育改革的历史反思与前瞻》，天津教育出版社 2006 年版。

黄书光：《中国社会教化的传统与变革》，山东教育出版社 2005 年版。

黄耀红：《百年中小学文学教育史论》，湖南师范大学出版社 2008 年版。

黄友珍、叶冬青、赵树宏：《中国近代百年教育》，河南大学出版社 2009 年版。

黄中：《我国近代教育的发展》，台湾商务印书馆 1980 年版。

黄忠敬：《教育政策导论》，北京大学出版社 2011 年版。

黄忠敬：《他者镜像与自我建构：中国基础教育的异域形象（1978—2008）》，教育科学出版社 2011 年版。

贾逸君：《中华民国史》，岳麓书社 2011 年版。

江铭：《中国教育督导史（第二版）》，人民教育出版社 2003 年版。

姜朝晖：《民国时期教育独立思潮研究》，中国社会科学出版社 2008 年版。

姜国钧：《中国教育周期论》，北京大学出版社 2005 年版。

蒋纯焦：《一个阶层的消失：晚清以降塾师研究》，上海书店出版社 2007 年版。

蒋菁、王铁柱、吴朋：《中国民国艺术史》，人民出版社 1994 年版。

蒋廷黻：《中国近代史大纲》，江苏教育出版社 2006 年版。

蒋廷黻：《中国近代史》，岳麓书社 2010 年版。

瞿葆奎等：《教育学文集教育制度》，人民教育出版社 1990 年版。

康永久：《教育制度的生成与变革——新教育制度学论纲》，教育科学出版社 2003 年版。

柯武刚、史漫飞：《制度经济学：社会秩序与公共政策》，韩朝华译，商务印书馆 2000 年版。

雷国鼎：《中国近代教育行政制度史》，（台北）教育文物出版社有限公司
　　1983 年版。

李德芳：《民国乡村自治问题研究》，人民出版社 2001 年版。

李钢：《话语文本国家教育政策分析》，社会科学文献出版社 2009 年版。

李桂林：《中国现代教育史》，吉林教育出版社 1991 年版。

李海云：《新教育中国化运动》，社会科学文献出版社 2009 年版。

李华兴：《民国教育史》，上海教育出版社 1997 年版。

李剑萍、杨旭：《中国现代教育之大家与大事》，广东教育出版社 2011
　　年版。

李剑萍：《中国现代教育的历史探索》，安徽教育出版社 2012 年版。

李剑萍：《中国现代教育问题史论》，人民出版社 2005 年版。

李庆珍：《变迁中的乡村知识群体与乡村社会》，光明日报出版社 2010
　　年版。

李少元：《农村教育论》，江苏教育出版社 2000 年版。

李守经、钟涨宝：《农村社会学》，高等教育出版社 2000 年版。

李水山、黄长春：《当代中国农民教育史》，中国农业科学技术出版社
　　2010 年版。

李太平：《普及与提高：中国初等教育 60 年》，浙江大学出版社 2009
　　年版。

李小融：《中国基础教育问题》，湖南教育出版社 1995 年版。

李政涛、李云星：《百年中国基础教育改革的方法论探析》，教育科学出
　　版社 2011 年版。

梁漱溟：《乡村建设理论》，上海人民出版社 2006 年版。

廖其发：《中国农村教育问题研究》，四川教育出版社 2005 年版。

林小英：《教育政策变迁中的策略空间》，北京大学出版社 2012 年版。

刘畅：《农村社会学》，华中科技大学出版社 2008 年版。

刘复兴：《教育政策的价值分析》，教育科学出版社 2003 年版。

刘豪兴、徐柯、刘长喜：《农村社会学（第二版)》，中国人民大学出版社
　　2008 年版。

刘精明：《国家、社会阶层与教育》，中国人民大学出版社 2005 年版。

刘俐娜：《中国民国思想史》，人民出版社 1994 年版。

刘芃：《历史教育测量研究》，人民教育出版社 1999 年版。

刘铁芳：《乡土的逃离与回归——乡村教育的人文重建》，福建教育出版社 2008 年版。

刘正伟：《督抚与士绅：江苏教育近代化研究》，河北教育出版社 2001 年版。

柳海民：《教育理论的诠释与建构》，安徽教育出版社 2009 年版。

柳海民：《教育学原理》，高等教育出版社 2006 年版。

柳海民：《教育原理》，东北师范大学出版社 2011 年版。

卢现祥：《新制度经济学》，武汉大学出版社 2004 年版。

卢现祥：《新制度经济学》，武汉大学出版社 2011 年版。

卢现祥、朱巧玲：《新制度经济学》，北京大学出版社 2007 年版。

鲁鹏：《实践与理论——制度变迁主要流派》，山东人民出版社 2008 年版。

陆有铨：《躁动的百年 20 世纪的教育历程》，北京大学出版社 2012 年版。

吕达、刘立德：《舒新城教育论著选（上、下册）》，人民教育出版社 2000 年版。

吕达：《中国近代课程史论》，人民教育出版社 1994 年版。

马和民、刘晓红、何芳：《新编教育社会学（第二版）》，华东师范大学出版社 2009 年版。

马健生：《现代教育制度与思想（第 2 版）》，高等教育出版社 2009 年版。

马戎等：《中国农村教育问题研究》，福建教育出版社 2000 年版。

马啸风：《中国师范教育史》，首都师范大学出版社 2003 年版。

梅汝莉：《中国教育管理史》，海潮出版社 1995 年版。

苗春德：《中国近代乡村教育史》，人民教育出版社 2004 年版。

牟忠鉴、张践：《中国民国宗教史》，人民出版社 1994 年版。

朴奎灿：《中国朝鲜族教育史》，东北朝鲜民族教育出版社 1999 年版。

齐红深：《东北地方教育史》，辽宁教育出版社 1992 年版。

齐红深：《东北民族教育史》，辽宁大学出版社 1993 年版。

齐红深：《满族的教育文化》，辽宁大学出版社 2003 年版。

钱理群、刘铁芳：《乡土中国与乡村教育》，福建教育出版社 2008 年版。

钱民辉：《教育社会学概论（第三版）》，北京大学出版社 2010 年版。

钱穆：《国史大纲（下册）》，商务印书馆 2011 年版。

曲铁华：《民国乡村教育研究》，湖南教育出版社 2018 年版。

曲铁华：《新编中国教育史》，东北师范大学出版社 2011 年版。

曲铁华：《中国教育史》，武汉大学出版社 2011 年版。

容中逵：《传统与现代的交锋》，浙江大学出版社 2010 年版。

桑兵：《晚清学堂学生与社会变迁》，广西师范大学出版社 2007 年版。

商丽浩：《政府与社会：近代公共教育经费配置研究》，河北教育出版社
　　2001 年版。

申晓云：《动荡转型中的民国教育》，河南人民出版社 1994 年版。

沈灌群：《从鸦片战争到五四运动时期的教育》，教育科学出版社 1984
　　年版。

石鸥：《民国中小学教科书研究》，湖南教育出版社 2018 年版。

舒新城：《近代中国教育思想史》，福建教育出版社 2007 年版。

舒新城：《中华民国之教育》，中华书局 1931 年版。

司洪昌：《嵌入村庄的学校：仁村教育的历史人类学探究》，教育科学出
　　版社 2009 年版。

司琦：《中国国民教育发展史》，三民书局 1981 年版。

宋恩荣：《近代中国教育改革》，教育科学出版社 1994 年版。

苏南、胡瑞林、滕健：《东北解放区教育史》，吉林教育出版社 1989
　　年版。

苏云峰：《中国新教育的萌芽与成长（1860—1928）》，吴家莹整理，北京
　　大学出版社 2007 年版。

隋丽娟：《黑龙江教育史》，黑龙江人民出版社 2003 年版。

孙邦华：《西学东渐与中国近代教育变迁》，中国社会科学出版社 2012
　　年版。

孙邦正：《中国学制问题》，台湾商务印书馆 1973 年版。

孙崇文、伍伟民、赵慧：《中国教育评估史稿》，高等教育出版社 2010
　　年版。

孙广勇：《社会转型中的中国近代教育会研究》，上海人民出版社 2005
　　年版。

孙绵涛：《教育政策分析——理论与实务》，重庆大学出版社 2011 年版。

孙绵涛：《教育政策论——具有中国特色的社会主义教育政策研究》，吉林教育出版社 1991 年版。

孙绵涛：《教育政策学》，中国人民大学出版社 2010 年版。

孙培青：《中国教育管理史》，人民教育出版社 1997 年版。

孙培青、杜成宪：《中国教育史（第三版）》，华东师范大学出版社 2009 年版。

孙培青、杜成宪：《中国教育史（修订版）》，华东师范大学出版社 2000 年版。

唐晓腾：《中国乡村的嬗变与记忆》，中国社会科学出版社 2010 年版。

腾纯、李少元、龚乃传：《中国农村教育的战略抉择》，人民教育出版社 1998 年版。

田正平、陈胜：《中国教育早期现代化问题研究——以清末民初乡村教育冲突考察为中心》，浙江教育出版社 2009 年版。

田正平、董宝良、熊贤君：《从湖北看中国教育近代化》，广东教育出版社 1996 年版。

田正平、何晓夏、史静寰：《教会学校与中国教育近代化》，广东教育出版社 1996 年版。

田正平：《民国教育史专题研究丛书》，湖南教育出版社 2019 年版。

田正平、钱曼倩、金林祥：《中国近代学制比较研究》，广东教育出版社 1996 年版。

田正平、王建军：《中国近代教科书发展研究》，广东教育出版社 1996 年版。

田正平、张彬：《从浙江看中国教育近代化》，广东教育出版社 1996 年版。

汪楚雄：《启新与拓域：中国新教育运动研究（1912—1930）》，山东教育出版社 2010 年版。

王广义：《近代中国东北乡村社会研究》，光明日报出版社 2010 年版。

王贵忠等：《东北职业教育史》，辽宁大学出版社 1999 年版。

王鸿宾等：《东北教育通史》，辽宁教育出版社 1992 年版。

王金鋙：《中国现代知识分子的历史轨迹》，吉林教育出版社 1989 年版。

王景英：《农村义务教育整体办学模式与评价》，北京大学出版社 2008

年版。

王雷：《中国近代社会教育史》，人民教育出版社 2002 年版。

王凌皓：《中国教育史纲要》，人民教育出版社 2013 年版。

王伦信：《清末民国时期中学教育研究》，华东师范大学出版社 2002
年版。

王先明：《变动时代的乡绅》，人民出版社 2009 年版。

王先明、郭卫民：《乡村社会文化与权力结构的变迁》，人民出版社 2002
年版。

王先明、郝锦花：《新旧学制更易与乡村社会变迁》，人民出版社 2009
年版。

王先明：《近代绅士——一个封建阶层的历史命运》，天津人民出版社
1999 年版。

王先明、李伟中：《20 世纪 30 年代县政建设实验研究》，人民出版社
2009 年版。

王先明、罗朝晖：《富农与新富农：20 世纪前半期华北乡村社会变迁的主
角》，人民出版社 2010 年版。

王先明、渠桂萍：《华北乡村民众视野中的社会分层及其变动（1901—
1949）》，人民出版社 2010 年版。

王先明、魏本权：《农村合作运动与小农经济变迁：以长江中下游地区为
中心（1928—1949）》，人民出版社 2012 年版。

王先明：《乡路漫漫：20 世纪之中国乡村（1901—1949）（上、下）》，社
会科学文献出版社 2017 年版。

王野平：《东北沦陷十四年教育史》，吉林教育出版社 1989 年版。

王有亮：《〈教育杂志〉与近代教育考论》，中央民族大学出版社 2012
年版。

翁乃群：《村落视野下的农村教育（以西南四村为例）》，社会科学文献出
版社 2009 年版。

吴洪成：《中国小学教育史》，山西教育出版社 2006 年版。

吴小鸥：《中国近代教科书的启蒙价值》，福建教育出版社 2011 年版。

吴志宏、陈韶峰、汤林春：《教育政策与教育法规》，华东师范大学出版
社 2003 年版。

吴遵民:《基础教育决策论》,华东师范大学出版社 2006 年版。

吴遵民:《教育政策学入门》,上海教育出版社 2010 年版。

萧垠:《论农村基础教育改革》,中国文史出版社 2004 年版。

谢长法:《借鉴与融合:留美学生抗战前教育活动研究》,河北教育出版社 2001 年版。

谢岚、李作桓:《黑龙江省教育史资料选编(上编)》,黑龙江教育出版社 1988 年版。

熊明安:《中国近现代教学改革史》,重庆出版社 1999 年版。

熊明安:《中国近现代教育实验史》,山东教育出版社 2001 年版。

熊明安:《中华民国教育史》,重庆出版社 1997 年版。

熊贤君:《民国义务教育研究》,湖南教育出版社 2018 年版。

熊贤君:《女子教育史》,山西教育出版社 2009 年版。

熊贤君:《千秋基业——中国近代义务教育研究》,华中师范大学出版社 1998 年版。

熊贤君:《中国教育行政史》,华中理工大学出版社 1996 年版。

徐莹晖、徐志辉:《陶行知论乡村教育》,四川教育出版社 2010 年版。

许放:《中国民国政治史》,人民出版社 1994 年版。

闫广芬:《经商与办学:近代商人教育研究》,河北教育出版社 2001 年版。

马秋帆、熊明安编:《晏阳初教育论著选》,人民教育出版社 1993 年版。

杨才林:《民国社会教育研究》,社会科学文献出版社 2011 年版。

杨德才:《新制度经济学》,南京大学出版社 2007 年版。

杨宏雨:《困顿与求索——20 世纪中国教育变迁的回顾与反思》,学林出版社 2005 年版。

杨鸿烈:《史学通论》,岳麓书社 2011 年版。

杨晓军:《区域视野中的乡村、学校与社会——清末民初东北乡村教育研究(1905—1931)》,光明日报出版社 2011 年版。

叶澜:《二十世纪中国社会科学:教育学卷》,上海人民出版社 2005 年版。

叶圣陶等:《民国老课本》,丰子恺等绘,九州出版社 2011 年版。

于建嵘:《岳村政治——转型期中国社会乡村政治体系的变迁》,商务印书馆 2001 年版。

于伟:《理性与教育》,安徽教育出版社 2009 年版。

于伟:《现代性与教育》,北京师范大学出版社 2006 年版。

余家菊:《乡村教育通论》,中华书局 1934 年版。

余子侠:《民族危机下的教育应对》,华中师范大学出版社 2001 年版。

余子侠、冉春:《中国近代西部教育开发史——以抗日战争时期为重心》,
　　人民教育出版社 2008 年版。

袁庆明:《新制度经济学》,中国发展出版社 2005 年版。

袁希涛:《义务教育》,商务印书馆 1931 年版。

岳庆平:《中国民国习俗史》,人民出版社 1994 年版。

张斌贤:《教育与社会变革》,中国社会科学出版社 2012 年版。

张彩江:《复杂系统决策理论》,广东人民出版社 2006 年版。

张传燧:《中国农村教育学》,西南师范大学出版社 1994 年版。

张夫伟、张红艳:《公民意识与学校生活建构》,中国社会科学出版社
　　2015 年版。

张济洲:《文化视野下的村落、学校与国家:一个地方社区基础教育变迁
　　的历史人类学考察》,教育科学出版社 2011 年版。

张建文:《基础教育课程史论》,人民出版社 2011 年版。

张乐天:《教育政策法规的理论与实践》,华东师范大学出版社 2015
　　年版。

张明武:《经济独立与生活变迁——民国时期武汉教师薪俸及生活状况研
　　究》,华中科技大学出版社 2012 年版。

张鸣:《乡村社会权力和文化结构的变迁(1903—1953)》,陕西人民出版
　　社 2008 年版。

张鸣:《乡土心路八十年:中国近代化过程中农民意识的变迁》,陕西人
　　民出版社 2008 年版。

张宪文等:《中华民国史(第一、二、三卷)》,南京大学出版社 2006
　　年版。

张宪文、张玉法、朱庆葆等:《中华民国专题史(第十卷)(教育的变革
　　与发展)》,南京大学出版社 2015 年版。

张宪文:《中华民国史纲》,河南人民出版社 1985 年版。

张心科：《清末民国儿童文学教育发展史论》，北京师范大学出版社 2011 年版。

郑大华：《民国乡村建设运动》，社会科学文献出版社 2001 年版。

郑登云：《中国近代教育史》，华东师范大学出版社 1994 年版。

郑国民：《从文言文教学到白话文教学》，北京师范大学出版社 2000 年版。

郑金洲、瞿葆奎：《中国教育学百年》，教育科学出版社 2002 年版。

中华教育改革编年史编写组：《中华教育改革编年史》，中国教育出版社 2009 年版。

周慧梅：《近代民众教育馆研究》，北京师范大学出版社 2012 年版。

周满生：《教育宏观政策比较研究》，人民教育出版社 2009 年版。

周予同：《中国现代教育史》，福建教育出版社 2007 年版。

朱汉国：《转型中的困境：民国时期的乡村教育》，北京师范大学出版社 2016 年版。

朱琴芬：《新制度经济学》，华东师范大学出版社 2006 年版。

朱新山：《乡村社会结构变动与组织重构》，上海大学出版社 2004 年版。

庄俞、贺圣鼐：《最近三十五年之中国教育》，商务印书馆 1931 年版。

左舜生：《辛亥革命史》，岳麓书社 2011 年版。

期刊论文类

班红娟：《民国河南乡村教育运动中的乡土教材研究》，《湖南师范大学教育科学学报》2012 年第 1 期。

曹天忠：《民国时期乡村建设的派分与联合》，《社会科学战线》2008 年第 2 期。

陈敬朴：《中国农村教育观的变革》，《东北师大学报》（哲学社会科学版）2001 年第 4 期。

陈阳凤、熊贤君：《论民国教育史研究的几个问题》，《教育评论》1987 年第 1 期。

陈洋、梁励：《辛亥革命时期教育嬗变述评》，《江苏教育学院学报》（社会科学版）2001 年第 6 期。

郭弘：《民国时期甘肃藏区初等教育述评》，《甘肃社会科学》1997 年第

6 期。

郝锦花、田正平：《民国时期乡村小学教员收入状况考察》，《教育与经济》2007 年第 2 期。

郝锦花、王先明：《从新学教育看近代乡村文化的衰落》，《社会科学战线》2006 年第 2 期。

郝锦花、王先明：《论 20 世纪初叶中国乡间私塾的文化地位》，《浙江大学学报》（人文社会科学版）2005 年第 1 期。

郝锦花、王先明：《清末民初乡村精英离乡的"新学"教育原因》，《文史哲》2002 年第 5 期。

郝乐娜：《民国时期北平郊区农村教育情况探析》，《河北旅游职业学院学报》2009 年第 1 期。

侯艳：《浅谈计量史学法在教育史研究中的运用》，《教育探索》2011 年第 2 期。

黄宝全：《新文化史视域下教育活动史研究的"三个转向"》，《湖北大学学报》（哲学社会科学版）2012 年第 3 期。

黄保信：《辛亥革命与中国教育近代化》，《河南大学学报》（社会科学版）1991 年第 4 期。

黄祐：《民国时期乡村建设实验区的学龄儿童教育》，《教育评论》2009 年第 2 期。

霍娟娟：《论民国基层政权建设对乡村文化的冲击——以苏南地区为例》，《现代交际》2011 年第 7 期。

姜朝晖、朱汉国：《民国时期乡村教师的生存状况》，《史学月刊》2015 年第 4 期。

冷长燕、王伦信：《论私塾在中国近代社会的命运》，《沈阳师范大学学报》（社会科学版）2007 年第 6 期。

李红梅、肖如平：《民国保学与江西乡村教育的近代化》，《江西教育学院学报》（社会科学版）2011 年第 5 期。

李华兴：《论民国教育史的分期》，《上海师范大学学报》1997 年第 1 期。

李华兴：《民国教育与中国现代化》，《江海学刊》1997 年第 3 期。

李娟、刘立德：《对教育史学科发展几个问题的探析》，《河北师范大学学报》（教育科学版）2009 年第 3 期。

李书源、杨晓军：《区域史研究理论与近代东北区域史研究》，《史学集刊》2008 年第 1 期。

李忠：《建国后教育史研究取向的转换》，《华东师范大学学报》（教育科学版）2011 年第 1 期。

李忠：《中国教育史研究问题的反思与应对》，《河北师范大学学报》（教育科学版）2011 年第 7 期。

林李楠：《新方法抑或新教育史学——对教育史研究发展方向的一点看法》，《河北师范大学学报》（教育科学版）2010 年第 1 期。

凌兴珍：《民国时期的学生免费公费制》，《四川师范大学学报》（社会科学版）2004 年第 6 期。

刘白杨：《清末民国时期私塾对义务教育的作用分析》，《江西师范大学学报》（哲学社会科学版）2008 年第 5 期。

刘朝阳、邹玲：《基础教育口述史研究的可行性》，《内蒙古社会科学》（汉文版）2007 年第 4 期。

刘崇民：《民国时期乡村基层教育督导实际困难考察》，《江南大学学报》（人文社会科学版）2007 年第 6 期。

刘来兵、周洪宇：《实践品性视域下的中国教育史研究》，《河北师范大学学报》（教育科学版）2010 年第 1 期。

刘庆昌：《教育史研究的教育学内涵》，《教育科学》2012 年第 2 期。

柳琴、左松涛：《略论 20 世纪上半叶中国的私塾改良》，《历史档案》2002 年第 2 期。

卢元伟、董国强：《现代困惑与乡村悲情——张鸣教授〈乡村社会权力与文化社会的变迁〉读后》，《书屋》2007 年第 6 期。

罗玉明、汤水清：《三十年代南京政府对私塾的改造述论》，《江西社会科学》2003 年第 3 期。

罗志田：《科举制度废除在乡村中的社会后果》，《中国社会科学》2006 年第 1 期。

孟卫青：《教育政策分析的三维模式》，《教育科学研究》2008 年第 9 期。

孟卫青：《教育政策分析：价值、内容与过程》，《现代教育论丛》2008 年第 5 期。

聂宏凯、贾小壮：《民国时期中国教育督导制度探析》，《长白学刊》2019

年第 2 期。

庞振宁：《"劣绅官僚化"：民国初年的乡村政治》，《沧桑》2012 年第 5 期。

曲铁华：《民国时期乡村教育的基本经验与历史局限》，《教育史研究》 2021 年第 1 期。

曲铁华：《余家菊的乡村教育思想探析》，《东北师大学报》（哲学社会科 学版）2013 年第 6 期。

曲铁华、袁媛：《近代中国乡村教育实验理论标本价值探析》，《教育科 学》2010 年第 6 期。

曲铁华、袁媛：《论近代中国乡村教育实验的现代价值》，《教育理论与实 践》2008 年第 5 期。

曲铁华、袁媛：《近代中国乡村教育实验特点探析》，《教育科学》2007 年第 6 期。

渠桂萍、王先明：《乡村民众视野中的私塾与学堂——20 世纪前期乡村教 育现代化的历史阙失》，《华中师范大学学报》（人文社会科学版） 2008 年第 3 期。

商丽浩：《教育经费规范在近代中国宪法中的沉浮》，《浙江大学学报》 （人文社会科学版）2004 年第 4 期。

商丽浩：《论中央政府在教育近代化中的角色》，《教育与经济》2000 年 第 2 期。

商丽浩、田正平：《中国教育财政近代化研究》，《教育研究》2003 年第 10 期。

商丽浩、田正平：《中国教育财政制度近代化的历史走向》，《教育研究》 2001 年第 4 期。

商丽浩、田正平：《20 世纪中国教育收费制度的发展》，《上海高教研究》 1998 年第 5 期。

商丽浩、田正平：《近代教育收费制度的历史考察》，《华东师范大学学 报》（教育科学版）1998 年第 2 期。

申国昌：《民国时期山西省初等教育实施效果与对外影响》，《教育理论与 实践》2008 年第 12 期。

宋恩荣、李剑萍：《民国教育史及其研究中的几个问题——李华兴主编

〈民国教育史〉读后》，《历史研究》2000 年第 3 期。

孙宅巍：《研究民国教育的开拓之作——简评〈动荡转型中的民国教育〉》，《学海》1995 年第 4 期。

孙占萍：《民国初年的教育行政制度探究》，《科教文汇》2007 年第 5 期。

唐秀平：《论民国时期江苏私塾教育》，《南京社会科学》2000 年第 10 期。

田庆锋：《1987 年以来中国农村教育史研究述评》，《广西社会科学》2007 年第 9 期。

田正平、陈胜：《清末及民国时期乡村教育的困境及其调适》，《华中师范大学学报》（人文社会科学版）2008 年第 5 期。

田正平、刘崇民：《民国时期（1912—1937）县教育局长群体构成分析》，《浙江大学学报》（人文社会科学版）2006 年第 5 期。

田正平、杨晓：《辛亥革命与中国教育近代化》，《浙江大学学报》（人文社会科学版）2002 年第 1 期。

田正平、杨云兰：《中国近代的私塾改良》，《浙江大学学报》（人文社会科学版）2005 年第 1 期。

田正平、于潇：《教育决策民主化的最初尝试——民初临时教育会议考察》，《高等教育研究》2010 年第 1 期。

王成：《民国时期农村教育及其经费问题》，《长安大学学报》（社会科学版）2013 年第 1 期。

王家范：《从难切入，在"变"字上做文章》，《历史研究》1993 年第 2 期。

王先明：《近代士绅阶层的分化与基层政权的蜕化》，《浙江社会科学》1998 年第 4 期。

王先明：《辛亥革命后中国乡村控制体制的演变——民国初期的乡制演变与保甲制的复活》，《社会科学研究》2003 年第 6 期。

王先明：《历史记忆与社会重构——以清末民初"绅权"变异为中心的考察》，《历史研究》2010 年第 3 期。

王先明：《20 世纪前期乡村社会冲突的演变及其对策》，《华中师范大学学报》（人文社会科学版）2012 年第 4 期。

王先明、李丽峰：《近代新学教育与乡村社会流动》，《福建论坛》（人文社会科学版）2005 年第 8 期。

王先明、尤永斌：《略论晚清乡村社会教化体系的历史变迁》，《史学月刊》1999 年第 3 期。

王献玲：《中国近代义务教育的艰难进程及历史启示》，《天津师范大学学报》（基础教育版）2008 年第 3 期。

王小英：《对教学活动中"教"与"学"关系的审思》，《东北师大学报》（哲学社会科学版）2012 年第 5 期。

王彦：《抗战前山东乡村小学教师的生存状况研究》，《吕梁学院学报》2013 年第 1 期。

王玉国：《百年乡村教育价值取向及其对未来的启示》，《教育学术月刊》2009 年第 11 期。

吴丽君：《关于四川推进义务教育发展（1912—1939）论述》，《四川大学学报》（哲学社会科学版）2004 年增刊。

熊贤君：《中华民国时期私塾的现代化改造》，《华东师范大学学报》（教育科学版）1998 年第 3 期。

徐继存、高盼望：《民国乡村教师的社会形象及其时代特征》，《教师教育研究》2015 年第 4 期。

许甜：《高等教育史研究的计量方法探讨：以区域分布史为例》，《清华大学教育研究》2011 年第 4 期。

杨汉麟、李贤智：《新史学视野下教育史研究的转向——基于国际教育史常设会议的分析》，《河北师范大学学报》（教育科学版）2008 年第 3 期。

杨天平：《民国初年教育宗旨的理论基础》，《浙江师范大学学报》（社会科学版）2002 年第 4 期。

杨晓军：《近代东北乡村教育的研究及展望》，《东北史地》2009 年第 3 期。

杨雪翠：《略论微观史学对教育史研究的启示》，《教育学报》2010 年第 5 期。

姚荣：《从"嵌入"到"悬浮"：国家与社会视角下我国乡村教育变迁研究》，《清华大学教育研究》2014 年第 4 期。

叶存洪：《蒋介石教育思想述评》，《江西教育学院学报》1993 年第 3 期。

于述胜：《论民国时期教育制度的评价尺度及其发展逻辑》，《华东师范大学学报》（教育科学版）1999 年第 3 期。

俞国、杨天树：《南京国民政府时期识字运动浅论》，《民国档案》2008 年第 4 期。

袁媛、曲铁华：《乡村教化的果与因——论口述史在农村社会教育研究中的价值》，《河北师范大学学报》（教育科学版）2010 年第 5 期。

张传燧：《关于中国教育史研究与教学的几个问题》，《湖南师范大学教育科学学报》2010 年第 5 期。

张传燧：《〈中华民国教育史〉评介》，《教育评论》1991 年第 6 期。

张燕、曲铁华：《典型国家农村义务教育投融资法制比较研究》，《湖北社会科学》2011 年第 7 期。

张燕、曲铁华：《农村义务教育投融资法制困境及破解路径》，《中国发展》2011 年第 4 期。

张燕、曲铁华：《中国农村义务教育法制运行之特点分析及启示》，《兰州学刊》2013 年第 5 期。

张元隆：《民国教育经费制度述论》，《安徽史学》1996 年第 4 期。

赵婧雯：《民国时期宝安初等教育论略》，《深圳职业技术学院学报》2010 年第 4 期。

赵全军：《清末民国时期中国农村义务教育供给责任机制研究》，《云南社会科学》2007 年第 3 期。

郑刚：《比较史学与中国的教育史研究》，《湖南师范大学教育科学学报》2010 年第 1 期。

周洪宇、李浩泉：《教育活动史研究述论》，《湖北大学学报》（哲学社会科学版）2010 年第 4 期。

周文佳：《民国初年"壬子癸丑学制"述评》，《河北师范大学学报》（教育科学版）2011 年第 11 期。

周小虎、张蕊：《教育政策分析的范式特征及其研究路径》，《教育理论与实践》2010 年第 4 期。

朱汉国、姜朝晖：《略论民国时期乡村教育中的文化冲突》，《历史教学问题》2012 年第 2 期。

朱敏：《民国时期乡村教育的启蒙作用》，《湖北广播电视大学学报》2013

年第 2 期。

朱敏：《浅析民国时期农村城镇化及对乡村教育的影响》，《湖北广播电视
　　大学学报》2013 年第 3 期。

左松涛：《晚清民国私塾与塾师的"权势"问题研究》，《中山大学学报》
　　（社会科学版）2006 年第 2 期。

左松涛：《新词与故物：清季以来所谓"私塾"问题的再认识》，《中山
　　大学学报》（社会科学版）2008 年第 3 期。

后　记

　　民国时期乡村基础教育的发展，是中国教育近现代进程中的"扛鼎"构成，而关于民国时期乡村基础教育政策的研究，更是上承清末下启新中国乡村基础教育政策研究的关键性、重要性内容。基于民国时期乡村基础教育政策的环境审视与积淀归结、发轫确定与革新演进、拓展推行与调整渐进、社会制约性与基本路径、内在逻辑与现实启示等所进行的整体性、系统性探讨与分析，共同构建了民国时期乡村基础教育政策体系研究的全貌。鉴往知来，正如习近平总书记在致第二十二届国际历史科学大会的贺信所言："重视历史、研究历史、借鉴历史，可以给人类带来很多了解昨天、把握今天、开创明天的智慧"，"中国人民正在为实现中华民族伟大复兴的中国梦而奋斗，需要从历史中汲取智慧"。向后看，是为了更好地向前走。进行民国时期乡村基础教育政策研究，这对于具体学习、科学论述，以及继续研究民国时期的基础教育、乡村基础教育与乡村基础教育政策，都具有"跬步千里"的学术价值。

　　本书是教育部人文社会科学研究青年基金项目"民国时期乡村基础教育政策审思与当代关照研究"（项目编号：17YJC880013）成果，感谢课题组成员的通力付出、全力支持、实力合作和努力担当！

　　在本书写作过程中，参阅和查找了国内外诸多专家和学者的相关文献，拓展了学术视野，启迪了研究思绪，收获颇丰，在此铭心感谢。诚然最为感谢东北师范大学教育学部曲铁华教授的谆谆教诲和悉心指导；特别感谢鲁东大学社科处和鲁东大学教育科学学院领导和老师们的帮助支持；由衷感谢中国社会科学出版社和张林同志为本书的编辑与出版所付出的辛勤劳动！

由于著者水平所限，以及一些史料的搜集、掌握和整理难度较大，本书还存在很多不足和疏漏，虽心向往之但仍有诸多不足和遗憾。如有不当、不妥之处，还请各位专家、同仁和读者批评指正！

慈玲玲

2022 年 8 月